LIÇÕES DE DIREITO PROCESSUAL CIVIL

Dedico este livro, primeiramente, a minha mãe, que acaba de completar oitenta anos sempre dedicados à família.

Ao Ariel, por seu amor!

A Ana Luisa, que começa uma nova fase em sua vida: a universidade; ao Luis Guilherme, companheiro de sempre e a Larissa, completando seu primeiro ano de vida.

Aos meus alunos dos últimos dez anos, que certamente são colaboradores neste livro, por suas perguntas, intervenções e interesse.

Aos meus irmãos e cunhadas, por seu carinho!

Agradecimentos

Primeiramente agradeço a Deus, pois sem Ele nada é possível.

Às minhas amigas Decy, Clarice e Ana Cláudia que, apesar de todas as diferenças, são grandes incentivadoras.

Ao Domingos e Diana pelas boas orientações de sempre.

Ao grande mestre Sérgio Shimura, que graças a suas orientações no mestrado e doutorado, me levaram a sempre pensar em algo mais.

A todos, muito obrigado!

MARIA CRISTINA ZAINAGHI

Advogada. Doutora em Direito pela PUC/SP. Mestra em Direito pela Universidade Mackenzie.
Professora e Palestrante de Direito Processual Civil.

LIÇÕES DE DIREITO PROCESSUAL CIVIL

EDITORA LTr® SÃO PAULO

Dados Internacionais de Catalogação na Publicação (CIP)
(Câmara Brasileira do Livro, SP, Brasil)

Zainaghi, Maria Cristina

Lições de direito processual civil / Maria Cristina Zainaghi. — São Paulo : LTr, 2009.

Bibliografia.

ISBN 978-85-361-1313-5

1. Processo civil 2. Processo civil — Brasil I. Título.

08-07512 CDU-347.9

Índice para catálogo sistemático:

1. Direito processual civil 347.9

Produção Gráfica e Editoração Eletrônica: R. P. TIEZZI

Capa: ELIANA C. COSTA

Impressão: COMETA GRÁFICA E EDITORA

LTr

EDITORA LTDA.

Rua Apa, 165 — CEP 01201-904 — Fone (11) 3826-2788 — Fax (11) 3826-9180

São Paulo, SP — Brasil — www.ltr.com.br

LTr 3694.6 Abril, 2009

Sumário

Prefácio

Escrever o prefácio de um livro é sempre uma tarefa, a um só tempo, prazerosa e de grande responsabilidade.

Confesso que, dos vários prefácios que já escrevi, nenhum deles trouxe tanta responsabilidade quanto este que você, amigo leitor, passa os olhos neste momento.

Primeiro por se tratar de um trabalho sobre Direito Processual Civil, o qual, apesar do singelo nome de *Lições do Processo Civil*, é uma obra de fôlego que enfrenta todos os difíceis temas desse mutante ramo da ciência do Direito.

O processo civil vem ao longo dos últimos anos sofrendo constantes reformas com o intuito de dar mais rápida solução aos litígios, e, principalmente, efetividade plena às decisões judiciais.

Forçoso é reconhecer que o Processo do Trabalho inspirou tais mudanças, uma vez que neste os formalismos muitas vezes não são observados, sem, contudo, perder-se a segurança jurídica.

Num mundo onde as informações cruzam o planeta em segundos, não se tem mais lugar, mesmo na conservadora área do Direito, ao excesso de formalismos.

Com isso não estou a afirmar que a segurança jurídica deva ser abandonada; o que digo é que a completa entrega da prestação jurisdicional deve ser rápida, pois justiça tardia é o mesmo que injustiça.

Penso que o grande avanço do Direito Processual foi na execução, pois esta sempre foi a fase mais delicada e até a mais demorada do processo.

Deixar de tratar a execução como processo autônomo e entendê-la como uma fase, como já ocorria no Processo do Trabalho, contribui para a celeridade processual, tão importante nestes tempos.

Outro ponto de grande responsabilidade é escrever um prefácio de uma obra escrita por minha irmã.

Quem escolhe alguém para prefaciar sua obra está, a bem da verdade, dando um filho para ser apadrinhado.

Como sou padrinho de batismo de dois filhos de meus dois outros irmãos, a professora *Maria Cristina Zainaghi* entregou-me esta sua obra para ser "batizada".

Não posso, e nem devo, rasgar elogios à autora, mas quem consulta este trabalho percebe o grau de seriedade em que ele foi escrito, e será, não tenho dúvidas, obra de leitura obrigatória a todos os que militam na seara jurídica.

É mesmo uma grande alegria ver que a pequena "Tina" cresceu e entrega ao mundo jurídico mais uma de suas obras.

Felicito, autora e editora, pela publicação deste trabalho.

Domingos Sávio Zainaghi

Doutor e mestre em Direito do Trabalho pela PUC-SP.
Pós-doutorado pela Universidad Castilla La Mancha, Espanha.
Presidente da Asociación Iberoamericana de Derecho del Trabajo y de la Seguridad Social.

I

Introdução

Na convivência diária com os mais diversos acadêmicos, verificamos a dificuldade que eles encontram em não ter uma obra para guiá-los através do vasto universo conceitual que o processo civil também apresenta.

Sentimos, por vezes, que o aluno ao se deparar com o curso de processo, se ressente da falta de prática, já que o direito processual é a teoria da instrumentalidade do direito material.

Em face dessa dificuldade, assumimos o desafio de tentar conjugar o binômio síntese/qualidade.

Entendíamos que era hora de se ter uma obra mais complexa que um mero resumo, porém não tão profunda quanto um manual.

Foi pensando nisso que buscamos realizar esse trabalho. Para tanto pesquisamos vários autores, dedicando a ele os estudos dos últimos oito anos.

Temos agora o resultado, no qual reduzimos o direito processual civil a conceitos basilares, bem como aos seus ensinamentos principais.

Para tanto tratamos, pois, na primeira parte das questões de teoria geral do processo, com conceitos de jurisdição, competência, processo; ação; atos processuais; dentre outros.

Após passamos à verificação do processo de conhecimento, com verificação da petição inicial, seus requisitos, resposta do réu, provas, sentença. Sem olvidarmos da audiência; do julgamento no estado do processo.

A seguir trataremos da fase recursal, com os requisitos do recurso, para posteriormente verificarmos a apelação, agravo, embargos de declaração e infringente, recurso especial, extraordinário e ordinário, passando pela rescisória e uniformização da jurisprudência e Súmula Vinculante.

Visto o processo de conhecimento, estudaremos a execução, seus pressupostos, espécies, formas de defesa sem esquecermos da responsabilidade patrimonial, da liquidação, não esquecendo do cumprimento de setença.

Por fim veremos o processo cautelar, sua teoria geral e as cautelares e suas peculiaridades; bem como os procedimentos especiais, sua teoria geral e algumas ações nele insertas.

II

Direito Processual

1. *Denominação e âmbito*

O direito processual como ciência surge no século XI, quando juristas começam a se preocupar com os problemas processuais.

A própria denominação se apresenta de várias formas: assim alguns o chamavam de "prática civil", "praxes forenses", denominações que não se preocupavam com qualquer ordem científica. A primeira denominação com um conceito mais científico é "direito judiciário". Tal conceito era criticado porque nem tudo que é judiciário é processual, e o juiz é apenas uma das partes do processo (imparcial); ter-se-á ainda as partes litigantes.

A denominação atual vem da escola alemã, de maneira que hoje se conhece esse ramo do direito como direito processual, que é uma ciência de **caráter público**, vez que exercida pelo Estado; **autônoma**, já que possui princípios próprios, independentes dos outros ramos do direito, com os quais se relaciona, como por exemplo, o Direito Constitucional, de onde vem o devido processo legal, sem, todavia a eles se subordinar integralmente.

José Frederico Marques conceitua direito processual civil "como o ramo da ciência jurídica que tem por objeto a regulamentação do processo pertinente a jurisdição(1) civil".(2)

Vicente Greco Filho define como o ramo do direito público que consiste no conjunto sistemático de normas e princípios que regula a atividade da jurisdição, o exercício da ação e o processo, em face de uma pretensão civil, entendida esta como toda aquela cuja decisão esteja fora da atuação da jurisdição penal, penal militar, do trabalho e eleitoral.(3)

Para *D'Onofrio*

> "Direito processual civil, é o conjunto de normas que tem por objeto e fim a realização do direito objetivo através da tutela de direito subjetivo, mediante o exercício da função jurisdicional".(4)

As normas que regem o direito processual civil são aplicadas, subsidiariamente, sempre que os outros ramos do direito processual não regularem

---

(1) Jurisdição é a força operativa com que se realiza o *imperium* do Estado para compor um litígio.

(2) MARQUES, José Frederico. *Manual de direito processual civil.* 2. ed. Campinas: Millennium, 1998. v. 1, p. 33.

(3) GRECO FILHO, Vicente. *Direito processual civil brasleiro.* 15. ed. São Paulo: Saraiva, 2000. v. 1, p. 66.

(4) D'ONOFRIO *apud* BAUTISTA, José Becerra. *Introduccion al estudio del derecho processual civil.* México: Cardenas, 1985. p. 15.

determinada matéria. Assim é ele fonte subsidiária do direito eleitoral, do direito do trabalho e do direito penal. Aplica-se a outros ramos do direito como tributário, comercial, administrativo, constitucional, etc.

O direito processual tem suas fontes não só no Código como também na própria Constituição em vários de seus artigos como, por exemplo, no art. 5º, inciso XXXV[(5)], que assegura o próprio direito de ação. (Sendo que, como veremos, a ação nada mais é do que o exercício do direito violado, pleiteado junto ao Poder Judiciário).

Por fim podemos afirmar que o direito processual é formado pela trilogia estrutural composta por três elementos essenciais, quais sejam, a jurisdição, a ação e o processo.

1.1. Histórico

Desde o momento em que o homem se socializa, e passa a compartilhar com os seus semelhantes um espaço territorial comum, automaticamente, iniciam-se as divergências.

Assim num primeiro momento sempre que houvesse uma lide se exercia a chamada **autotutela**, que é a reação direta e pessoal de quem obtém a justiça pelas próprias mãos. Tal atitude, por vezes, acabava por gerar um ilícito, já que exercida de forma arbitrária.

Posteriormente se passou a exercer a **autocomposição** que também não era o método mais correto, pois uma parte acabava sucumbindo totalmente aos seus interesses em detrimento da outra.

Posteriormente chegamos ao processo que, segundo *Couture*, é o substitutivo civilizado da vingança.

2. *Princípios informativos e fundamentais do processo civil*

O direito processual é norteado por princípios que, lhe sendo caracterizadores, tornam referido direito autônomo e peculiar.

Esses princípios serão os fundamentos das leis processuais. Desta forma, sempre que os legisladores elaborarem normas de cunho processual, essas deverão influenciá-la. Assim pode-se concluir que os princípios, que embasam a elaboração da lei, possibilitam o entendimento do cunho histórico, social, ético e moral da lei processual.

Os princípios processuais se apresentam em duas categorias, quais sejam:

---

(5) Art. 5º Todos são iguais perante a lei, sem distinção de qualquer natureza, garantindo-se aos brasileiros e aos estrangeiros residentes no País a inviolabilidade do direito à vida, à liberdade, à igualdade, à segurança e à propriedade, nos termos seguintes:

...

XXXV — a lei não excluirá da apreciação do Poder Judiciário lesão ou ameaça a direito;

Os informativos que são as regras genéricas, a saber:

- Princípio lógico
- Princípio jurídico
- Princípio político
- Princípio econômico

Os princípios gerais ou fundamentais, que em sendo constitucionais e infraconstitucionais asseguram a paridade entre as partes litigantes. São eles:

- Princípio do devido processo legal
- Princípio da isonomia (justiça distributiva de Aristóteles) (compensações não ferem princípio)
- Princípio do contraditório e da ampla defesa
- Princípio da imparcialidade do juiz
- Princípio da ação — cabe a parte provocar a jurisdição (CPC arts. 2º, 128 e 262)
- Princípio da indisponibilidade e disponibilidade (característica do processo civil, em face da natureza de seu direito ser material)
- Princípio da livre investigação das provas e dispositivo
- Princípio do impulso oficial
- Princípio da oralidade
- Princípio da persuasão racional do juiz
- Princípio da motivação das decisões judiciais
- Princípio da publicidade
- Princípio da lealdade processual
- Princípio da economia e da instrumentalidade das formas
- Princípio do duplo grau de jurisdição

2.1. Princípios informativos

Como já visto, os princípios processuais informativos servirão de supedâneo para a formação dos princípios fundamentais.

São eles:

2.1.1. Princípio lógico

A estrutura instrumental do processo deve acompanhar o raciocínio lógico, como exemplo, tem-se o art. 301[(6)] do CPC

(6) Art. 301. Compete-lhe, porém, antes de discutir o mérito, alegar: I — inexistência ou nulidade da citação; II — incompetência absoluta; III — inépcia da petição inicial; IV — perempção; V — litispendência;

2.1.2. *Princípio jurídico*

O processo deve obedecer ao disposto na lei, tanto que o próprio Código de Processo Civil, em seu art. 1.211[7], prevê a aplicação da lei, mesmo nos processos em curso.

2.1.3. *Princípio político*

Por tal princípio se assegura que as leis que regem o processo devem estar em consonância com as diretrizes políticas da sociedade. Assim num Estado democrático o princípio processual constitucional da ampla defesa — inciso LV[8] do art. 5º da CF, é, inquestionavelmente, uma ratificação da democratização.

2.1.4. *Princípio econômico*

Indiscutivelmente um princípio de extrema importância, posto que a celeridade é uma garantia da própria justiça, que se busca no processo. É exemplo desse princípio o inciso II do art. 125[9] do Código de Processo Civil. Ele atrela o binômio eficácia/celeridade. Retificado constitucionalmente pelo inciso LXXVIII do art. 5º da CF.

2.2. Princípios fundamentais

"A ciência processual moderna fixou os preceitos fundamentais que dão forma e caráter aos sistemas processuais."[10]

Assim passemos a estudá-los individualmente. São eles:

2.2.1. *Princípio do devido processo legal*

A Constituição Federal no inciso LIV[11], do art. 5º, expressamente determina que somente depois de um processo é que qualquer pessoa pode ser

---

Vl — coisa julgada; VII — conexão; Vlll — incapacidade da parte, defeito de representação ou falta de autorização; IX — convenção de arbitragem; X — carência de ação; Xl — falta de caução ou de outra prestação, que a lei exige como preliminar.

(7) Art. 1.211. Este Código regerá o processo civil em todo o território brasileiro. Ao entrar em vigor, suas disposições aplicar-se-ão desde logo aos processos pendentes.

(8) Art. 5º ...

...

LV — aos litigantes, em processo judicial ou administrativo, e aos acusados em geral são assegurados o contraditório e ampla defesa, com os meios e recursos a ela inerentes;

(9) Art. 125. O juiz dirigirá o processo conforme as disposições deste Código, competindo-lhe:

...

II — velar pela rápida solução do litígio;

(10) CINTRA, Antônio Carlos de Araújo e outros. *Teoria geral do processo.* 12. ed. São Paulo: Malheiros, 1996. p. 50.

(11) Art. 5º ...

...

LIV — ninguém será privado da liberdade ou de seus bens sem o devido processo legal;

condenada. É ele a garantia de que a parte somente será privada de sua liberdade ou de seus bens, depois que houver uma apuração judicial.

2.2.2. Princípio da isonomia

O princípio da igualdade está assegurado no art. 5º da CF e no inciso I do art. 125[12] do CPC, consiste no fato de que se deve tratar os iguais como iguais e os desiguais como desiguais, na exata medida da desigualdade.

Na tentativa da obtenção da paridade entre as partes, muitos outros princípios constitucionais são de vital importância, como o próprio princípio do devido processo legal; do contraditório; do duplo grau de jurisdição; da publicidade dos atos processuais, isso porque no processo a isonomia, garante um tratamento igualitário às partes, sob a ótica processual e material, de forma que obedecendo ao princípio da igualdade real, se trata os desiguais de forma desigual, isso buscando o que a professora *Teresa Alvim* fala em igualdade substancial.

O Código do Consumidor admite a hipossuficiência probatória, inclusive com inversão do ônus probatório.

Importante é salientar que em que pese o princípio da isonomia, tem o legislador determinado exceções como, por exemplo, o prazo em dobro ou quádruplo da Fazenda; a isenção de custa da Fazenda e do MP; a dispensa de preparo; o reexame obrigatório.

Analisando cada um desses pontos podemos dizer:

- Quanto ao privilégio do prazo da Fazenda — seria ele apenas a aplicação real da isonomia, em que se tem de tratar os desiguais de forma desigual, já que a Fazenda em face do acúmulo de ações necessitaria desse "privilégio". Contra — *Lucon, José Rogério Cruz e Tucci.*

- isenção de custas e do preparo — está correto já que o seu recolhimento implica na remessa do dinheiro para o próprio Estado.

- reexame obrigatório — *Lucon* entende que fere o princípio da isonomia, principalmente porque não se admite a reforma para piorar a situação da Fazenda. Entretanto o prof. *Nery* admite a piora.

- acompanhamento do inquérito na ação civil pública — essa seria outra questão, em que se discute se estaria havendo descumprimento ao princípio da isonomia, o fato do requerido não acompanhá-lo. Isso porque o resultado do mesmo embasará o ajuizamento de uma ação, razão pela qual se poderia defender que a não-participação do acusado fere o seu direito de se manifestar.

2.2.3. Princípio do contraditório e da ampla defesa

Conceitualmente poderia se dizer que o contraditório é a ciência bilateral dos atos e termos do processo. O princípio do contraditório se caracteriza pela informação e reação.

---

(12) Art. 125. O juiz dirigirá o processo conforme as disposições deste Código, competindo-lhe: I — assegurar às partes igualdade de tratamento;

O princípio do contraditório se funda no princípio da isonomia, isto é, igualdade das partes.

Assim ainda no tocante ao reexame forçado, poderiamos concluir que ele seria uma afronta não só ao princípio da isonomia, como também ao próprio contraditório, que dependerá para sua existência da publicidade dos atos judiciais, da motivação.

Poderiamos perguntar: a concessão de liminar *inaudita altera pars* fere princípio do contraditório? Segundo o professor *Lucon* não, pois, ele apenas adia o contraditório, que será exercido depois, mesmo porque o mais importante é a efetividade da tutela jurisdicional.

O acesso à justiça e o princípio do contraditório prevalece ao da ampla defesa.

Na Itália somente com a reforma constitucional é que o princípio do contraditório e o da ampla defesa passaram a ser princípios constitucionais. — Prof. *Luigi Comoglio*(13)

È discutível a existência deste princípio no processo de execução. *Humberto Theodoro Jr.*, *Alfredo Buzaid*, entendem que não haverá contraditório no processo executivo, já que o executado somente se defenderá através de uma nova ação (embargos); já *Moacyr Amaral*, *Frederico Marques* argumentam que o princípio do contraditório no processo de execução é atenuado; entretanto admitindo o contraditório até por previsão Constitucional (art. 5º, LV), temos *Dinamarco* que exemplificava que a citação para pagamento, sob pena de penhora, são característicos do contraditório.

Certo é, porém, que na execução o devedor não responde as alegações do credor nos autos da mesma ação, ao contrário, ajuíza uma ação incidental, cujo teor estará adstrito aos ditames legais, todavia existe o contraditório só que diferente.

No tocante à ampla defesa, segundo *Celso Bastos*:(14) "por ampla defesa deve-se entender o asseguramento que é feito ao réu de condições que lhe possibilitem trazer para o processo todos os elementos tendentes a esclarecer a verdade". Em outras palavras é ele que garante à parte o direito de se valer de todos os meios probatórios lícitos, na busca de sua inocência.

Apresenta nessa busca da verdade várias facetas como oitiva de testemunha, designação de defensor público.

2.2.4. Princípio da ação

O art. 5º, XXXV, CF, assegura o direito de ação que é subjetivo e pessoal; nele se confere àquele que sente seu direito lesado requerer a tutela jurisdicional do Estado. Difere do direito de petição, é político.

---

(13) Notas da autora colhidas de Palestra proferida nas *Jornadas de Direito Processual Civil*, Fortaleza, 2001.

(14) BASTOS, Celso Ribeiro. *Curso de direito constitucional*.19. ed. São Paulo: Saraiva, 1998. p. 226.

O direito de petição tem suas raízes no Bill of Rigths, 1689, em que os súditos dirigiam as petições ao rei. Constituição Francesa de 1791.

Esse princípio visa defender o direito de se defender ou de noticiar a ilegalidade ou o abuso de autoridade — administrativo.

O direito de ação é cívico, atrelado, porém as condições da ação e a própria assistência judiciária gratuita, quando necessário, sendo certo que fato da justiça não ser gratuita não fere o direito de ação.

2.2.5. *Princípio da imparcialidade do juiz*

A imparcialidade esta atrelada à própria característica da jurisdição. De forma que, em sendo o juiz representante do Poder Judiciário, deve permanecer eqüidistante das partes, independentemente de quem esteja litigando.

2.2.6. *Princípio da indisponibilidade e disponibilidade*

O princípio da disponibilidade é conseqüência do art. 2º[15] do CPC, e consiste no fato de que à parte lesada é quem deve requerer a prestação jurisdicional, exercendo o seu direito de ação. Desta forma o autor, quando requerer a tutela jurisdicional, delimitará o que será objeto da demanda, ou seja, o que será discutido na ação.

A *contrario sensu* a indisponibilidade se atrela às ações penais incondicionais.

2.2.7. *Princípio da livre investigação das provas*

Esse princípio que está atrelado à ampla defesa, somente encontrando restrição na prova ilícita (art. 5º, LVI da CF). Assim o art. 332[16] do CPC, prevê a produção de provas obtidas de forma lícita. Ela se contrapõe ao princípio dispositivo, em que somente às partes é facultado requerer e estabelecer as provas.

Assim surge a máxima de que o direito processual civil se funda na verdade formal.

2.2.8. *Princípio do impulso oficial*

Este princípio assegura à parte a provocação da ação, porém, após o ajuizamento desta, o processo se desenvolve por impulso oficial. Esse princípio está previsto no art. 262[17] do CPC.

---

(15) Art. 2º Nenhum juiz prestará a tutela jurisdicional senão quando a parte ou o interessado a requerer, nos casos e forma legais.

(16) Art. 332. Todos os meios legais, bem como os moralmente legítimos, ainda que não especificados neste Código, são hábeis para provar a verdade dos fatos, em que se funda a ação ou a defesa.

(17) Art. 262. O processo civil começa por iniciativa da parte, mas se desenvolve por impulso oficial.

2.2.9. *Princípio da oralidade*

O princípio assegura que o maior número de atos processuais, sejam feitos de forma oral, notadamente em audiência. Desta forma deve o Juiz priorizar as atividades orais do processo, a exemplo do previsto no art. 523, §3º do CPC.[18]

2.2.10. *Princípio da motivação das decisões judiciais*

O princípio da motivação começou a se generalizar a partir da segunda metade do século XVIII, nas legislações ocidentais. Foi consagrado no art. 15 da Revolução francesa e depois no art. 208 da Constituição do ano III, sendo que no século XIX passou a ser obrigatório em quase todas as legislações.

A Constituição de 1948 da Itália em seu art. 111 determinou que "todo provimento jurisdicional deveria conter a motivação".

Em que pese não haver determinação expressa no direito comum, ainda assim se sustentava que todo o sistema da *case law* cairia se não houvesse, nas decisões, uma motivação. Entretanto no direito americano tem se relevado a motivação no juízo de primeira instância.

Nas Ordenações Filipinas, o juiz que deixasse de motivar sua decisão sujeitava-se à multa, em benefício da parte.

No Brasil passou a ser preceito constitucional, por força do art. 93, IX CF[19] que prevê que todas as decisões advindas do Poder Judiciário deverão trazer em seu bojo a motivação da qual se valeu o julgador.

A motivação das decisões judiciais está embasada, também, em norma infraconstitucional, qual seja, o art. 131[20] do Código de Processo Civil.

2.2.11. *Persuasão racional do juiz*

É o princípio pelo qual ao juiz é permitido valorar a prova conforme o seu entendimento. Assim ao juiz cabe valorar levando em conta sua convicção pessoal e seus conceitos de vida.

---

(18) Art. 523. Na modalidade de agravo retido o agravante requererá que o tribunal dele conheça, preliminarmente, por ocasião do julgamento da apelação.

...

§ 3º Das decisões interlocutórias proferidas na audiência de instrução e julgamento caberá agravo na forma retida, devendo ser interposto oral e imediatamente, bem como constar do respectivo termo (art. 457), nele expostas sucintamente as razões do agravante. (Redação dada pela Lei n. 11.187, de 2005)

(19) Art. 93. Lei complementar, de iniciativa do Supremo Tribunal Federal, disporá sobre o Estatuto da Magistratura, observados os seguintes princípios:

...

IX — todos os julgamentos dos órgãos do Poder Judiciário serão públicos, e fundamentadas todas as decisões, sob pena de nulidade, podendo a lei, se o interesse público o exigir, limitar a presença, em determinados atos, às próprias partes e a seus advogados, ou somente a estes;

(20) Art. 131. O juiz apreciará livremente a prova, atendendo aos fatos e circunstâncias constantes dos autos, ainda que não alegados pelas partes; mas deverá indicar, na sentença, os motivos que lhe formaram o convencimento.

2.2.12. *Princípio da publicidade*

Princípio processual constitucional inserto no inciso LX(21), do art. 5º da CF, prevê que em regra os atos processuais devem ser públicos, excepcionados os casos de interesse público, casamento, filiação, etc., nos termos do disposto no art. 155(22) CPC que elenca quais as hipóteses de exceções à regra geral.

2.2.13. *Princípio da lealdade processual*

No processo dialético devem as partes agir com probidade, sendo inaceitáveis os atos inverídicos e/ou fraudulentos. A litigância de má-fé e penalizada, conforme o disposto no art. 17(23) do CPC.

2.2.14. *Princípio da economia e da instrumentalidade das formas*

Por tal princípio se determina que o processo deve obter o máximo de vantagem, com o mínimo de custo, para isso existem institutos que prevêem a união de processos, ou o aproveitamento de provas.

2.2.15. *Princípio da razoável duração*

A Constituição Federal em seu inciso LXXVIII, do art. 5º (LXXVIII — a todos, no âmbito judicial e administrativo, são assegurados a razoável duração do processo e os meios que garantam a celeridade de sua tramitação) a Emenda Constitucional n. 45/04, erigiu a princípio constitucional o princípio da celeridade que está intimamente ligado com a economia processual e a instrumentalidade do processo, mas principalmente com a própria efetividade da justiça.

2.2.16. *Princípio do duplo grau de jurisdição*

O princípio do duplo grau consiste na garantia de reexame da decisão proferida em primeira instância por um colegiado.

Discute-se sua constitucionalidade, vez que não se trata de um princípio expresso textualmente na Constituição Federal.

---

(21) Art. 5º da CF ...
LX — a lei só poderá restringir a publicidade dos atos processuais quando a defesa da intimidade ou o interesse social o exigirem;

(22) Art. 155. Os atos processuais são públicos. Correm, todavia, em segredo de justiça os processos:
I — em que o exigir o interesse público;
II — que dizem respeito a casamento, filiação, separação dos cônjuges, conversão desta em divórcio, alimentos e guarda de menores. (Redação dada pela Lei n. 6.515, de 26.12.1977)
Parágrafo único. O direito de consultar os autos e de pedir certidões de seus atos é restrito às partes e a seus procuradores. O terceiro, que demonstrar interesse jurídico, pode requerer ao juiz certidão do dispositivo da sentença, bem como de inventário e partilha resultante do desquite.

(23) Art. 17. Reputa-se litigante de má-fé aquele que: I — deduzir pretensão ou defesa contra texto expresso de lei ou fato incontroverso; II — alterar a verdade dos fatos; III — usar do processo para conseguir objetivo ilegal; IV — opuser resistência injustificada ao andamento do processo; V — proceder de modo temerário em qualquer incidente ou ato do processo; VI — provocar incidentes manifestamente infundados. VII — interpuser recurso com intuito manifestamente protelatório.

A professora *Ada Pellegrini Grinover* assevera ser um princípio constitucional; já *José Frederico Marques* assegura tratar-se de princípio infraconstitucional.

No mesmo sentido o professor *Oreste Laspro*, em conferência por ele proferida, defendeu não ser o duplo grau de jurisdição um princípio constitucional, pois a Constituição Federal apenas prevê o recurso sobre matéria de direito, quais sejam, o Recurso Extraordinário, Recurso Especial e Ordinário.

Desta forma a possibilidade recursal, que devolve ao Tribunal tanto as matérias de direito como de fato, está prevista na apelação e no agravo, que são recursos de lei ordinária, portanto que não evocam texto constitucional.

Assim o duplo grau de jurisdição é um princípio infraconstitucional, porque nasce da decisão proferida na apelação ou no agravo.

III

Norma Processual e sua Interpretação

1. Noções gerais

Comecemos este ponto pelo questionamento: Normas processuais são, somente, aquelas insertas no Código de Processo Civil?

A resposta é não, isso porque como vimos existem leis processuais dentro da própria Constituição Federal, de maneira que, devemos entender serem as leis processuais todas aquelas que tenham no seu texto dispositivo que determinem forma para a solução dos conflitos entre as pessoas.

Assim a lei é quem revela as normas processuais civis. Essas leis poderão ser constitucionais ou ordinárias, todavia, quando a lei for omissa também o Direito Processual Civil se valerá, para preencher suas lacunas, da analogia, aqui denominada de auto-integração, ou dos costumes e princípios gerais do direito, no direito processual denominado de heterointegração. Tal entendimento é defendido por *Carnelutti*.

Icilio Vanni afirmou que o costume pouco é usado no Direito Processual, entretanto as lacunas processuais se valem muito das regras consuetudinárias.

Exemplo disso é que os atos processuais como juntada, conclusão, data, vistas, não têm estilo determinado pela lei processual, de forma que se utiliza o estilo iniciado desde a encíclica Quomian (assim o estilo é influenciado pelo direito canônico).

A jurisprudência tem grande importância na praxe judiciária, assim o *usus fori* tem capital relevância no direito processual civil e penal.

2. A norma processual

Chiovenda ensina que a lei processual é "a lei reguladora dos modos e condições da atuação da lei no processo, assim como da relação jurídica processual".[(1)]

Em outras palavras as leis processuais são aquelas que regulam o trâmite processual, ou seja, o exercício da tutela jurisdicional.

---

(1) CHIOVENDA, Giuseppe. *Instituições de direito processual civil*. São Paulo: Saraiva. 1942. v. 1, p. 117.

2.1. Classificação

A doutrina anteriormente distinguia as normas em substanciais e adjetivas. Hoje, porém, as leis são classificadas em substanciais ou materiais e formais ou instrumentais. Aquelas definem e criam direitos, ou criam direitos e estabelecem obrigações. São exemplos dela as normas constitucionais, civis, comerciais, tributárias, administrativas.

As normas ditas formais ou instrumentais são "aquelas leis que tem por objeto as leis substanciais. Existem para servir as leis substanciais, regulando a sua formação ou o seu desenvolvimento. Das leis formais, umas se caracterizam por regular a produção das normas jurídicas, ou seja, por regular os processos de criação, modificação ou extinção das normas jurídicas... Outras leis formais se destinam à atuação das leis substanciais, regulando os modos e as formas segundo os quais o Estado faz valer as leis substanciais".[2] São exemplos as normas processuais civis, penais e trabalhistas.

2.2. Natureza

A norma processual pertence ao ramo do direito público, porque regula uma atividade pública, ou seja, a atividade jurisdicional que é monopólio do Estado.

Assim, ainda que as normas processuais venham atender a interesses particulares, as normas são cogentes ou absolutas, de forma que não se permite, em regra, às partes ou ao juiz dispor sobre elas, de forma que nem o juiz, nem as partes podem administrar o processo como lhes aprouver.

3. Interpretação da norma processual

O direito escrito é a principal fonte do direito processual, entretanto conforme o disposto no art. 4º da LICC, repetido pelo art. 126[3] do CPC, quando a lei for omissa, o juiz decidirá conforme a analogia, os costumes e os princípios gerais do direito.

Todavia tanto a lei como as fontes subsidiárias sofrerão uma interpretação subjetiva do juiz ou do tribunal, que acabará influenciando e até criando praxes processuais, que influenciarão o próprio direito costumeiro.

3.1. Suas fontes

O direito processual apresenta fontes jurídicas escritas insertas em leis ordinárias, como o Código de Processo Civil, bem como em dispositivos Constitucionais.

---

(2) SANTOS, Moacyr Amaral. *Primeiras linhas de direito processual civil*. 11. ed. São Paulo: Saraiva, 1984. v. 1, p. 24.

(3) Art. 126. O juiz não se exime de sentenciar ou despachar alegando lacuna ou obscuridade da lei. No julgamento da lide caber-lhe-á aplicar as normas legais; não as havendo, recorrerá à analogia, aos costumes e aos princípios gerais de direito.

Exemplificativamente encontraremos dispositivos processuais na Constituição, nos arts. 5º, XXXV, LIV, LV, LVI, LXV; 22, I, XVII; 36, 92 a 126; 232.

Ainda dentre as fontes escritas o direito processual civil, se vale de normas regimentais dos tribunais (Regimentos Internos) e as Súmulas (jurisprudência uniforme e reiterada dos tribunais).[(4)]

A primeira fonte subsidiária do direito processual civil é a analogia, desta forma há uma ampliação do texto legal a outros casos semelhantes. Não havendo possibilidade de aplicação da analogia, se utilizará os costumes.

Os costumes do local são utilizados, em regra, quando a lacuna diz respeito a um procedimento. Assim as decisões já proferidas por juízes ou tribunais (jurisprudência) acabam gerando o próprio costume processual.

Por fim o aplicador da tutela jurisdicional se valerá dos princípios gerais do direito, vários dos quais já estudados no item anterior, sendo interessante relembrar o princípio da isonomia (igualdade de partes) e o princípio da economia processual.

3.2. Métodos de interpretação

As normas processuais serão interpretadas, valendo-se das regras gerais da hermenêutica, de maneira que, ao aplicar a lei ou suas fontes subsidiárias, o operador estará sempre buscando a solução mais justa.

> "O legislador, o juiz e o professor são três dos mais qualificados interpretes da lei. O encargo que cada um deles desempenha faz variar a transcendência de sua obra interpretativa. Não são os únicos: o governante, o funcionário da administração pública, o advogado, o escrivão, o jornalista são outros interpretes da lei que projetam sua atividade sobre a vida social."[(5)]

4. Integração da lei processual

A norma processual no tempo tem aplicação imediata, de forma que ao entrar em vigor a lei aplicar-se-á aos procedimentos em andamento.

No tocante ao espaço, a lei processual do Código de Processo Civil em seus arts. 1º[(6)] e 12.11[(7)]: as normas processuais são aplicadas em todo o território nacional.

---

(4) Hoje também, das Súmula Vinculantes editadas pelo STF, mediante aprovação de 2/3 de seus membros.

(5) COUTURE, Eduardo J. *Interpretação das leis processuais*. Trad. de Gilda Maciel C. M. Russomano. 4. ed. Rio de Janeiro: Forense, 1997. p. 21.

(6) Art. 1º A jurisdição civil, contenciosa e voluntária, é exercida pelos juízes, em todo o território nacional, conforme as disposições que este Código estabelece.

(7) Art. 1.211. Este Código regerá o processo civil em todo o território brasileiro. Ao entrar em vigor, suas disposições aplicar-se-ão desde logo aos processos pendentes.

Admite-se ainda a execução de sentença estrangeira, desde que homologada pelo STJ, obedecendo ao regramento do Regimento Interno, bem como, em circunstâncias determinadas, que atos processuais sejam praticados fora do território nacional, através de carta rogatória.

IV

Jurisdição

1. *Conceito*

Galeno Lacerda conceitua jurisdição como a atividade pela qual o Estado, elimina a lide, declarando e/ou realizando o direito concreto.

José Frederico Marques ensina que a jurisdição consiste na função de julgar a lide ou pretensão, dando a cada um o que é seu.

A jurisdição tem a função de compor os litígios processualmente. É o conhecido poder-dever conferido ao Estado de solucionar os conflitos.

Ou ainda, segundo *Di Iorio* "é o poder-dever do Estado, emanado de sua soberania, de dirimir conflitos de interesses de forma definitiva, mediante a aplicação do direito, por intermédio de um órgão independente e mediante um procedimento que, de algum modo, permita efetuar o controle de constitucionalidade e fazer cumprir seus mandatos".[(1)]

Para *Schönke* jurisdição é o direito e o dever ao exercício da função de Justiça.

2. *Características*

2.1. Caráter substitutivo

O caráter substitutivo da jurisdição é apontado por *Chiovenda,* já que o Judiciário agiria contra aquele que descumpriu a sua obrigação. Por ex.: se o devedor deixa de pagar, o Judiciário, depois de inquirido, determina a penhora dos bens, sua alienação e o pagamento.

Esse entendimento é rejeitado por *Galeno Lacerda* para que se as partes discutirem sobre valores indisponíveis não haverá solução pela atividade direita das partes. Exemplo: processo penal, processo civil inquisitório (anulação de casamento).

2.2. Escopo da atuação do direito

Também aduzida por *Chiovenda,* a jurisdição tem como objeto a atuação ou realização das normas de direito substancial, ou seja, direito objetivo. Para

(1) IORIO, Alfredo J. Di. *Lineamentos de la teoría general del derecho procesal.* Buenos Aires: Depalma, 2000. p. 53.

ele, com a jurisdição, o Estado está buscando a realização do direito material. Assim quando pleiteada pela parte fará valer a norma de direito material.

2.3. Outras características

Afora as características já estudadas, temos ainda o *contraditório regular,* que nada mais é do que a obediência a um procedimento regularmente preestabelecido; outro princípio é o da *inércia inicial,* que está demonstrado nos arts. 2º e 262 do CPC, que ilustra a necessidade de solicitação por parte do interessado para que se instaure o processo, isto é, a tutela jurisdicional somente se inicia com a provocação da parte lesada. Isso ocorre mesmo na seara da jurisdição voluntária.

Em outras palavras, o Poder Judiciário somente atuará quando regularmente provocado pela parte. Os arts. 461§ 4º[(2)] do CPC e 84, § 4º da Lei do Consumidor, demonstram uma atenuação da inércia inicial.

Outra característica é a " atividade pública" que se justifica por ser requisito formal da jurisdição a existência de um órgão que comporá o Poder Judiciário, desta forma somente o órgão estatal a quem foi delegado o exercício da tutela jurisdicional, pode concedê-la.

Pode-se ainda acrescentar a lide às características.

É importante não esquecer que a jurisdição é monopólio do Estado de forma que somente a ele é conferido o poder/dever. Cabe esclarecer que a arbitragem, a meu ver, não é jurisdição por lhe faltar fator de imposição de resultado.

3. *Princípios*

3.1. Princípio da investidura

Ele determina que a jurisdição somente será exercida pelo órgão que se tenha investido para tal. Assim na célebre divisão de *Montesquieu* os poderes legislativo, executivo e judiciário são independentes, de maneira que somente ao Judiciário é conferida a responsabilidade de "dizer o direito".

3.2. Princípio da aderência ao território

A jurisdição está intimamente ligada ao território brasileiro, de forma que, em geral, somente aqui haverá validade e eficácia da sentença brasileira.

---

(2) Art. 461 — Na ação que tenha por objeto o cumprimento de obrigação de fazer ou não fazer, o juiz concederá a tutela específica da obrigação ou, se procedente o pedido, determinará providências que assegurem o resultado prático equivalente ao do adimplemento.

...

§ 4º O juiz poderá, na hipótese do parágrafo anterior ou na sentença, impor multa diária ao réu, independentemente de pedido do autor, se for suficiente ou compatível com a obrigação, fixando-lhe prazo razoável para o cumprimento do preceito.

É certo que, em eventual exceção deverá ser observada a respectiva legislação.

Ainda sobre o assunto, as decisões proferidas no estrangeiro somente terão validade no território brasileiro depois de homologadas pelo STJ.

3.3. Princípio da indelegabilidade

Consiste no fato de que, tendo a atividade jurisdicional sido pleiteada, a mesma não poderá ser delegada ou transferida, de forma que a obrigação da tutela jurisdicional será do órgão investido para essa atividade.

3.4. Princípio da inevitabilidade

A supremacia da autoridade jurisdicional independe da posição das partes que se sujeitam a ela.

3.5. Princípio da inafastabilidade

Previsto Constitucionalmente — art. 5º, XXXV, garante a toda e qualquer pessoa o direito de ter uma decisão sobre a divergência apresentada.

Esse princípio tem respaldo também na lei ordinária, o art. 126 do CPC; que repete o art. 4º da LICC, prevê que o juiz jamais poderá deixar de sentenciar o feito alegando lacuna ou obscuridade da lei.

3.6. Princípio do juiz natural

Neste princípio se dispõe que o juiz e somente ele (inciso LIII do art. 5º da CF) deverá decidir o conflito entre as partes, sendo certo que por juiz se entenderá aquele que ocupar o cargo "decisório" nos juízos e tribunais (CF art. 92, I a VII). O direito brasileiro não admite os tribunais de exceção. (inciso XXXVII, art. 5º da CF).

Segundo *Alexandre de Moraes*, "o juiz natural é somente aquele integrado no Poder judiciário, com todas as garantias institucionais e pessoais previstas na Constituição Federal".

3.7. Princípio da inércia

O autor, através do direito público subjetivo de ação, que lhe é conferido pelo Estado, tem direito de postular em juízo (CF, art. 5º XXXV) ficando também assegurado ao réu contestar, sendo que o juiz ao final decidirá observando as posições de autor e réu.

Assim a inércia é princípio fundamental da atividade jurisdicional, de forma que a jurisdição depende da solicitação da parte ou do interessado no processo, sendo que após se devolverá ao juiz o processo que lhe dará andamento por impulso oficial.

4. Poderes inerentes à jurisdição

Dois são os poderes inerentes à jurisdição:

- poder jurisdicional — que consiste em dois tipos: o inquisitivo e o acusatório. No direito brasileiro, nosso poder jurisdicional é do tipo acusatório.
- poder de polícia — já que sempre que necessário poderá o juiz, por exemplo, conduzir uma testemunha usando a força policial.

V

Espécies de Jurisdição

1. Unidade de jurisdição

Como já visto, a Jurisdição é monopólio do Estado, que a exerce através do Poder Judiciário. Esse dever de aplicabilidade da justiça se dará através de um órgão único, independentemente da natureza jurídica do litígio que lhe for apresentado.

Na unidade da jurisdição, devemos entender que a tutela jurisdicional é concedida, unicamente, pelo Poder Judiciário, sendo que com o objetivo de facilitar a operacionalidade a mesma sofre uma classificação meramente organizacional.

2. Classificação de jurisdição

A jurisdição é una, entretanto, haverá dentro do judiciário algumas divisões conforme o enfoque que se imputar a ela. Assim podemos apresentar a seguinte distinção:

2.1. Pelo critério de seu objeto

- PENAL — a jurisdição penal é responsável pelas ações cuja natureza da lide versarem sobre questionamentos no âmbito do ordenamento penal, oportunidade em que se outorgará a legitimidade ativa ao Ministério Público ou ao querelante.
- CIVIL — a jurisdição aqui trará matérias não-penais, ficando sob seu manto o direito comercial, tributário, etc.

2.2. Pelo critério do organismo

A divisão da jurisdição, pelo critério do organismo, visa limitar a aplicação desta a determinada área, já que é de extrema complexidade os conflitos resistidos existentes entre as partes e que levam à necessidade da intervenção do Poder Judiciário. Sob tal critério a jurisdição pode ser vista como:

• *Especial* — A jurisdição especial está elencada no art. 92 da Constituição Federal, que expressamente determina que serão órgãos do Poder Judiciário, a saber:

• *jurisdição federal* — art. 92, III da CF. Ajuizar-se-á uma ação junto a Justiça Federal, sempre que houver a presença da União, de autarquias ou fundações como autores, réus ou mesmo assistentes. — art. 109, I da CF. Será ainda de competência da Justiça Federal algumas ações cujo conflito versar sobre determinada matéria, todas elencadas nos incisos e parágrafos do art. 109, tais como, a execução de sentença homologatória estrangeira — inciso X do art. 109; ou ainda as disputas sobre direitos indígenas — inciso XI, art. 109 da CF;

O órgão que lhe compõe a segunda instância é o Tribunal Regional Federal:

• *jurisdição trabalhista* — art. 92, IV da CF. É conferida a jurisdição trabalhista à solução de lides, cujo conteúdo versem sobre os dissídios individuais e coletivos havidos entre empregados e empregadores. — art. 114 da CF.

Cumpre-se esclarecer que por expressa determinação do art. 112 da CF, nas comarcas em que não houver uma Vara do Trabalho, a jurisdição poderá ser exercida pelo juiz estadual.

A jurisdição trabalhista será composta, além das varas do trabalho, pelos Tribunais Regionais do Trabalho e Tribunal Superior do Trabalho.

• *jurisdição eleitoral* — art. 92, V da CF. É a ela conferida a responsabilidade da solução de lides de natureza eleitoral quer de ordem civil, quer de ordem criminal.

A jurisdição eleitoral é composta pelas juntas eleitorais, os juízes, os Tribunais Regionais Eleitorais e o Tribunal Superior Eleitoral — art. 118 da CF.

• *jurisdição militar* — art. 92, VI da CF. À justiça militar compete processar e julgar os crimes militares definidos em lei — art. 124 da CF.

Quanto à composição da Justiça Militar, é a mesma integrada além dos juízes militares, pelos Tribunais Regionais Militares e STM.

• *Comum (Ordinária)* — Todos os demais atos que não estiverem elencados nas exceções, serão de competência dos juízes e Tribunais dos Estados — inciso VII, primeira parte do art. 92 da CF ou dos Juízes do Distrito Federal — inciso VII, segunda parte, art. 92 da CF.

2.3. Pelo critério da posição hierárquica

A jurisdição poderá ser apresentada em primeira ou segunda instância, dependendo da matéria abordada e das disposições do texto da lei. Desta forma sobre o critério da hierarquia a jurisdição se divide em:

- *Superior* — Formada pelos juízos colegiados; na esfera da Justiça Comum tem-se os Tribunais de Justiça. Tais órgãos serão responsáveis pela revisão dos julgamentos de primeira instância, sendo ainda, originariamente, competente para julgar as ações a ele atribuídas pela Constituição Estadual — § 1º do art. 125 da CF. Como por exemplo, julgamento de mandado de segurança, *habeas corpus*, etc.
- *Inferior* — É a chamada jurisdição de primeira instância, formada por juízes vitalícios, por juízes especiais, togados ou leigos — art. 98, I CF. A ela é atribuída, inquestionavelmente, a maioria das ações, ou seja, é ela responsável pelo maior número das atuações da jurisdição.

2.4. Pelo critério da fonte do direito em que é proferido o julgamento

Nesta última forma de distinção da jurisdição, tomando por base a fonte jurídica que embasou a sentença proferida pelo juiz. Nessa divisão podemos apresentá-la como:

- *Direito* — A jurisdição de direito é a regra do direito processual civil, já que por ela o juiz, ao decidir, deverá fazê-lo nos exatos termos do dispositivo normativo. Nela a decisão vem albergada, expressamente, em dispositivo legal.
- *Eqüidade* — *A contrario sensu*, na por eqüidade a decisão é dosada na lei aplicada ao fato, de maneira que a sua aplicação terá uma dosagem de subjetividade que o julgador entender como necessária. A eqüidade esta prevista no art. 127 do Código de Processo Civil, que determina, *in verbis:* "O juiz só decidirá por eqüidade nos casos previstos em lei".

Assim a jurisdição por eqüidade no direito processual civil representa uma exceção, já que o mesmo é, como já dito, intrinsecamente vinculado ao critério da legalidade escrita. De forma que a mesma se aplica basicamente as hipóteses de jurisdição voluntária — art. 1.109 do CPC; e excepcionalmente em algumas hipóteses como ou § 1º, art. 1.694 do CC.

Há de se esclarecer, entretanto, que o direito processual penal tem a jurisdição por eqüidade como regra de aplicabilidade, já que a individualização da pena é pressuposto de direito penal — art. 42 do CP.

VI

Jurisdição Voluntária

1. *Considerações gerais*

A jurisdição voluntária poderia ser apresentada, segundo *José da Silva Pacheco*(1), sobre três correntes diferentes, quais sejam:

- como atividade administrativa — assim muitos autores como *Chiovenda, Calamandrei, Alfredo Rocco,* vêem a jurisdição voluntária como uma atividade da administração pública;
- como atividade não jurisdicional — nesta concepção, à qual se filia *Alcalá-Zamora y Castillo,* a jurisdição não será nem administração, nem jurisdição, mas uma terceira corrente não especificada;
- como atividade jurisdicional — aqui se tem vários doutrinadores como defensores, dos quais citamos, *Martini* e *Micheli* e *Satta* para quem "a jurisdição abrange a voluntária, uma vez que, sendo aquela a substituição do ordenamento jurídico pelo juiz, insta realizá-la toda vez que ocorrer qualquer crise". E continua: "a jurisdição nem sempre pressupõe uma contrariedade em tema de direito, isto é, nem sempre é contenciosa".(2)

2. *Conceito*

Denomina-se "jurisdição voluntária a um complexo de atividades confiadas ao Juiz nas quais, ao contrário do que acontece com a jurisdição contenciosa, não há litígio entre os interessados".(3)

Para *Moacyr Amaral Santos* a jurisdição "voluntária versa sobre interesses não em conflito".(4)

Assim a principal característica da jurisdição voluntária está exatamente na ausência de um conflito entre as partes de forma que, como já vimos, para uma corrente de doutrinadores a jurisdição voluntária nem sequer seria considerada jurisdição, exatamente pela ausência de lide, todavia há de se verificar que mesmo nela sempre se terá uma contrariedade.

---

(1) PACHECO, José da Silva. *Tratado das execuções — Processo de execução.* São Paulo: Saraiva, 1976. v. 1, p. 111.
(2) PACHECO, José da Silva. *Op. cit.*, p. 112.
(3) SILVA, Ovídio A. Batista da e GOMES, Fábio Luiz. *Teoria geral do processo civil.* 1. ed. São Paulo: Revista dos Tribunais, 1997. p. 74.
(4) SANTOS, Moacyr Amaral. *Primeiras linhas de direito processual civil.* 20. ed. São Paulo: Saraiva, 1998. v. 1, p. 78.

3. *Hipóteses de jurisdição voluntária*

Varias são as hipóteses em que se verifica o exercício da jurisdição voluntária, a saber:

— formação de sociedade comercial ou civil, com registro do contrato na Junta Comercial ou dos estatutos no Ofício Civil das Pessoas Jurídicas, respectivamente. Nesses exemplos se classificam a jurisdição voluntária como a intervenção estatal na formação de sujeitos jurídicos.

- direito de família é o maior fornecedor de hipóteses de aplicabilidade da jurisdição voluntária, das quais pode-se citar: nomeação, remoção e dispensa de tutores e curadores — art. 1.187 do CPC; separação por mútuo consentimento — art. 1.120 a 1.124 do CPC; celebração de casamento; interdição — art. 1.177 e seguintes do CPC. Nestes exemplos se classificaria a jurisdição voluntária como sendo intervenção do judiciário na integração da capacidade jurídica das pessoas e no *status* jurídico delas.

- por fim a jurisdição voluntária se dará nas hipóteses de sub-rogação de bens em que conste cláusula de inalienabilidade — art. 1.112, II do CPC; alienação de quinhão de coisa comum — art. 504 do CC e art. 1.112, V do CPC; abertura de registro e confirmação de testamentos — art. 1.125 e ss. do CPC. Nestes exemplos se classificaria a jurisdição voluntária como sendo intervenção do Judiciário em negócios jurídicos.

4. *Distinção de jurisdição voluntária e contenciosa*

Do próprio conceito de jurisdição voluntária já se verifica a principal distinção existente entre a jurisdição voluntária e a contenciosa, qual seja, a presença de um conflito existente entre as partes. Além dessa distinção teremos ainda que a jurisdição contenciosa se dará através de uma ação voluntária através de requerimento; esta não produz coisa julgada material.

Em síntese temos:

Jurisdição Contenciosa	Jurisdição Voluntária
atividade jurisdicional	atividade administrativa
existência da lide	negócio ou ato jurídico
partes	interessados
ação	requerimento — não é contra ninguém
mediante processo	mediante procedimento administrativo
faz coisa julgada material	não faz coisa julgada material
julga-se conforme a legalidade	não se julga conforme a legalidade

VII

Organização Judiciária

1. *O poder judiciário*

Já estudamos a tripartição dos poderes apresentada por Montesquieu, assim ao Estado é conferido o dever de decidir um conflito sempre que apresentado por quem vê seu direito desrespeitado.

A função jurisdicional, com já vimos, é atribuída ao Poder Judiciário. Deve ele ser um órgão autônomo e independente para garantir aos juízes o direito de agir independentemente.

Visando garantir essa independência alguns direitos são assegurados ao Poder Judiciário, tais como:

— autogoverno — assim ao próprio judiciário é garantido estabelecer os seus direitos e as suas obrigações, conforme disposto no art. 96 da CF.

Outras garantias são conferidas aos juízes a fim de garantir que o mesmo aja de forma independente, como por exemplo:

• vitaliciedade — uma vez concursado o juiz não perderá seu cargo — art. 95, I da CF

• inamovibilidade — não se permite que o juiz seja removido para outro lugar, sem a sua concordância — art. 95, II da CF

• irredutibilidade de vencimento — prevista no inciso III do art. 95 da CF, assegura ao juiz a não redução em seus vencimentos, ressalvado o IR, a garantia de teto salarial.

1.1. Conceito

Segundo *De Plácido e Silva* o poder judiciário é "constituído pelo conjunto de autoridades, que se investem no poder de julgar, é a designação que se dá aos órgãos, a que, como delegado do Poder Público, se comete à atribuição de administrar a justiça. No cumprimento de sua precípua missão, ao poder judiciário compete aplicar as leis, vigiar sua execução, e reparar, fundado nelas, e em nome do Estado, as relações jurídicas, que se tenham violado".[1]

(1) SILVA, De Plácido e. *Vocabulário jurídico.* Rio de Janeiro: Forense, 1999. p. 614-615.

Vê-se, pois de forma simples que o poder judiciário é o responsável para garantir a aplicação da lei com o fim de manter a ordem entre as pessoas.

1.2. Orgãos da jurisdição

A jurisdição brasileira tem sua composição, como já vimos, prevista no art. 92[(2)] da Constituição Federal. É neste artigo que vem elencado todos os órgãos que comporão a jurisdição quer no âmbito federal, quer no âmbito estadual.

Da mesma forma os artigos subseqüentes que compõem o Capítulo III, denominado Do Poder Judiciário, são os que elencam toda a especificação e competência do exercício jurisdicional brasileiro.

Assim temos em nosso ordenamento órgãos estaduais e federais, que formaram a organização judiciária nacional.

2. *Organização judiciária*

O poder judiciário será composto por órgãos que representam os juízes e os tribunais.

Estes podem decidir em sua composição plena ou fracionada, como ensina o professor *Arruda Alvim*.[(3)]

2.1. Conceito

As leis da "organização judiciária, fixam-se normas que, ao menos por reflexo, têm conseqüências relevantes na autuação da justiça".[(4)]

2.2. Competência

A competência inserta na organização judiciária está intimamente ligada ao disposto na classificação dos órgãos jurisdicionais; assim o art. 102 da CF determina os assuntos que serão de competência do Supremo Tribunal Federal, o art. 105 da CF determina as matérias que serão de competência do Superior Tribunal de Justiça, o art. 108 da CF trata das matérias dos Tribunais Regionais

(2) Art. 92. São órgãos do Poder Judiciário: I — o Supremo Tribunal Federal; II — o Superior Tribunal de Justiça; III — os Tribunais Regionais Federais e Juízes Federais; IV — os Tribunais e Juízes do Trabalho; V — os Tribunais e Juízes Eleitorais; VI — os Tribunais e Juízes Militares; VII — os Tribunais e Juízes dos Estados e do Distrito Federal e Territórios.
Parágrafo único. O Supremo Tribunal Federal e os Tribunais Superiores têm sede na Capital Federal e jurisdição em todo o território nacional.

(3) ALVIM, Arruda. *Manual de direito processual civil.* 7. ed. São Paulo: Revista dos Tribunais, 2000. v. 1: Parte geral, p. 225.

(4) CINTRA, Antônio Carlos de Araújo e outros. *Teoria geral do processo.* 12. ed. São Paulo: Malheiros, 1996. p. 167.

Federais, e o art. 109 do mesmo dispositivo legal, assevera sobre a competência dos juízes federais.

A Constituição Federal nos arts. 114, 124 e 125 estabelece as demais competências.

3. *Estrutura da organização judiciária nacional*

A estrutura organizacional brasileira é composta por órgãos de "justiça especializada" que é composta pela Justiça do Trabalho exercida, em 1ª instancia, como já vimos, pelos juízes do trabalho; a Justiça Eleitoral, que é exercida pelos juízes eleitorais; e a Justiça Militar, composta pelas auditorias militares federais e estaduais.

Tem-se ainda a Justiça Federal, composta em 1ª instância pelos juízes federais e a denominada justiça comum, que é a estadual, composta pelos juízes de direito, em 1ª instância.

Na hierarquia superior, isto é, em 2ª instância tem-se os Tribunais Regionais do Trabalho; Eleitoral e os Federais. Ter-se-á, ainda, na esfera estadual os Tribunais de Justiça e os Militares.

Na capital do país se encontrará o Tribunal Superior do Trabalho; o Tribunal Superior Eleitoral; Superior Tribunal Militar; e ainda o Superior Tribunal de Justiça e o Supremo Tribunal Federal.

Atualmente ter-se-á, ainda, compondo a organização judiciária brasileira os órgãos dos Juizados Especiais Civis, Criminais e os Federais.

3.1. Organização judiciária estadual

3.1.1. Fontes

A fonte da organização judiciária estadual é a própria Constituição Federal que em seus arts. 98 e 125 tratam da matéria.

3.1.2. Composição dos tribunais

Em São Paulo a 2ª instância é representada pelos Tribunais de Justiça (132 desembargadores) sendo composta por câmaras, que julgarão a maioria dos processos. Havendo necessidade de julgamento pelo Plenário esse será composto pelos 25 membros.

O Tribunal de Justiça é composto por três seções, quais sejam, a Seção de Direito Privado, a de Direito Público e a Criminal.

3.1.3. Classificação das comarcas

No tocante a classificação administrativa das comarcas, que se denomina de entrância, essas se dividem em final, intermediário e inicial.

4. Síntese São Paulo

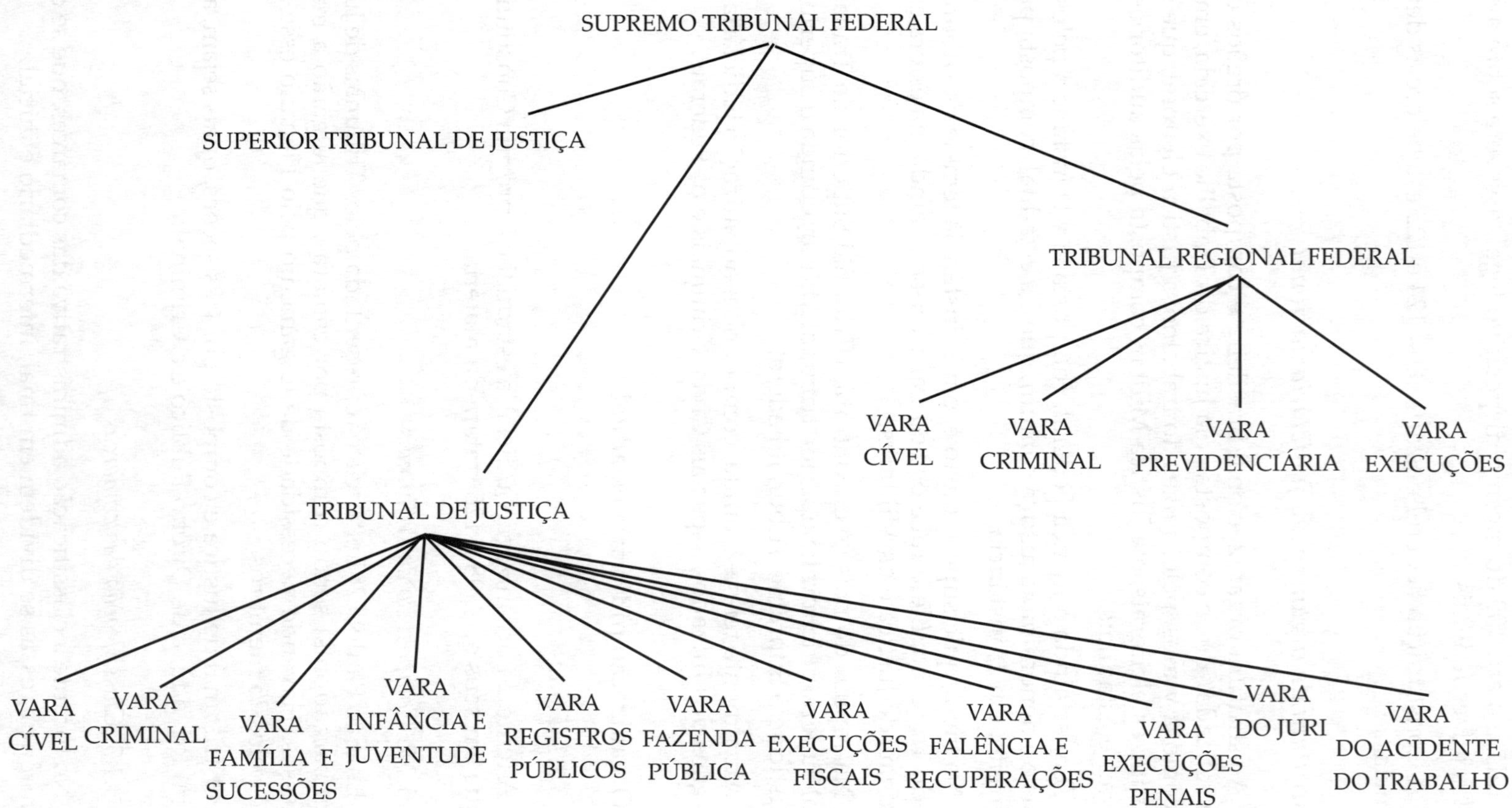

VIII

Competência

1. *Considerações iniciais*

A competência no Direito Processual está toda inserta na legislação, de forma que a lei especifica a quem competirá o exercício de determinada jurisdição.

O Capítulo I, do título IV do Código de Processo Civil dispõe sobre a competência(1), devendo-se ainda observar regras existentes na Constituição Federal e nas Constituições Estaduais, em leis federais esparsas (Lei dos Juizados Especiais; Lei de Falência, etc.); e os Regimentos Internos dos Tribunais.

A competência tem, dentre os doutrinadores, diversas conceituações, mas ao final retratam a limitação operacional atribuída à jurisdição.

Ela é importante por estabelecer onde se deverá ajuizar determinada ação, sendo certo que o cumprimento de seus limites é importante ao próprio exercício da jurisdição, que deverá atentar a questões diversas como a matéria discutida; o valor a ser atribuído a lide; as partes que comporão a testilha ou ainda o local do objeto da lide ou das partes que a integrarão.

O Código de Processo Civil, em seu art. 94(2) , estabelece uma regra geral que é a de se atribuir a competência ao foro do réu nas ações de direito pessoal e real incidentes sobre bens móveis.

É certo, porém, que competências especiais são apresentadas como nas hipóteses de ação de alimentos, de separação e até as ação de acidentes de veículos. — art. 100(3) do CPC.

---

(1) Capítulo I — Da Competência

Art. 86. As causas cíveis serão processadas e decididas, ou simplesmente decididas, pelos órgãos jurisdicionais, nos limites de sua competência, ressalvada às partes a faculdade de instituírem juízo arbitral.

Art. 87. Determina-se a competência no momento em que a ação é proposta. São irrelevantes as modificações do estado de fato ou de direito ocorridas posteriormente, salvo quando suprimirem o órgão judiciário ou alterarem a competência em razão da matéria ou da hierarquia.

(2) Art. 94. A ação fundada em direito pessoal e a ação fundada em direito real sobre bens móveis serão propostas, em regra, no foro do domicílio do réu.

§ 1º Tendo mais de um domicílio, o réu será demandado no foro de qualquer deles.

§ 2º Sendo incerto ou desconhecido o domicílio do réu, ele será demandado onde for encontrado ou no foro do domicílio do autor.

§ 3º Quando o réu não tiver domicílio nem residência no Brasil, a ação será proposta no foro do domicílio do autor. Se este também residir fora do Brasil, a ação será proposta em qualquer foro.

§ 4º Havendo dois ou mais réus, com diferentes domicílios, serão demandados no foro de qualquer deles, à escolha do autor.

(3) Art. 100. É competente o foro:

Há de se esclarecer que nas hipóteses de ação de indenização por acidente de veículos, se a ação for interposta nos *Juizados Especiais*, em geral se aplica a regra geral, de forma que a ação deve ser ajuizada no domicílio do réu.

2. *Conceito*

Vários autores se dedicam à compreensão da competência, de forma que, para tanto, buscam conceituá-la com o objetivo do melhor entendimento.

Pimenta Bueno[4], por exemplo, conceitua competência como sendo:

"Competência é a faculdade que o juiz tem de exercer a jurisdição que lhe foi conferida em certos lugares, ou sobre certas matérias, ou relativamente a certas pessoas, conforme a lei determina."

Aldo Badre[5] ensina que competência:

"... es el límite dentro del cual el juez puede ejercer aquella facultad." (se referindo a jurisdição)

Aliás, é esse mesmo o conceito conferido à competência, segundo *João Mendes de Almeida Júnior*[6]:

"Competência é a medida da jurisdicção na actividade dos órgãos do Poder Judiciário."

Enrico Tullio Liebman[7] assevera: " Competência é o poder que tem o órgão do poder Judiciário, de fazer atuar a função jurisdicional em um caso concreto. É a quantidade de jurisdição atribuída a cada órgão jurisdicional, ou seja, a competência é a medida da jurisdição".

I — da residência da mulher, para a ação de separação dos cônjuges e a conversão desta em divórcio, e para a anulação de casamento; (Redação dada pela Lei n. 6.515, de 26.12.1977)

II — do domicílio ou da residência do alimentando, para a ação em que se pedem alimentos;

III — do domicílio do devedor, para a ação de anulação de títulos extraviados ou destruídos;

IV — do lugar:

a) onde está a sede, para a ação em que for ré a pessoa jurídica;

b) onde se acha a agência ou sucursal, quanto às obrigações que ela contraiu;

c) onde exerce a sua atividade principal, para a ação em que for ré a sociedade, que carece de personalidade jurídica;

d) onde a obrigação deve ser satisfeita, para a ação em que se lhe exigir o cumprimento;

V — do lugar do ato ou fato:

a) para a ação de reparação do dano; b) para a ação em que for réu o administrador ou gestor de negócios alheios.

Parágrafo único. Nas ações de reparação do dano sofrido em razão de delito ou acidente de veículos, será competente o foro do domicílio do autor ou do local do fato.

(4) BUENO, Pimenta *apud* NEVES, Celso. *Estrutura fundamental do processo civil — tutela jurídica, processual, ação, processo e procedimento*. Rio de Janeiro: Forense, 1997. p. 54.

(5) BADRE, Aldo. *Teoria general del proceso*. Tomo I. Buenos Aires: Abeledo-Perrot, p. 177.

(6) ALMEIDA JUNIOR, João Mendes de. *Direito judiciário brasileiro*. 3. ed. Rio de Janeiro: Freitas Bastos, 1940. p. 38.

(7) LIEBMAN *apud* NERY, Nelson e NERY, Rosa. *Código de processo civil comentado*. 5. ed. São Paulo: Revista dos Tribunais, 2001. p. 520.

Verificando-se o conceito de *Carnelutti*[8], observar-se-á que a competência se dá de forma distributiva, isto é, conforme o órgão jurisdicional que decidirá quanto à lide.

Assim uma ação ajuizada contra a União será de competência da justiça federal, daí concluir-se que a competência é distributiva (*Carnelutti*) ou a medida da jurisdição (*João Mendes de Almeida Junior*).

3. *Divisão*

A competência é dividida com base em alguns critérios, sendo certo que a divisão dependerá do doutrinador que for estudado.

Para *Carnelutti*[9], a competência se dividiria em interna e externa. A externa trataria da divisão jurisdicional em sentido amplo, observando-se o valor da causa, a matéria; já a interna trata apenas da divisão dentro de um determinado órgão jurisdicional, isto é, qual dos vários juízes da vara cível, de um mesmo do fórum, vai receber a ação.

A competência pode ainda ser dividida segundo outro critério, que, estabelecido por *Chiovenda*, a divide em territorial, objetivo e funcional.

A competência territorial aborda a problemática da divisão segundo o critério geográfico em que se deverá exercer a tutela jurisdicional, atendendo-se às regras estabelecidas como o lugar da coisa; o domicílio das partes; etc.

Pelo critério objetivo se devem embasar a distribuição da competência segundo dois aspectos: o qualitativo, que se refere à matéria e às pessoas que estão litigando e o quantitativo, que se relaciona ao valor.

Por fim o critério funcional que prevê a divisão dos processos entre as instâncias.

O Código de Processo Civil estabelece a divisão da competência em:

- internacional;
- interna.

Quanto à competência internacional o legislador estabeleceu que é competente a autoridade judiciária brasileira quando:

I — o réu, qualquer que seja a sua nacionalidade, estiver domiciliado no Brasil;

II — no Brasil tiver de ser cumprida a obrigação;

III — a ação se originar de fato ocorrido ou de fato praticado no Brasil. (art. 88 do CPC).

---

(8) CARNELUTTI, Francesco. *Instituições do processo civil*. São Paulo: ClassicBook, 2000. v. 1, p. 255/256.
(9) CARNELUTTI, Francesco. *Op. cit.*, p. 257/258.

Asseverou ainda que essa competência será absoluta sempre:

I — conhecer de ações relativas a imóveis situados no Brasil;

II — proceder a inventário e partilha de bens, situados no Brasil, ainda que o autor da herança seja estrangeiro e tenha residido fora do território nacional. (art. 89 do CPC)

Quanto à competência interna ela dividiu segundo o critério:

• objetivo: Esta relacionada ao assunto ou a matéria que o tribunal deverá julgar (competência em razão da matéria[(10)(11)]). Ou ainda, extraída do valor da causa ou, quanto à qualidade das pessoas litigantes.

• funcional — "Quando delimitada pela atividade que o tribunal deve desenvolver"[(12)]. Está ela relacionada à natureza e peculiaridades do juízo ao qual será atribuída a ação (juiz de primeira ou segunda instâncias — como por exemplo: a mesma ação de separação será ajuizada em um juiz de primeira instância).[(13)]

• territorial — atrelada à idéia de foro, isto é, ao lugar ou o local onde a ação deverá ser ajuizada, assim permanecendo no mesmo exemplo se deverá ajuizar a ação no Foro da mulher.[(14)]

---

(10) Exemplo: uma ação de separação judicial deverá ser proposta em uma das varas de família

(11) Art. 91. Regem a competência em razão do valor e da matéria as normas de organização judiciária, ressalvados os casos expressos neste Código.

Art. 92. Compete, porém, exclusivamente ao juiz de direito processar e julgar: I — o processo de insolvência; II — as ações concernentes ao estado e à capacidade da pessoa.

(12) SCHÖNKE, Adolfo. *Derecho porcessual civil*. Barcelona: Bosch, 1950. p. 132.

(13) Art. 93. Regem a competência dos tribunais as normas da Constituição da República e de organização judiciária. A competência funcional dos juízes de primeiro grau é disciplinada neste Código.

(14) Art. 94. A ação fundada em direito pessoal e a ação fundada em direito real sobre bens móveis serão propostas, em regra, no foro do domicílio do réu. § 1º Tendo mais de um domicílio, o réu será demandado no foro de qualquer deles. § 2º Sendo incerto ou desconhecido o domicílio do réu, ele será demandado onde for encontrado ou no foro do domicílio do autor. § 3º Quando o réu não tiver domicílio nem residência no Brasil, a ação será proposta no foro do domicílio do autor. Se este também residir fora do Brasil, a ação será proposta em qualquer foro. § 4º Havendo dois ou mais réus, com diferentes domicílios, serão demandados no foro de qualquer deles, à escolha do autor.

Art. 95. Nas ações fundadas em direito real sobre imóveis é competente o foro da situação da coisa. Pode o autor, entretanto, optar pelo foro do domicílio ou de eleição, não recaindo o litígio sobre direito de propriedade, vizinhança, servidão, posse, divisão e demarcação de terras e nunciação de obra nova.

Art. 96. O foro do domicílio do autor da herança, no Brasil, é o competente para o inventário, a partilha, a arrecadação, o cumprimento de disposições de última vontade e todas as ações em que o espólio for réu, ainda que o óbito tenha ocorrido no estrangeiro.

Parágrafo único. É, porém, competente o foro: I — da situação dos bens, se o autor da herança não possuía domicílio certo; II — do lugar em que ocorreu o óbito se o autor da herança não tinha domicílio certo e possuía bens em lugares diferentes.

Art. 97. As ações em que o ausente for réu correm no foro de seu último domicílio, que é também o competente para a arrecadação, o inventário, a partilha e o cumprimento de disposições testamentárias.

Art. 98. A ação em que o incapaz for réu se processará no foro do domicílio de seu representante.

Art. 99. O foro da Capital do Estado ou do Território é competente: I — para as causas em que a União for autora, ré ou interveniente; II — para as causas em que o Território for autor, réu ou interveniente. Parágrafo único. Correndo o processo perante outro juiz, serão os autos remetidos ao juiz competente da

A competência deverá ainda ser vista sobre o critério da competência absoluta e da competência relativa.

Assim a competência absoluta "... que é indisponível às partes, e se impõe com força cogente ao juiz".[15] É aquela em que não se admite escolha da parte, que deveria ser declarada pelo próprio juiz, sem qualquer manifestação da parte.[16]

É importante salientar que eventuais atos decisórios proferidos por juiz incompetente serão os mesmos considerados nulos, conforme disposto no § 2º do art. 113 do CPC.

São exemplos de competência absoluta:

- competência material ou segundo a natureza da causa[17];
- em razão da pessoa (estará aqui a competência vinculada à pessoa que será parte da ação, portanto uma ação promovida contra a União é competente a Justiça Federal conforme disposto no art. 109, I CF);
- em razão da situação do imóvel, isso porque o CPC no art. 95, 1ª parte, estabelece claramente que o foro competente nas ações fundadas em direito real sobre o imóvel será o da situação do imóvel, como regra geral;
- funcional, já estudada, será competência absoluta por disposição expressa do art. 111, 1ª parte[18].

Já a competência relativa dependerá do interesse das partes, podendo o réu, quando no prazo da contestação arguí-las. Há de se ressaltar que a argüição da competência relativa se fará por meio de exceção.

O Código de Processo civil no art. 111, 2ª parte estabelece, claramente, as partes podem modificar a competência em razão do valor e do território, elegendo foro onde serão propostas as ações oriundas de direitos e obrigações. O foro de eleição excepcionará a regra da competência absoluta da situação do imóvel.

A competência poderá ser alterada também pela correição ou continência, bem como em virtude da reconvenção.

Capital do Estado ou Território, tanto que neles intervenha uma das entidades mencionadas neste artigo. Excetuam-se: I — o processo de insolvência; II — os casos previstos em lei.

(15) CARNEIRO, Athos Gusmão. *Jurisdição e competência*. 10. ed. São Paulo: Saraiva, 2000. p. 74.

(16) Art. 113. A incompetência absoluta deve ser declarada de ofício e pode ser alegada, em qualquer tempo e grau de jurisdição, independentemente de exceção.

§ 1º Não sendo, porém, deduzida no prazo da contestação, ou na primeira oportunidade em que lhe couber falar nos autos, a parte responderá integralmente pelas custas.

§ 2º Declarada a incompetência absoluta, somente os atos decisórios serão nulos, remetendo-se os autos ao juiz competente.

(17) Para exemplificar essa hipotese, imaginemos se um juiz da vara da família não poderia decidir sobre uma questão de competência da vara dos Registros Públicos. Ou ainda a hipótese do art. 109, X da CF.

(18) Art. 111. A competência em razão da matéria e da hierarquia é inderrogável por convenção das partes...

4. *Síntese*

- Competência
  - Objetivo
    - Valor da causa
    - Razão da matéria
    - Razão da pessoa
  - Funcional
  - Territorial

- Competência
  - Absoluta
    - - Quanto a matéria ou causa
    - - Quanto a pessoa
    - - Funcional
    - - Situação do imóvel (regra)
  - Relativa
    - - Territorial
    - - Valor da causa
    - - Situação do imóvel (foro de eleição)

IX

Modificação da Competência

1. *Considerações iniciais*

Estudamos no item anterior as regras pertinentes às questões de competência. Todavia ainda que o Código Processual Civil tenha adotado o princípio chamado de *perpetuatio jurisdictionis*, que estabelece que fixado os elementos da ação, esses somente sejam alterados excepcionalmente, tal preocupação visa estabelecer uma estabilidade processual, visto que, uma vez interposta ação as partes, o pedido e a competência, somente sejam alterados em condições especiais.

2. *Modificação da competência*

A alteração da competência depois de ajuizada a ação dará, nos termos do disposto no art. 102 do CPC, quando ocorrer a conexão ou continência, isso nas hipóteses de competência relativa.

2.1. Conexão e continência

A distinção dos termos conexão (ligação) e continência (derivado de *continentia*, de *continens*, é vocábulo que indica proximidade, contigüidade, vizinhança.) não se opera de forma pacífica, sendo indiscutível sua complexidade. Pelo disposto no art. 103 do CPC, consideram conexas duas ou mais ações, quando lhes for comum o objeto ou a causa de pedir; sendo que a continência ocorrerá quando entre duas ou mais ações houver a identidade quanto às partes e à causa de pedir, mas o objeto de uma, por ser mais amplo, abranger o das outras — art. 104 do CPC.

Alguns autores(1) tentam traçar uma diferenciação entre os dois institutos, de forma que a continência exigiria uma maior coincidência de elementos da ação.

(1) Para ROSA, Eliézier. *Dicionário de processo civil*, p. 161 diz: "... Na conexão haverá necessidade da reunião das causas num mesmo juízo para evitar soluções divergentes. Na continência há obrigatoriedade, porque uma causa é parte da outra, e a sentença não pode ser proferida validamente em uma só, como nos casos de litisconsórcio necessário".

Quer me parecer que independentemente da distinção é importante salientar que tal instituto altera a regra da competência de maneira que, nas hipóteses de conexão ou continência que estiverem tramitando em juízes diferentes, com mesma territorialidade, será prevento aquele que primeiro despachar a ação.(2)

Se, porém, as ações estiverem com juízes da territorialidade diferente, a prevenção se dará ao que primeiro citar.

3. *Prevenção*

Haverá situações em que a competência sofrerá restrições. Assim as competências em razão do valor e do território poderão, eventualmente, ser modificadas por conexão ou continência. O tema é importante porque torna o juiz que primeiro tomar conhecimento da ação prevento(3) para decidir o caso. Essa é a prevenção entre juízes do mesmo foro. (art. 106 do CPC)

Porém não podemos olvidar que o instituto da conexão poder-se-á operar entre juízes de foros diferentes, oportunidade em que a prevenção se efetivará com a citação válida.(4)

4. *Considerações finais*

Por fim a competência de uma ação acessória obedecerá a mesma da ação principal — art. 108 do CPC.(5)

A alteração também ocorrerá nas hipóteses de reconvenção e da declaratória incidental — art. 109 do CPC.(6)

---

(2) Exemplificando para melhor entendimento deve-se imaginar um imóvel situado na Rua Teodoro Sampaio, onde será competente o foro Regional de Pinheiros, que possui 5 Varas Cíveis, assim se o Locador ajuizar uma ação de despejo por falta de pagamento, que tramitará na 1ª Vara e o Locatário ajuizar uma ação de consignação de aluguéis, que tramitará na 4ª Vara, será prevento o juiz que despachou primeiramente a ação. (art. 106 do CPC — Correndo em separado ações conexas perante juízes que têm a mesma competência territorial, considera-se prevento aquele que despachou em primeiro lugar.)

(3) Do latim *praeventio*, de *praevenire* (dispor antes, preparar antecipadamente, precaver), na linguagem forense é a denominação dada ao ato de tomar conhecimento, em primeiro lugar, de uma causa, cuja competência possa ser deferida a vários juízes da mesma graduação. (SILVA, De Plácido e. *Dicionário jurídico*)

(4) Art. 219. A citação válida torna prevento o juízo, induz litispendência e faz litigiosa a coisa; e, ainda quando ordenada por juiz incompetente, constitui em mora o devedor e interrompe a prescrição

(5) Art. 108. A ação acessória será proposta perante o juiz competente para a ação principal.

(6) Art. 109. O juiz da causa principal é também competente para a reconvenção, a ação declaratória incidente, as ações de garantia e outras que respeitam ao terceiro interveniente.

X

Auxiliares da Justiça

1. Consideração inicial

Já se viram os órgãos que compõem o judiciário, resta agora verificar quem são as pessoas que, ao lado do juiz, agem em nome do Estado para que se obtenha a jurisdição pleiteada.

Assim o Poder Judiciário necessita de outras pessoas, afora o juiz, para que se obtenha resultado na postulação jurídica.

2. Classificação dos órgãos auxiliares

Os auxiliares da justiça podem ser eventuais ou permanentes, como veremos a seguir.

2.1. Auxiliares permanentes

Os auxiliares permanentes são aqueles que, nomeados, exercem sua função, permanentemente, dentro do poder judiciário.

Os auxiliares permanentes são os chamados serventuários da justiça, e são eles: o escrivão, o oficial de justiça, o distribuidor, o contador, o partidor e o porteiro.

O escrivão é o auxiliar que se acha mais próximo do juiz, sendo que as suas funções estão elencadas no art. 141 do CPC; sob a sua direção estarão os escreventes do cartório, que juntamente com os juízes são os responsáveis pelo andamento processual. Na justiça do trabalho é denominado chefe de secretaria.

O oficial de justiça é o funcionário do judiciário responsável pelo cumprimento das ordens do juiz. Suas atribuições estão elencadas no CPC no art. 143.

É importante consignar que tanto o escrivão como o oficial de justiça são dotados de fé pública.

O distribuidor é o serventuário responsável pela entrega do processo a uma das Varas, sempre que houver mais de uma com legitimidade.

O contador e o partidor, geralmente, são atividades desenvolvidas pela mesma pessoa sendo que o primeiro efetuará cálculos matemáticos e o segundo a partilha nos processos que envolvem esse tipo de necessidade.

A figura do porteiro, que efetuará os pregões antes das audiências, será exercida pelo oficial de justiça.

2.2. Auxiliares eventuais (órgãos de encargo judicial)

São aqueles que exercem função dentro do poder judiciário, à medida que a ação venha a necessitar. São eles: o perito, o intérprete, o depositário particular e o administrador.

O perito atuará nos processos quando o juiz necessitar da realização de uma perícia para apuração das alegações das partes. Assim sua nomeação será necessária sempre que se necessitar de parecer técnico ou científico sobre determinado fato — art. 145[(1)] do CPC.

O intérprete é aquele que atuará no poder judiciário sempre que se tiver um documento em outro idioma, ou se tiver que fazer a oitiva de uma testemunha que não sabe se manifestar em nosso idioma, por ser estrangeira ou muda.

O depositário e o administrador são responsáveis pela guarda e conservação de bens penhorados, arrestados, seqüestrados ou arrecadados — art. 148[(2)] do CPC

A atividade desses auxiliares é importante, de forma que poderão eles ser responsabilizados pelos prejuízos que causarem as partes — art. 150[(3)] do CPC.

2.3. Auxiliares eventuais (órgãos extravagantes)

Os auxiliares eventuais se caracterizam pelo fato de auxiliarem o Poder Judiciário, sem que dele sejam integrantes direto. São seus exemplos: o correio, a imprensa oficial e a polícia militar.

(1) Art. 145. Quando a prova do fato depender de conhecimento técnico ou científico, o juiz será assistido por perito, segundo o disposto no art. 421.
§ 1º Os peritos serão escolhidos entre profissionais de nível universitário, devidamente inscritos no órgão de classe competente, respeitado o disposto no Capítulo Vl, seção Vll, deste Código.
§ 2º Os peritos comprovarão sua especialidade na matéria sobre que deverão opinar, mediante certidão do órgão profissional em que estiverem inscritos.
§ 3º Nas localidades onde não houver profissionais qualificados que preencham os requisitos dos parágrafos anteriores, a indicação dos peritos será de livre escolha do juiz

(2) Art. 148. A guarda e conservação de bens penhorados, arrestados, seqüestrados ou arrecadados serão confiadas a depositário ou a administrador, não dispondo a lei de outro modo.

(3) Art. 150. O depositário ou o administrador responde pelos prejuízos que, por dolo ou culpa, causar à parte, perdendo a remuneração que lhe foi arbitrada; mas tem o direito a haver o que legitimamente despendeu no exercício do encargo.

XI

O Juiz

1. *Considerações iniciais*

O Juiz corporifica o Poder Judiciário na tutela jurisdicional, assim a ele é compelido alguns deveres, a saber:

"a) o dever de sentenciar sobre o mérito da demanda quando se constituiu regularmente a relação processual;

b) o dever de declarar a razão pela qual não pode prover no mérito, quando a relação processual se constituiu irregularmente por falta dos pressupostos processuais;

c) o dever de realizar, se legalmente requerido ou ainda de ofício, quando o imponha a lei, tudo quanto lhe for necessário para habilitar-se a julgar;

d) o dever de agir em qualquer circunstância com retidão e imparcialidade, aí incluso o dever de abster-se nos casos previstos pela lei."[1]

Na síntese dos deveres do juiz, ensinada por *Chiovenda* temos a anunciação de vários princípios processuais, como o princípio da ação (item "a"); princípio da motivação das decisões judiciais (item "b"); persuasão racional do juiz; princípio do impulso oficial; princípio da livre investigação das provas (item "c"); princípio da imparcialidade do juiz (item "d").

No item "d" reconhecemos também as hipóteses de suspeição e impedimentos do juiz previstas nos arts. 134/138 do CPC.

2. *Juiz singular e colegiado*

Toda decisão judicial é proferida em primeira instancia por um juiz singular, sendo que posteriormente será revista por um colegiado.

A revisão da decisão judicial é uma garantia do princípio da segurança jurídica.

---

(1) CHIOVENDA, Giuseppe. *Instituições de direito processual civil.* Trad. J. Guimarães Menegale e Enrico Tullio Liebman 2. ed. São Paulo: Saraiva, 1943. p. 459.

3. *Garantias constitucionais do cargo*

Para garantir que o Poder Judiciário seja independente e não se submeta a critérios políticos ou interesses econômicos é garantido aos juízes determinados poderes.

Assim a Constituição Federal em seu art. 95 estabelece ao juiz a garantia de vitaliciedade, inamovibilidade e irredutibilidade de vencimentos.

Importante será lembrarmos que a independência do poder Judiciário também é considerada constitucionalmente. (Art. 99 da CF)

4. *Restrição para atuação*

As restrições para a atuação dos juízes vêm inserta no Código de Processo Civil, nos arts. 134 a 136.[2]

5. *Atos do juiz*

De forma bastante sucinta podemos dizer que os atos dos juízes se restringem às hipóteses insertas no Código de Processo Civil,no artigos 162, isto é: a sentença, as decisões interlocutórias, os despachos de mero expediente e os atos ordenatórios do processo.[3]

---

(2) Art. 134 — É defeso ao juiz exercer as suas funções no processo contencioso ou voluntário: I — de que for parte; II — em que interveio como mandatário da parte, oficiou como perito, funcionou como órgão do Ministério Público, ou prestou depoimento como testemunha; III — que conheceu em primeiro grau de jurisdição, tendo-lhe proferido sentença ou decisão; IV — quando nele estiver postulando, como advogado da parte, o seu cônjuge ou qualquer parente seu, consangüíneo ou afim, em linha reta; ou na linha colateral até o segundo grau; V — quando cônjuge, parente, consangüíneo ou afim, de alguma das partes, em linha reta ou, na colateral, até o terceiro grau; VI — quando for órgão de direção ou de administração de pessoa jurídica, parte na causa.
Parágrafo único — No caso do n. IV, o impedimento só se verifica quando o advogado já estava exercendo o patrocínio da causa; é, porém, vedado ao advogado pleitear no processo, a fim de criar o impedimento do juiz.
Art. 135 — Reputa-se fundada a suspeição de parcialidade do juiz, quando: I — amigo íntimo ou inimigo capital de qualquer das partes; II — alguma das partes for credora ou devedora do juiz, de seu cônjuge ou de parentes destes, em linha reta ou na colateral até o terceiro grau; III — herdeiro presuntivo, donatário ou empregador de alguma das partes; IV — receber dádivas antes ou depois de iniciado o processo; aconselhar alguma das partes acerca do objeto da causa, ou subministrar meios para atender às despesas do litígio; V — interessado no julgamento da causa em favor de uma das partes.Parágrafo único — Poderá ainda o juiz declarar-se suspeito por motivo íntimo.
Art. 136 — Quando dois ou mais juízes forem parentes, consangüíneos ou afins, em linha reta e no segundo grau na linha colateral, o primeiro, que conhecer da causa no tribunal, impede que o outro participe do julgamento; caso em que o segundo se escusará, remetendo o processo ao seu substituto legal.
(3) Art. 162 — Os atos do juiz consistirão em sentenças, decisões interlocutórias e despachos.
§ 1º Sentença é o ato do juiz que implica alguma das situações previstas nos arts. 267 e 269 desta Lei. (Redação dada pela Lei n. 11.232/05)
§2º Decisão interlocutória é o ato pelo qual o juiz, no curso do processo, resolve questão incidente.
§3º São despachos todos os demais atos do juiz praticados no processo, de ofício ou a requerimento da parte, a cujo respeito a lei não estabelece outra forma.
§4º Os atos meramente ordinatórios, como a juntada e a vista obrigatória, independem de despacho, devendo ser praticados de ofício pelo servidor e revistos pelo juiz quando necessário. (Incluído pela Lei n. 8.952/94)

6. *Considerações finais*

A reforma do Código de Processo Civil, bem como o próprio Código Civil vigente, são exemplos legais de maior concessão de poderes aos juízes.

Podemos afirmar que é essa uma influência do direito americano, mais propriamente do *Contempt of Court*: "O *contempt* civil ocorre quando houver desobediência intencional a uma ordem de corte. Isto é chamado também *contempt* indireto porque ocorre fora do reino imediato do juiz e a evidência deve ser apresentada ao juiz para provar o *contempt*. O infrator civil, pode ser multado, preso ou ambos. A multa ou prisão são sanções da corte pelo desprezo a sua ordem, sendo que o "infrator" estará liberado da cadeia assim que cumprir a ordem de corte."(4)

---

(4) *Lectric law library*. In: <http://www.lectlaw.com/def/c118.htm> Acesso em: 1º.3.2003.

XII

Ministério Público e Advogado

1. Ministério Público

O Ministério Público (MP) é instituição cuja existência é prevista constitucionalmente. Assim é ele a instituição permanente, essencial à função jurisdicional do Estado, incumbindo-lhe a defesa da ordem jurídica, do regime democrático e dos interesses sociais e individuais indisponíveis — art. 127 da CF.[1]

A figura do MP é responsável por manter a ordem pública.

1.1. Como parte

O MP será parte conforme disposto no Código de Processo Civil art. 81[2]. Prevê o permissivo legal que nessa hipótese lhe caberá os mesmos poderes e ônus que às partes, dentro do processo.

Assim ao MP é deferido o direito de requerer a nulidade de casamento contraído perante autoridade incompetente — art. 1.550, VI do CC; de requerer nos procedimentos de jurisdição voluntária — art. 1.104 do CPC.; para requerer abertura de inventário, se houver herdeiro incapaz — art. 988, III do CPC; promover interdição — art. 1.177 do CPC, dentre outros.

Além dessas hipóteses o MP agirá como defensor dos interesses da coletividade, difusos e coletivos, bem como requererá ação direta de inconstitucionalidade.

O MP terá sempre o prazo em quádruplo para contestar e em dobro para recorrer, nos termos do art. 188[3] do CPC.

---

(1) Art. 127 — O Ministério Público é instituição permanente, essencial à função jurisdicional do Estado, incumbindo-lhe a defesa da ordem jurídica, do regime democrático e dos interesses sociais e individuais indisponíveis.

§ 1º São princípios institucionais do Ministério Público a unidade, a indivisibilidade e a independência funcional.

§ 2º Ao Ministério Público é assegurada autonomia funcional e administrativa, podendo, observado o disposto no art. 169, propor ao Poder Legislativo a criação e extinção de seus cargos e serviços auxiliares, provendo-os por concurso público de provas ou de provas e títulos, a política remuneratória e os planos de carreira; a lei disporá sobre sua organização e funcionamento. (Redação dada pela EC n. 19/98 — DOU 5.6.98)

§ 3º O Ministério Público elaborará sua proposta orçamentária dentro dos limites estabelecidos na lei de diretrizes orçamentárias.

(2) Art. 81 — O Ministério Público exercerá o direito de ação nos casos previstos em lei, cabendo-lhe, no processo, os mesmos poderes e ônus que às partes.

(3) Art. 188 — O Ministério Público, a União, os Estados, o Distrito Federal, os Municípios, bem como suas autarquias e fundações, gozarão do prazo: I — em dobro para recorrer e ajuizar ação rescisória; e II — em quádruplo para contestar.

1.2. Como fiscal da lei

A previsão do MP como fiscal da lei esta no art. 82(4) do CPC, que em seu inciso primeiro prevê a intervenção do MP sempre que houver interesse de incapazes. Assim serão exemplos desses artigos os dispostos nos art. 9º e 11 da Lei n. 5.478/68 ou do art. 274 da Lei n. 6.015/73. Intervirá também nas causas concernentes ao estado da pessoa, pátrio poder, tutela, curatela, interdição, casamento, declaração de ausência e disposição de última vontade — inc. II do art. 82; como exemplos dessa espécie de intervenção são os arts. 1.122, §1º(5); 1.126(6); 1.182, § 1º(7); 1.194(8) do CPC.

Atuará ainda o MP nas causa que envolvam litígios coletivos pela posse da terra rural e nas demais causas em que há interesse público evidenciado pela natureza da lide ou qualidade da parte — inc. III do art. 82 do CPC. É nesse inciso que aparece as maiores dúvidas a respeito da necessidade do MP.

Todavia pode-se dizer que ele atuará como *custos legis* nas hipóteses dos arts. 116, parágrafo único(9), 121(10); 480(11); 1.172(12) e 1.200(13) do CPC.

---

(4) Art. 82 — Compete ao Ministério Público intervir: I — nas causas em que há interesses de incapazes; II — nas causas concernentes ao estado da pessoa, pátrio poder, tutela, curatela, interdição, casamento, declaração de ausência e disposições de última vontade; III — nas ações que envolvam litígios coletivos pela posse da terra rural e nas demais causas em que há interesse público evidenciado pela natureza da lide ou qualidade da parte.

(5) Art. 1.122 — Apresentada a petição ao juiz, este verificará se ela preenche os requisitos exigidos nos dois artigos antecedentes; em seguida, ouvirá os cônjuges sobre os motivos da separação consensual, esclarecendo-lhes as conseqüências da manifestação de vontade.

§ 1º Convencendo-se o juiz de que ambos, livremente e sem hesitações, desejam a separação consensual, mandará reduzir a termo as declarações e, depois de ouvir o Ministério Público no prazo de 5 (cinco) dias, o homologará; em caso contrário, marcar-lhes-á dia e hora, com 15 (quinze) a 30 (trinta) dias de intervalo, para que voltem a fim de ratificar o pedido de separação consensual.

...

(6) Art. 1.126 — Conclusos os autos, o juiz, ouvido o órgão do Ministério Público, mandará registrar, arquivar e cumprir o testamento, se lhe não achar vício externo, que o torne suspeito de nulidade ou falsidade.

(7) Art. 1.182 — Dentro do prazo de 5 (cinco) dias contados da audiência de interrogatório, poderá o interditando impugnar o pedido.

§ 1º Representará o interditando nos autos do procedimento o órgão do Ministério Público ou, quando for este o requerente, o curador à lide.

(8) Art. 1.194 — Incumbe ao órgão do Ministério Público, ou a quem tenha legítimo interesse, requerer, nos casos previstos na lei civil, a remoção do tutor ou curador.

(9) Art. 116 — O conflito pode ser suscitado por qualquer das partes, pelo Ministério Público ou pelo juiz. Parágrafo único — O Ministério Público será ouvido em todos os conflitos de competência; mas terá qualidade de parte naqueles que suscitar.

(10) Art. 121 — Decorrido o prazo, com informações ou sem elas, será ouvido, em 5 (cinco) dias, o Ministério Público; em seguida o relator apresentará o conflito em sessão de julgamento.

(11) Art. 480 — Argüida a inconstitucionalidade de lei ou de ato normativo do poder público, o relator, ouvido o Ministério Público, submeterá a questão à turma ou câmara, a que tocar o conhecimento do processo.

(12) Art. 1.172 — Comparecendo o dono ou o legítimo possuidor dentro do prazo do edital e provando o seu direito, o juiz, ouvido o órgão do Ministério Público e o representante da Fazenda Pública, mandará entregar-lhe a coisa.

(13) Art. 1.200 — O interessado submeterá o estatuto ao órgão do Ministério Público, que verificará se foram observadas as bases da fundação e se os bens são suficientes ao fim a que ela se destina.

Os direitos do MP como fiscal da lei estão no art. 83 do CPC, assim é estabelecido que ele terá vista dos autos depois das partes, sendo intimado de todos os atos do processo; poderá, ainda, juntar documentos e certidões, produzir prova em audiência e requerer medidas ou diligências necessárias ao descobrimento da verdade..

2. *Aspectos gerais do MP*

2.1. Responsabilidade do MP

Ao MP será aplicada, analogamente, as sanções prevista ao advogado nos arts. 195 e 196 do CPC. De forma que deverá restituir os autos no prazo, devendo ser desentranhado tudo que estiver no processo após essa data, bem como ficará a mercê de, se cobrado os autos não devolvê-lo, ser-lhe tolhido todos os pedidos de vista fora do cartório, além de pena pecuniária.

2.2. Impedimentos e suspeição

O membro do MP não deverá atuar nas causas em que tenha interesse, ou seja amigo ou inimigo das partes, ou parentes, conforme disposto nos arts. 134 à 138 do CPC.

2.3. Unidicidade e independência

Por unidade deve-se entender que dentro da instituição todos os seus membros fazem parte de um órgão, de forma que qualquer um de seus membros pode atuar dentro de um processo, não existindo a identidade física do componente do MP.

Quanto à independência há de se esclarecer que o membro do MP não está subjugado nem ao Poder Judiciário, nem ao juiz, nem mesmo aos seus superiores, de forma que sempre deverá agir na busca da justiça e do direito.

Esses princípios estão previstos no § 1º do art. 127 da Constituição Federal.

Para garantir a independência ao membros do MP é concedida algumas garantias com vitaliciedade; inamovibilidade e irredutibilidade de vencimentos (art. 128, § 5º, I da CF).

3. *Advogado*

O art. 133 da CF prevê a figura do advogado como sendo indispensável à administração da justiça, sendo inviolável por seus atos e manifestações no exercício da profissão, nos limites da lei.

Também no Código de Processo Civil no art. 36 se determina que a parte será representada em juízo por um advogado legalmente habilitado, entretanto faculta à parte se auto-representar quando for advogada, ou não havendo advogado na localidade, também advogar em causa própria.

O advogado postulará em nome da parte que o constituiu através de instrumento de mandato, sendo certo que esse documento será necessário para a propositura da ação, exceto quando se quiser evitar a decadência ou prescrição, hipótese em que o instrumento de mandato poderá ser juntado posteriormente — art. 37 do CPC.

3.1. Direitos e deveres do procurador

O advogado assim como o juiz e o MP também têm que agir com independência, todavia ao advogado é concedido alguns deveres elencados no art. 39[(14)] do CPC, e direitos, esses elencado no art. 40[(15)] do CPC.

3.2. Impedimentos e incompatibilidade

As incompatibilidades e impedimentos ao exercício da advocacia estão previstas nos arts. 28 e 30 da Lei n. 8.906/94, conhecida como Estatuto da Advocacia e a Ordem dos Advogados do Brasil — OAB.

Assim a advocacia é incompatível com as atividade de chefe do Poder Executivo e membros do Poder Legislativo; membros de órgão do Poder Judiciário, MP, Tribunais e conselhos de contas, dos juizados especiais, etc.; ocupantes de cargos da Administração Pública direita ou indireta; ocupantes de cargos vinculados ao Poder Judiciário; militares, etc.

Estão impedidos de exercerem atos de advocacia os servidores da administração direta, indireta e fundacional e os membros do Poder Legislativo.

---

(14) Art. 39 — Compete ao advogado, ou à parte quando postular em causa própria:
I — declarar, na petição inicial ou na contestação, o endereço em que receberá intimação;
II — comunicar ao escrivão do processo qualquer mudança de endereço.
Parágrafo único — Se o advogado não cumprir o disposto no nº I deste artigo, o juiz, antes de determinar a citação do réu, mandará que se supra a omissão no prazo de 48 (quarenta e oito) horas, sob pena de indeferimento da petição; se infringir o previsto no n. II, reputar-se-ão válidas as intimações enviadas, em carta registrada, para o endereço constante dos autos.
(15) Art. 40 — O advogado tem direito de:
I — examinar, em cartório de justiça e secretaria de tribunal, autos de qualquer processo, salvo o disposto no art. 155;
II — requerer, como procurador, vista dos autos de qualquer processo pelo prazo de 5 (cinco) dias;
III — retirar os autos do cartório ou secretaria, pelo prazo legal, sempre que lhe competir falar neles por determinação do juiz, nos casos previstos em lei.
§ 1º Ao receber os autos, o advogado assinará carga no livro competente.
§ 2º Sendo comum às partes o prazo, só em conjunto ou mediante prévio ajuste por petição nos autos poderão os seus procuradores retirar os autos.

3.3. Substituição

O procurador poderá ser substituído em virtude de seu falecimento, por ter-se revogado os seus poderes ou ainda se esse renunciar aos poderes que lhe foram outorgados.

Na hipótese de morte do patrono de qualquer parte, o juiz suspenderá o processo até a nomeação de novo advogado.

Havendo revogação dos poderes outorgados no mandato, deverá a parte, no documento de desconstituição, já constituir outro patrono — art. 44[16] do CPC.

Quanto à renúncia o advogado deverá comprovar a intimação de seu cliente, ficando responsável pelo processo por 10 (dez) dias (art. 45[17] do CPC) seguintes à notificação.

(16) Art. 44 — A parte, que revogar o mandato outorgado ao seu advogado, no mesmo ato constituirá outro que assuma o patrocínio da causa.

(17) Art. 45 — O advogado poderá, a qualquer tempo, renunciar ao mandato, provando que cientificou o mandante a fim de que este nomeie substituto. Durante os 10 (dez) dias seguintes, o advogado continuará a representar o mandante, desde que necessário para lhe evitar prejuízo.

XIII

Ação

1. *Considerações iniciais*

O Código de Processo Civil estabelece em seu art. 2º que nenhum juiz prestará a tutela jurisdicional senão quando a parte ou o interessado a requerer, nos casos e formas legais.

Isso significa que a ação é o meio pelo qual, aquele que sentiu o seu direito lesado ou que poderá a vir ser lesado, se valerá para obter a tutela jurisdicional do Estado.

O direito de ação é inerente à própria parte, entretanto a lei estabelece situação em que o juiz poderá estabelecer o procedimento de ofício. São elas as previstas nos arts. 989 (abertura de inventário), 1.129 (exibição de testamento), 1.142 (arrecadação de bens de herança jacente), 1.160 (arrecadação de bens de ausente) do CPC.

Ao juiz também é facultado apreciar, de ofício, as questões previstas nos arts. 13, 113, 219 § 5º, 267 § 3º, 295 todos do CPC.(1)

---

(1) Art. 13 — Verificando a incapacidade processual ou a irregularidade da representação das partes, o juiz, suspendendo o processo, marcará prazo razoável para ser sanado o defeito.

Art. 113 — A incompetência absoluta deve ser declarada de ofício e pode ser alegada, em qualquer tempo e grau de jurisdição, independentemente de exceção.

Art. 219 — A citação válida torna prevento o juízo, induz litispendência e faz litigiosa a coisa; e, ainda quando ordenada por juiz incompetente, constitui em mora o devedor e interrompe a prescrição.

...

§ 5º O juiz pronunciará de ofício, a prescrição.

Art. 267 — Extingue-se o processo, sem resolução do mérito:

...

§ 3º O juiz conhecerá de ofício, em qualquer tempo e grau de jurisdição, enquanto não proferida a sentença de mérito, da matéria constante dos ns. IV, V e VI; todavia, o réu que a não alegar, na primeira oportunidade em que lhe caiba falar nos autos, responderá pelas custas de retardamento.

Art. 295 — A petição inicial será indeferida:

I — quando for inepta;

II — quando a parte for manifestamente ilegítima;

III — quando o autor carecer de interesse processual;

IV — quando o juiz verificar, desde logo, a decadência ou a prescrição (art. 219, § 5º);

V — quando o tipo de procedimento, escolhido pelo autor, não corresponder à natureza da causa, ou ao valor da ação; caso em que só não será indeferida, se puder adaptar-se ao tipo de procedimento legal;

VI — quando não atendidas as prescrições dos arts. 39, parágrafo único, primeira parte, e 284.

2. *Conceito*

Sergio Bermudes[2], ensina que a ação "é o direito de pedir a atuação da função jurisdicional do Estado, com vistas à prevenção de uma lide iminente ou à solução de uma lide ocorrente, o substantivo ação (do latim *actio*, ação, movimento; de *agere*, impelir empurrar, agir) a que se junta o adjetivo judicial para indicar que esse direito se exerce em juízo...".

Ou em outras palavras ação é a forma pela qual se pedirá a intervenção do Estado na solução da lide ou com o objetivo de assegurar o direito.

3. *Natureza jurídica*

Dentre os vários processualistas e depois de todas as discussões que se verá a seguir pode-se dizer que a natureza da ação judicial é de direito subjetivo público, abstrato, autônomo e instrumental.

3.1. As diversas correntes

Várias teorias existem para apontar a natureza jurídica da ação. Em síntese pode-se apresentar:

- teoria imanentista, civilista ou clássica definia a ação como o direito de pedir em juízo o que é devido. Assim a natureza jurídica dela seguiria a do próprio direito. A teoria de Savigny estabelecia que não haveria ação sem direito, nem direito sem que haja ação. É a mais antiga das correntes e perdurou por muitos anos.
- *Muther* estabelece que a ação possui uma natureza pública, já que o ofendido se dirige ao Estado, porém aceita também que o ofendido se dirija contra o próprio devedor.
- ação como direito autônomo — Aqui se estabelece a autonomia do direito material que será tutelado, bem como se admite o direito público subjetivo daquele que concederá a tutela.
- Essa corrente se subdivide em:

    1. ação como direito autônomo concreto — que *Chiovenda* chamou de direito potestativo que em síntese considerava que a ação seria um direito autônomo de se exigir algo daquele que não tem razão. Poderia se dizer que essa teoria vê a ação como o instrumento de se buscar o direito que deverá ser concedido.

    2. Ação como direito autônomo e abstrato — Teoria criada por *Degenkolb* e defendida por *Alfredo Rocco* vê a ação como um direito

---

(2) BERMUDES, Sergio. *Introdução ao processo civil*. 3. ed. Rio de Janeiro: Forense, 2002. p. 34.

subjetivo material, onde o autor apresenta seu direito protegido em abstrato, e busca a intervenção do Estado que concedera ou não o que ele pleiteia. *Carnelutti* discorda dessa corrente por entender que a ação é contra o juiz.

• Teoria Eclética — Teve como seu principal precursor *Liebman*, e acabou por ser o referencial do Código de Processo Civil; nela a ação independe do direito material, mas é a ele conexo.

4. Condições da ação

Visto o que é a ação, necessária será a compreensão de diversos questionamentos que a influenciam. Desta forma necessário será estudar os elementos identificadores da ação; a classificação e as condições.

Comecemos o estudo pelas condições da ação que, previsto no art. 3º do Código de Processo Civil, estabeleceu como sendo necessários para proposição ou contestação de uma ação o interesse e legitimidade. Olvidou-se porém da possibilidade jurídica do pedido, que entretanto vem inserto no inciso VI do art. 267 também do CPC.

Portanto é redundante mencionar que sempre que se pretende requerer a jurisdição, é necessário que, ao se promover uma medida judicial, algumas condições sejam atendidas, a saber: a possibilidade jurídica do pedido, o interesse de agir e a legitimação *ad causam* ou legitimidade.

Como ensina o professor português *Manuel A. Domingues de Andrade*, para quem, as condições da ação é a expressão dada "aos requisitos indispensáveis para ser julgada procedente a acção; para ser concedida, portanto, a providência judiciária solicitada pelo demandante(3)."

Esse autor, estabelecendo a diferenciação da divisão, em face de outras legislações, apresenta como fatores condicionantes à propositura da ação: 1) que o demandante tenha razão segundo o direito material (isso no campo do direito material); 2) interesse processual; e 3) legitimação (estes últimos no âmbito do direito processual).

4.1. Possibilidade jurídica do pedido

Ao se analisar as condições da ação no direito brasileiro, em geral inicia-se pela possibilidade jurídica do pedido. Isto significa que o pleiteado na ação, pelo autor, terá de ser juridicamente possível, ou seja, terá de estar albergado no direito material, direta ou indiretamente.

(3) ANDRADE, Manuel A. Domingues. *Noções elementares de processo civil*, 1993. p. 74.

Assim, "às vezes, determinado pedido não tem a menor condição de ser apreciado pelo Poder Judiciário, porque já excluído a *priori* pelo ordenamento jurídico sem qualquer consideração das peculiaridades do caso concreto[4]".

Para *Chiovenda*[5] um direito para ser pleiteado tem de estar embasado na lei.

Isso significa que não se pode requerer em juízo algo previsto como ilícito, isto é, ajuizar uma ação para o recebimento de uma dívida gerada pela prática de um sequestro ou uma dívida de jogo.

4.2. Interesse de agir

Outra condição da ação diz respeito ao interesse de agir.

Segundo *Vicente Greco Filho*[6], "o termo *interesse* pode ser empregado em duas acepções: como sinônimo de pretensão, qualificando-se, então, como interesse substancial ou de direito material, e para definir a relação de necessidade existente entre um pedido e a atuação do Judiciário, chamando-se, neste caso, interesse processual". (destaque nosso)

Pode-se dizer que "essa condição da ação assenta-se na premissa de que, tendo embora o Estado o interesse no exercício da jurisdição (função indispensável para manter a paz e a ordem na sociedade), não lhe convém acionar o aparato judiciário sem que essa atividade possa extrair algum resultado útil. É preciso, pois, sob esse prisma, que, em cada caso concreto, a prestação jurisdicional solicitada seja necessária e adequada[7]".

4.3. Legitimidade

Quanto à legitimidade, outra condição da ação, há de se fazer uma análise mais detalhada.

De Plácido e Silva[8] define a palavra "legitimidade" como sendo um termo "derivado de legítimo, exprime, em qualquer aspecto, a qualidade ou o caráter do que é legítimo ou se apresenta apoiado em lei. A legitimidade, pois, pode referir-se às pessoas, às coisas ou aos atos, em virtude da qual se apresentam todos segundo as prestações legais ou consoante requisitos impostos legalmente, para que consigam os objetos desejados ou obtenham os efeitos, que se assinalam em lei".

Já *Chiovenda*[9], ao defini-la, adota a denominação, *legitimatio ad causam* (legitimação para agir), para ele mais correta, com o seguinte significado: "para

(4) CINTRA, Antonio Carlos; GRINOVER, Ada Pellegrini e DINAMARCO, Cândido R. *Teoria geral do processo*, 1996. p. 259.
(5) CHIOVENDA, Giuseppe *apud* GRECO FILHO, Vicente. *Direito processual civil brasileiro*, 1996. p. 84.
(6) GRECO FILHO, Vicente. *Op. cit.*, 1996. p. 80.
(7) CINTRA, Antonio Carlos *et. al. Op. cit.*, 1996. p. 260.
(8) SILVA, De Plácido e. *Op. cit.*, 1999. p. 480.
(9) CHIOVENDA, Giuseppe. *Instituições de direito processual civil*, 1942. v. I, p. 258-259.

receber o juiz a demanda, não basta que repute existente o direito, mas faz-se mister que o repute pertencente àquele que o faz valer e contrário àquele contra quem se faz valer. Ou seja, que reconheça a identidade da pessoa do autor com a pessoa a quem a lei favorece (legitimação ativa), e a identidade da pessoa do réu com a pessoa a quem é contrária a vontade da lei (legitimação passiva)".

Nas palavras de *Alfredo Buzaid*(10), legitimidade "é a pertinência subjetiva da ação, isto é, a regularidade do poder de demandar de determinada pessoa sobre determinado objeto".

Humberto Theodoro Júnior(11) adverte: "para que se verifique a *legitimatio ad causam* é necessário que haja identidade entre o sujeito da relação processual e as pessoas a quem ou contra quem a lei concede a ação (*Pedro Paulo Martins*)".

E continua, "legitimação para a causa difere da legitimação para o processo ou para estar em juízo na medida em que as pessoas que não têm a livre disposição de seus direitos como, *v.g.*, o menor, o interdito, etc., considerados incapazes para os atos da vida civil, devem fazer-se representadas, assistidas ou autorizadas a ingressar em juízo".

No tocante à legitimidade, que inquestionavelmente neste trabalho é a mais importante das condições da ação, há ainda que ser verificada a sua classificação.

Thereza Alvim(12) divide a legitimidade em ordinária e extraordinária. Aquela se dá quando a parte preencher o "pressuposto para estar em juízo, podendo agir processualmente em defesa (sentido lato) de afirmação de seu direito". Enquanto legitimidade extraordinária é a substituição processual, só admitida nas hipóteses previstas na lei.

Donaldo Armelim apresenta uma classificação para a legitimidade com base em diversos aspectos, como por exemplo, o do número de legitimados, hipótese em que a legitimidade será singular e coletiva. Singular, quando restrita a apenas uma pessoa (como na hipótese de retomada para uso próprio em que o legitimado deverá ser o proprietário); e coletiva, quando é passível de qualquer pessoa intentar a ação (como no caso da ação popular).

A legitimidade poderá ser transferível, ou intransferível sempre que houver possibilidade de substituição do pólo passivo e ativo. E ainda, poderá ser específica ou genérica, conforme se dê os poderes outorgados. Assim, um mandatário poderá ter poderes gerais para a prática de vários atos e a um procurador podem ser outorgados poderes específicos para a prática de apenas um ato.

---

(10) BUZAID, Alfredo *apud* GRECO FILHO, Vicente. *Op. cit.*, p. 77.
(11) THEODORO JR, Humberto. *Código de processo civil anotado*, 1997. p. 3.
(12) ALVIM, Thereza. *Op. cit.*, 1996. p. 80- 88.

A legitimidade, em outro aspecto, poderá ser bilateral ou unilateral. Aquela, se dá quando ambas as partes estão igualmente legitimadas, "tal como ocorre com a outorga de mandado judicial, onde se exige não só a legitimidade do outorgante, como, também, do outorgado[13]".

Quanto aos efeitos da legitimidade, ela poderá ser direta ou indireta. Dessa forma, será direta "sempre que os efeitos do ato recaírem dentro do patrimônio do agente, em caso contrário, indireta[14]".

Donaldo Armelim ainda classifica a legitimidade em extraordinária, que se dá sempre que um terceiro puder realizar um ato em nome próprio, ato esse que venha a se repercutir em esfera alheia, ou em nome de outrem, em virtude de uma representação aparente[15].

Poder-se-ia ainda dividir a legitimidade em exclusiva ou complexa; é exclusiva a legitimidade em que quaisquer dos co-legitimados possam exercê-la em separado (como ocorre, por exemplo, na pluralidade de locadores), ao passo que a complexa exige mais de um para exercê-la. No mesmo exemplo, ou seja, havendo pluralidade de locadores, e no contrato houver cláusula vedando a solidariedade, todos deverão constar no pólo ativo ou passivo da ação, em litisconsórcio necessário.

Além desses tipos, poder-se-ia incluir nesta classificação a sub-divisão entre legitimidade ativa e passiva. Na legitimidade ativa a parte que intenta a ação por entender que seu direito foi violado, razão pela qual terá legítimo interesse no ajuizamento da ação. A contrário *sensu* a legitimidade passiva se refere àquele que foi o causador do direito violado.

5. *Considerações finais*

Visto as condições da ação, ou seja, o que é necessário para que possa o autor ajuizar uma ação judicial, há de se ver que o não-cumprimento do previsto, como condição, provocará o que se denomina carência de ação.

5.1. Carência da ação

A carência da ação dá-se sempre que o juiz, inicialmente, ou no andamento do processo, decide extinguir o processo pelo fato do autor não poder exercer o direito de ação face a ausência de qualquer das condições de ação.

A declaração da carência de ação extingue o processo sem a apreciação do mérito.

---

(13) ARMELIM, Donaldo. *Legitimidade no direito processual civil*, 1979. p. 23.
(14) ARMELIM, Donaldo. *Op. cit.*, 1979. p. 24.
(15) LADARIA, Caldentey *apud* ARMELIM, Donaldo. *Op. cit.*, 1979. p. 25.

XIV

Elementos da Ação

1. *Conceito*

Como já vimos a ação é o exercício do direito que foi lesado ou poderá ser lesado, e que aquele que o detém quer que o Estado se manifeste quanto a ele.

Ora, é certo que cada ação deve ser individualizada na busca da própria solução. Assim os elementos da ação nada mais são dos que os individualizadores dela.

Isso é importante, pois é baseado nos elementos da ação que se obtém os limites da coisa julgada e a litispendência.

2. *Elemento subjetivo*

O primeiro elemento individualizador da ação é de natureza subjetiva e diz respeito **às partes** que comporão a lide.

Assim o sujeito ativo e o sujeito passivo da demanda serão aqueles que comporão a lide. Há de se esclarecer que somente existirão duas partes no processo, o que não significa dizer que haverá apenas duas pessoas.

O **objeto** do pedido também é um identificador da ação. É certo porém que aqui ele se biparte, pois existirá sempre um objeto imediato ou próximo e outro mediato ou remoto.

O objeto imediato é o tipo de provimento jurisdicional, enquanto que o mediato é a reparação do direito lesado ou a garantia de que o mesmo não será lesado.

Assim numa ação de indenização, o objeto imediato é a condenação (ação condenatória); e o objeto mediato é a quantia pretendida (bem da vida).

3. *Elemento causal*

Por fim há ainda para se individualizar a ação que se estabelecer a **causa de pedir** (*causa petendi*). Assim até para que se possa garantir ao réu ampla defesa e o próprio contraditório, o autor ao interpor uma ação deve apresentar os fatos ensejadores da lide, bem como determinar um nexo causal desse pedido com o efeito jurídico.

Portanto deverá o autor apresentar os fatos e a eles atribuir uma consequência de cunho jurídico.

O Código de Processo Civil em seu art. 282, III, prevê expressamente que seja argüido o fato (causa remota) e os fundamentos do pedido (causa próxima).

Exemplificando com a ação de despejo imotivada aqui o fato ou causa remota é: o autor locou o imóvel ao réu; e os fundamentos do pedido (causa próxima) é que não quer mais a mantença dessa locação.

XV

Classificação das Ações

1. *Introdução*

A classificação atribuída a ação na verdade esta relacionada com a natureza jurídica da sentença a que se visa obter.

Assim uma ação de conhecimento busca a obtenção de uma sentença que condena, declara, constitua ou desconstitua um direito.

2. *Classificação*

A classificação das ações apresenta duas correntes, sendo que em uma primeira divisão distingui as ações como de conhecimento, executivas e cautelares. As ações de conhecimento se subdividiram em: declaratórias, condenatórias e constitutivas.

Entretanto segundo *Pontes de Miranda* ainda deveríamos observar duas outras espécies de sentenças, que gerariam, também, outras duas espécies de ações. Assim para aquele autor há de se classificar as ações de conhecimento em: mandamentais (onde o juiz emite uma ordem na sentença, que se descumprida geraria uma infração penal — ex. sentença de mandado de segurança) e ainda as executivas *lato sensu* (porque a sentença prevê a condenação, mas já traz, também, em seu bojo um teor executivo — ex.: ação de despejo).

2.1. Ações de conhecimentos

2.1.1. Declaratórias

Nessas ações o autor visa à obtenção da declaração de um direito. Essa declaração pode consistir na existência ou inexistência do direito.

2.1.2. Condenatórias

Pela ação condenatória a sentença cria um título executivo judicial, que consistirá na obrigação do réu em pagar, dar, fazer ou não fazer alguma coisa.

2.1.3. *Constitutivas*

As ações constitutivas têm em seu bojo uma declaração que visa criar, extinguir ou modificar um direito.

Afora a divisão trinária, *Pontes de Miranda* também apresentava essa classificação:

2.1.4. *Mandamentais*

São aquelas que trazem em seu teor um conteúdo de mando, que se descumprida provoca um desrespeito à ordem do juiz.

2.1.5. *Executiva* lato sensu

Na sentença executiva *lato sensu* a sentença traz uma ordem que se descumprida, voluntariamente, provocará um cumprimento compulsório.

2.2. Ações executivas

As ações executivas têm como característica a obtenção de constrição do executado.

2.3. Ações cautelares

As ações cautelares, sejam incidentais ou preparatórias, visam assegurar um direito lesado, mas que não suportaria o trâmite de uma ação normal. Em outras palavras as ações cautelares são preventivas e visam garantir uma ação futura. Ex.: ação de sequestro, arresto, etc.

São requisitos para a propositura da ação cautelar o *fummus boni iuris* e o *periculum in mora.*

XVI

Processo e Procedimento

1. *Introdução*

É importante se distinguir o processo do procedimento, pois enquanto o processo é a instrumentalização da jurisdição, procedimento é o conjunto de atos necessários para que se obtenha a sentença (seqüência ordenada pela lei[(1)]). É certo, porém que dentro do processo existirão atos que poder-se-ia dizer que a natureza é processual e outros cuja natureza é procedimental.

Importante é essa distinção em face da Constituição Federal estabelecer competência conforme o processo e, em outras oportunidades, delimitá-la conforme o procedimento.

1.1. Procedimentos ordinários

Como vimos o processo instrumentaliza as normas que são ditadas pelo procedimento. Desta feita os processo ordinários são aqueles em que as regras de procedimento se apresentam de forma mais complexa e detalhada.

Terão pois os processos ordinários a fase postulatória (pedido), a fase de saneamento (em que o juiz julga a lide no estado em que está, ou dilata a instrução probatória[(2)]) a fase postulatória e por fim a fase decisória (o juiz profere a sentença). Hoje podemos acrescentar a fase de cumprimento de sentença.

---

(1) CHIOVENDA.

(2) Nessa fase por previsão do procedimento adstrito ao processo ordinário, o juiz apreciará as argüições de regularidade do processo, saneando irregularidades que possam vir a ser adequadas ou extinguindo o processo sem apreciação do mérito, nos termos do disposto no art. 267 do CPC. (Art. 267. Extingue-se o processo, sem resolução do mérito: I — quando o juiz indeferir a petição inicial; II — quando ficar parado durante mais de 1 (um) ano por negligência das partes; III — quando, por não promover os atos e diligências que lhe competir, o autor abandonar a causa por mais de 30 (trinta) dias; IV — quando se verificar a ausência de pressupostos de constituição e de desenvolvimento válido e regular do processo; V — quando o juiz acolher a alegação de perempção, litispendência ou de coisa julgada; VI — quando não concorrer qualquer das condições da ação, como a possibilidade jurídica, a legitimidade das partes e o interesse processual; VII — pela convenção de arbitragem; (Redação dada pela Lei n. 9.307, de 23.9.1996) VIII — quando o autor desistir da ação; IX — quando a ação for considerada intransmissível por disposição legal; X — quando ocorrer confusão entre autor e réu; XI — nos demais casos prescritos neste Código. § 1º O juiz ordenará, nos casos dos ns. II e III, o arquivamento dos autos, declarando a extinção do processo, se a parte, intimada pessoalmente, não suprir a falta em 48 (quarenta e oito) horas.

§ 2º No caso do parágrafo anterior, quanto ao no II, as partes pagarão proporcionalmente as custas e, quanto ao no III, o autor será condenado ao pagamento das despesas e honorários de advogado (art. 28).

§ 3º O juiz conhecerá de ofício, em qualquer tempo e grau de jurisdição, enquanto não proferida a sentença de mérito, da matéria constante dos ns. IV, V e VI; todavia, o réu que a não alegar, na primeira oportunidade em que lhe caiba falar nos autos, responderá pelas custas de retardamento.

1.2. Procedimentos sumários

Nos processos de rito sumário o procedimento é mais célere. Temos todas as fase do procedimento ordinário porém mais concentrado, não tão independente.

Tal procedimento será adotado nas hipóteses prevista no art. 275[3] do CPC.

2. *Natureza jurídica*

Existem várias teorias a respeito do processo, como por exemplo: a teoria contratualista; a relação jurídica; situação jurídica e pluralidade de relações.

A teoria contratualista advinda das lições de *Rosseau* e de sua obra "Contrato Social", via no processo uma relação em que as partes se submetiam de forma voluntária, aceitando plenamente o resultado, exatamente como se estabelecesse um contrato.

A teoria do quase-contrato persistia no erro de insistir em qualificar o processo como sendo um direito privado.

A teoria do processo como relação jurídica sistematizada por *Bülow*, consiste na distinção que ele atribuiu a relação e ao direito material dela apontando três aspectos: 1) os sujeitos do processo; 2) o objeto e 3) os pressupostos processuais. É essa teoria a mais aceita para representar a natureza jurídica do processo.

A teoria do processo como situação jurídica criada por *Goldschmidt*, foi amplamente criticada, subsistindo, entretanto, face a conceito que nela foram estabelecidos, como as idéias de ônus, sujeição e da relação funcional do juiz com o Estado.

---

§ 4º Depois de decorrido o prazo para a resposta, o autor não poderá, sem o consentimento do réu, desistir da ação.

(3) Art. 275 — Observar-se-á o procedimento sumário: (Redação dada pela Lei n. 9.245, de 26.12.1995) (Vide Lei n. 10.444, de 7.5.2002)

I — nas causas, cujo valor não exceder 20 (vinte) vezes o maior salário mínimo vigente no País; (Redação dada pela Lei n. 5.925, de 1º.10.1973)

II — nas causas, qualquer que seja o valor (Retificado) (Redação dada pela Lei n. 9.245, de 26.12.1995)

a) de arrendamento rural e de parceria agrícola;

b) de cobrança ao condômino de quaisquer quantias devidas ao condomínio;

c) de ressarcimento por danos em prédio urbano ou rústico;

d) de ressarcimento por danos causados em acidente de veículo de via terrestre;

e) de cobrança de seguro, relativamente aos danos causados em acidente de veículo, ressalvados os casos de processo de execução;

f) de cobrança de honorários dos profissionais liberais, ressalvado o disposto em legislação especial;

g) nos demais casos previstos em lei.

Parágrafo único. Este procedimento não será observado nas ações relativas ao estado e à capacidade das pessoas. (Redação dada pela Lei n. 9.245, de 26.12.1995).

2.1. Conceito

Processo é o meio pelo qual se instrumentaliza o pedido da tutela jurisdicional, sendo formado pela sucessão de atos ordenados que buscam a composição do conflito existente entre as partes.

Ou nos dizeres de *Aldo Badre* processo é o conjunto de atos jurídicos processuais reciprocamente concatenados entre si, de acordo com regras preestabelecidas pela lei, tendentes à criação de uma norma individual através da sentença do juiz, mediante a qual se resolvem através do direito as questões litigadas pelas partes. (tradução livre)[(4)]

3. *Dispositivos finais*

O processo, assim como a ação pode se dividir em processo de conhecimento; processo de execução e processo cautelar, sendo que a distinção, como já visto na classificação das ações, está atrelada à natureza da sentença que se pretende obter.

O processo de conhecimento ou cognitivo é aquele que a "relação processual na qual se apresenta a lide iminente ou atual ao juiz, para que, ciente dela, ele a previna ou solucione".[(5)]

O processo de execução é aquele que impõe a obrigação da parte de pagar alguma quantia; ou de dar uma coisa, seja ela certa ou incerta ou ainda a prática ou não de um ato. Esse processo se iniciará por um título executivo extrajudicial.

O processo cautelar visa garantir a efetividade do processo de conhecimento ou cautelar. Assim haverá cautelares: preparatória, porque exige a interposição de um processo principal em 30 dias; satisfativa, quando ela se encerra em si mesma.

Poderá a cautelar ser incidental, quando interposta no trâmite de uma ação já interposta.

---

(4) BADRE, Aldo. *Teoria general do processo.* Buenos Aires: Albeledo-Perot, p. 377/378.

(5) BERMUDES, Sergio. *Introdução ao processo civil.* 3. ed. Rio de Janeiro: Forense, 2002. p. 92/93.

XVII

Processo de Conhecimento: de Execução e Cautelar

1. Considerações gerais

Já foi visto que quando se pleiteia a jurisdição, a ação judicial terá uma classificação que levará em conta o provimento pleiteado, bem como a natureza jurídica da sentença proferida.

No item da classificação das ações, foi mencionado que a divisão trinária foi acrescida às sentenças de natureza mandamental, bem como às chamadas de executivas *lato sensu*.

É certo que a tripartição obedece ao critério da natureza da tutela, enquanto que os processos ditos mandamentais e os executivos *lato sensu* seriam ações cujas sentenças apresentam uma natureza condenatória híbrida.

2. Classificação dos processos

Os processos podem ser classificados conforme as ações a saber:

2.1. Processo de conhecimento

No processo de conhecimento o que se objetiva é a solução de um provimento, em que se profere uma sentença de mérito, ou seja, se apreciará o objeto do pedido de forma a se manifestar e decidir sobre ele.

O processo de conhecimento é dividido, quanto a natureza da sentença:

2.1.1. Sentença meramente declaratória

A sentença meramente declaratória vem buscar a declaração de um provimento, de forma a estabelecer a existência ou não de uma relação jurídica. Assim será uma ação, cuja sentença terá a natureza meramente declaratória: a ação de usucapião ou a ação que declara a inexistência de um crédito.

2.1.2. Sentença constitutiva

Nessa espécie de processo a sentença de mérito constituirá, modificará ou desconstituirá um direito. Assim aqui a sentença ao declarar o direito, não o criará, mas provocará efeito no ordenamento jurídico.

Assim a sentença pode ser necessária para a constituição, desconstituição ou modificação de um direito. A ação de anulação de casamento é uma ação cuja sentença tem uma natureza constitutiva. São outros exemplos de ações cuja natureza é constitutiva, a ação de rescisão de contrato por inadimplência, a ação de anulação de atos jurídicos.

2.1.3. *Sentença condenatória*

Nesse processo de conhecimento a sentença terá uma natureza condenatória, em que se condena o réu a determinado ato.

No processo de conhecimento a sentença condenatória demonstra que as partes ao litigarem tiveram que impor uma penalidade, visando à solução da lide intercorrente. Como por exemplo, na ação de cobrança de indenização por dano material.

2.1.4. *Sentença mandamental e executiva* lato sensu

Nos processos cuja natureza da sentença é mandamental dizer-se-ia que as partes visam à obtenção de um direito que será outorgado pela sentença como se fosse uma ordem jurisdicional cujo descumprimento provoca o delito de desobediência. É exemplo das ações mandamentais o mandado de segurança.

A executiva *lato sensu,* a execução independe de uma ação específica, assim é o que ocorre nas ações de despejo em que a execução do despejo não dependerá de uma ação de execução, a condenação já enseja a prática de um ato.

2.2. Processo de execução

Dinamarco conceitua execução como sendo o "conjunto de atos estatais através de que, com ou sem o concurso da vontade do devedor (e até contra ela), invade-se seu patrimônio para, à custa dele, realizar-se o resultado prático desejado concretamente pelo direito objetivo material".

O processo de execução tem uma natureza mista de cognição e execução, pois nele se expropriará um bem do patrimônio do devedor.

2.3. Processo cautelar

O processo cautelar é o instrumento pelo qual se visa à obtenção da efetividade do processo principal. Pode-se dizer que a ação cautelar é uma ação eminentemente processual, já que se constitui em um instrumento do instrumento (ação principal).(1)

---

(1) SHIMURA, Sergio Seiji. *Arresto cautelar*. 2. ed. São Paulo: Revista dos Tribunais, 1997. p. 35.

Cumpre aqui esclarecer que o Código de Processo Civil diverge na apresentação do conceito de ação cautelar, já que existem várias espécies de ações cautelares, cada qual com suas peculiaridades.

Assim para melhor atender ao disposto legalmente, o legislador utiliza-se da terminologia "procedimento" ao invés de "ação".

XVIII

Processo (Pressupostos, Desenvolvimento)

1. Disposições iniciais

Os pressupostos processuais visam à validade do processo. Assim eles objetivam garantir o ajuizamento da ação.

Os pressupostos processuais são importantes porque sem eles se pode ajuizar a ação, porém ela não será válida.

Veremos que enquanto os "pressupostos processuais concernem a competência do juiz, a capacidade das partes, formalidades da demanda e atividades durante o desenvolvimento do processo, conforme as normas processuais vigentes".[1] (tradução livre da autora), as condições da ação têm como objeto o direito material, visando à busca da sentença favorável.

É importante salientar que os pressupostos processuais são determinados pela lei processual, enquanto que as condições da ação têm como determinando as leis de direito material. A princípio os pressuposto são examinados "de ofício" pelo juiz logo no início da demanda, já as condições da ação serão analisadas posteriormente pelo juiz.

2. Classificação dos pressupostos processuais

Os pressupostos processuais podem ser analisados sob uma ótica ampla e conforme doutrina clássica, dispondo-se como:

2.1. Subjetivos

Os pressupostos processuais no que concerne aos elementos subjetivos devem ser analisados quanto ao juiz e quanto à parte.

No tocante ao juiz o pressuposto de admissibilidade referente ao juiz temos a divisão a seguir:

2.1.1. Investidura

O processo que instrumentaliza o exercício da ação deve ser interposto perante um juiz que seja investido dos poderes jurisdicionais.

(1) BADRE, Aldo. s/d. *Teoria general del proceso.* Tomo I. Buenos Aires: Abeledo-Perrot, p. 304.

2.1.2. *Competência*

Aqui se tem a competência do juiz e do próprio órgão jurisdicional, de forma que o processo será interposto perante o juízo responsável pela matéria. Há de se recordar que os atos decisórios de um juiz incompetente são nulos (art. 113, § 2º do CPC[2]).

2.1.3. *Imparcialidade*

O juiz que pratica um ato de forma parcial estará exercendo um juízo de exceção. Os arts. 134 e 135[3] do CPC tratam das hipóteses em que se considera o juiz parcial.

2.2. Quanto às partes

No tocante à parte os pressupostos processuais se apresentam de três formas, a saber:

2.2.1. *Capacidade de ser parte* (ad causam)

A capacidade de ser parte está vinculada a própria personalidade jurídica[4] assim o morto não pode instaurar um processo ou mesmo ser réu.

2.2.2. *Capacidade de estar em juízo* (ad processum)

A capacidade para estar em juízo não pressupõe existência da personalidade jurídica, mas também a possibilidade para que a pessoa tenha capacidade para estar em juízo.

---

(2) Art. 113. A incompetência absoluta deve ser declarada de ofício e pode ser alegada, em qualquer tempo e grau de jurisdição, independentemente de exceção.
§ 1º Não sendo, porém, deduzida no prazo da contestação, ou na primeira oportunidade em que lhe couber falar nos autos, a parte responderá integralmente pelas custas.
§ 2º Declarada a incompetência absoluta, somente os atos decisórios serão nulos, remetendo-se os autos ao juiz competente.

(3) Art. 134. É defeso ao juiz exercer as suas funções no processo contencioso ou voluntário: I — de que for parte; II — em que interveio como mandatário da parte, oficiou como perito, funcionou como órgão do Ministério Público, ou prestou depoimento como testemunha; III — que conheceu em primeiro grau de jurisdição, tendo-lhe proferido sentença ou decisão; IV — quando nele estiver postulando, como advogado da parte, o seu cônjuge ou qualquer parente seu, consangüíneo ou afim, em linha reta; ou na linha colateral até o segundo grau; V — quando cônjuge, parente, consangüíneo ou afim, de alguma das partes, em linha reta ou, na colateral, até o terceiro grau; VI — quando for órgão de direção ou de administração de pessoa jurídica, parte na causa.
Parágrafo único. No caso do n. IV, o impedimento só se verifica quando o advogado já estava exercendo o patrocínio da causa; é, porém, vedado ao advogado pleitear no processo, a fim de criar o impedimento do juiz.
Art. 135. Reputa-se fundada a suspeição de parcialidade do juiz, quando: I — amigo íntimo ou inimigo capital de qualquer das partes; II — alguma das partes for credora ou devedora do juiz, de seu cônjuge ou de parentes destes, em linha reta ou na colateral até o terceiro grau; III — herdeiro presuntivo, donatário ou empregador de alguma das partes; IV — receber dádivas antes ou depois de iniciado o processo; aconselhar alguma das partes acerca do objeto da causa, ou subministrar meios para atender às despesas do litígio; V — interessado no julgamento da causa em favor de uma das partes.
Parágrafo único. Poderá ainda o juiz declarar-se suspeito por motivo íntimo.

(4) Art. 4º A personalidade civil do homem começa do nascimento com vida; mas a lei põe a salvo desde a concepção os direitos do nascituro.

Assim somente quem é plenamente capaz para estar em juízo[5], é que poderá ajuizar a ação e ser parte no processo.

Desta forma o recém-nascido não poderá estar em juízo, devendo ser representado[6] por quem detenha o poder de família. Outro exemplo diz respeito ao fato da pessoa jurídica estar representada por quem seus estatutos determina[7].

2.2.3. Capacidade postulatória (ius postulandi)

A capacidade postulatória está atrelada ao binômio parte — advogado. Assim como já visto no art. 36[8] do CPC

2.3. Objetivos

Os pressupostos objetivos se dividem em dois tipos:

2.3.1. Extrínsecos

2.3.1.1. Inexistência de fatos impeditivos

Dentre os pressupostos que implicam em impedimentos para o desenvolvimento do processo temos a litispendência que se dá sempre que houver duas ou mais ações que tenham partes, pedido e causa de pedir idênticas.

Outro fato impeditivo é a coisa julgada que é o trânsito em julgado de uma ação, e outra que terá as mesmas partes, o mesmo pedido e a mesma causa de pedir.

Outros dois fatos impeditivos são o previsto no parágrafo único do art. 268[9] do CPC (perempção) e a convenção de arbitragem.

---

(5) Art. 7º Toda pessoa que se acha no exercício dos seus direitos tem capacidade para estar em juízo.

(6) Art. 8º Os incapazes serão representados ou assistidos por seus pais, tutores ou curadores, na forma da lei civil.

(7) Art. 12. Serão representados em juízo, ativa e passivamente:

...

VI — as pessoas jurídicas, por quem os respectivos estatutos designarem, ou, não os designando, por seus diretores;

(8) Art. 36. A parte será representada em juízo por advogado legalmente habilitado. Ser-lhe-á lícito, no entanto, postular em causa própria, quando tiver habilitação legal ou, não a tendo, no caso de falta de advogado no lugar ou recusa ou impedimento dos que houver.

(9) Art. 268. Salvo o disposto no art. 267, V, a extinção do processo não obsta a que o autor intente de novo a ação. A petição inicial, todavia, não será despachada sem a prova do pagamento ou do depósito das custas e dos honorários de advogado.

Parágrafo único. Se o autor der causa, por três vezes, à extinção do processo pelo fundamento previsto no no III do artigo anterior, não poderá intentar nova ação contra o réu com o mesmo objeto, ficando-lhe ressalvada, entretanto, a possibilidade de alegar em defesa o seu direito.

2.3.2. *Intrínsecos*

2.3.2.1. *Subordinação dos processos às normas legais*

Os pressupostos processuais, no que tange à subordinação do processo às normas, dizem respeito à regularidade formal, como por exemplo, o fato da petição inicial ter de seguir o disposto no art. 282(10) do CPC; outro pressuposto é o fato do processo somente se dar como instaurado, após a citação do réu(11), portanto é ela que nos termos do art. 219(12) do CPC, constitue a relação processual.

3. *Desenvolvimento do processo*

3.1. Formação

Já vimos que a busca da tutela jurisdicional se dá por iniciativa da parte, que ao interpor a ação, que se instrumentaliza através do processo, inicia a relação processual que somente se completará após a citação do réu.

A partir dessa a angulação se efetiva e a tutela que terá o juiz como representante da jurisdição no vértice, para que o mesmo se mantenha eqüidistante das partes. A respeito alude os arts. 262 e 263(13) do CPC.

3.2. Suspensão

Hipóteses haverá em que se suspende o trâmite da ação, como, por exemplo, quando ocorre o falecimento de uma das partes, ou quando houver necessidade de se sanar irregularidades.

É certo, porém, que a suspensão não cessa a relação processual, apenas susta seu movimento. Assim as hipóteses em que o processo terá seu trâmite suspenso estão elencadas no art. 265(14) do CPC.

---

(10) Art. 282. A petição inicial indicará: I — o juiz ou tribunal, a que é dirigida; II — os nomes, prenomes, estado civil, profissão, domicílio e residência do autor e do réu; III — o fato e os fundamentos jurídicos do pedido; IV — o pedido, com as suas especificações; V — o valor da causa; VI — as provas com que o autor pretende demonstrar a verdade dos fatos alegados; VII — o requerimento para a citação do réu.

(11) Art. 214. Para a validade do processo é indispensável a citação inicial do réu.

(12) Art. 219. A citação válida torna prevento o juízo, induz litispendência e faz litigiosa a coisa; e, ainda quando ordenada por juiz incompetente, constitui em mora o devedor e interrompe a prescrição.

(13) Art. 262. O processo civil começa por iniciativa da parte, mas se desenvolve por impulso oficial.

Art. 263. Considera-se proposta a ação, tanto que a petição inicial seja despachada pelo juiz, ou simplesmente distribuída, onde houver mais de uma vara. A propositura da ação, todavia, só produz, quanto ao réu, os efeitos mencionados no art. 219 depois que for validamente citado.

(14) Art. 265. Suspende-se o processo:

I — pela morte ou perda da capacidade processual de qualquer das partes, de seu representante legal ou de seu procurador;

II — pela convenção das partes;

III — quando for oposta exceção de incompetência do juízo, da câmara ou do tribunal, bem como de suspeição ou impedimento do juiz;

IV — quando a sentença de mérito:

3.3. Extinção

A sentença é a forma como o juiz extingue o processo.

A extinção sem o julgamento do mérito dá à sentença a denominação de terminativa; já quando se julga o mérito da causa se diz que a sentença é extintiva.

Naquela hipótese pode-se ajuizar novamente a ação, exceto nas hipóteses de perempção, litispendência ou coisa julgada, enquanto que nessa, por haver o acolhimento ou não do pedido, essa manifestação impede que se volte a discutir a mesma demanda.

---

a) depender do julgamento de outra causa, ou da declaração da existência ou inexistência da relação jurídica, que constitua o objeto principal de outro processo pendente;

b) não puder ser proferida senão depois de verificado determinado fato, ou de produzida certa prova, requisitada a outro juízo;

c) tiver por pressuposto o julgamento de questão de estado, requerido como declaração incidente;

V — por motivo de força maior;

VI — nos demais casos, que este Código regula. (p. ex.: nomeação à autoria, denunciação da lide).

XIX

Atos Processuais

1. *Introdução*

A doutrina muito discute e apresenta várias formas para que se classifiquem os atos processuais.

Atos processuais que como já visto são aqueles praticados pelas partes e pelo juiz com o fim de dar andamento ao processo, visando obter a jurisdição pleiteada.

Os atos processuais, exceto quando assim a lei exigir, não necessitam de uma forma determinada, assim alguns atos processuais terão uma estrutura formal porque desta maneira está previsto. Por exemplo, a sentença exige uma formalidade, conforme previsto no art. 458 do CPC.

Da mesma forma alguns termos processuais deverão obedecer a uma formalidade como por exemplo o termo de conclusão, que remete os autos ao juiz para que este se manifeste nos autos, praticando um ato de sua competência.

Quanto aos atos em geral, são praticados em dias úteis, das 6 às 20 horas, admitindo-se entretanto que a organização judiciária de cada Estado disponha de forma diferente, respeitando todavia ao disposto no art. 172, § 2º.

2. *Conceito*

Os atos processuais são segundo *Calamandrei* "a série de atos processuais, próximos mas independentes, no tempo e no espaço, que constituem exteriormente o processo, pode-se entender como uma unidade autônoma quando estes atos se concebem como manifestação visível de uma relação jurisdicional única".(1)

Assim a seqüência de atos correlatos, mas autônomos, é que formaram o processo, sempre cientes que tais atos que obedecerão uma regra geral, terão em seu conteúdo as peculiaridades intrínsecas a cada tipo de processo.

---

(1) Tradução livre. Conforme CALAMANDREI, Piero. *Instituiciones de derecho processual civil.* Buenos Aires: Delpalma, 1943. p. 267.

"Os atos processuais são todos os realizados pelas partes ou pelo Tribunal, frente a outra parte ou frente ao Tribunal, que mediata ou imediatamente servem ao impulso do procedimento civil; sendo necessário, conforme tem declarado o Tribunal Supremo, que o ato tenha uma direta eficácia processual."(2)

3. *Classificação*

Os atos processuais não se apresentam de forma homogênea na doutrina, que ainda busca uma classificação mais perfeita. Enquanto isso podemos classificá-los segundo o critério da origem dos atos, isto é, se eles foram praticados pelas partes ou pelo juiz.

De acordo com essa classificação obteremos diversas subespécies de classificação.

Assim quando originado das partes temos:

3.1. Ato de postulação

Os atos postulatórios, que sempre são originados das partes, trazem em seu contexto um pedido da parte, seja no tocante ao próprio processo, seja quanto ao mérito da ação.

3.2. Atos de causação

Serão aqueles atos praticados pelas partes com o objetivo de produzir efeitos jurídicos na demanda. Pode ser exemplificado como o acordo processual firmado pelas partes, ou mesmo suspensão do processo.

3.3. Atos de prova

Os atos instrutórios são aqueles em que as partes se valerão para comprovarem os fatos por elas alegados, de forma a formarem a convicção do juiz. Ou seja, são as provas produzidas para o juiz poder decidir a lide.

3.4. Atos reais

São aqueles atos de manifestação do processo, como juntada de documentos, pagamento de custas, etc.

---

(2) Tradução livre. Conforme SCHÖNKE, Adolfo. *Derecho processual civil.* Tradução L. Pietro Castro. 5. ed. alemã. Barcelona: Bosch, 1950. p. 109.

Quanto aos atos praticados pelo juiz temos:

3.5. Atos decisórios

Que são aqueles praticados pelo julgador que decide questões incidentais ou finais no processo. Assim as decisões interlocutórias e as sentenças são ilustrativas desses atos.

3.6. Atos não decisórios

Os atos praticados pelos serventuários, anteriormente dependiam de autorização do juiz, porém para agilizar o processo isso foi modificado, assim a juntada de custas, procuração, podem independer de despacho.

Podemos ainda distinguir os atos conforme o lugar e tempo:

3.7. Atos no tempo

Os atos processuais se realizarão nos dias úteis, excepcionalmente poderão se realizar fora desse período, nos termos do disposto no art. 172 do CPC.

Os processos não têm andamento durante as férias forenses, excepcionando-se os casos previstos no art. 174 do CPC.

3.8. Atos no lugar

Os atos processuais em geral ocorrem no próprio foro. Todavia as perícias e vistorias ocorrem fora dele.

4. Formas dos atos processuais

Os atos processuais podem ser escritos ou orais. Às vezes independe a forma, porém, obrigatoriamente, alguns atos serão sempre escritos como por exemplo a apelação.

Importante será não esquecermos que a efetividade de todos os atos praticados tanto pelo juiz como pelas partes dependerá sempre da ciência da outra parte (isso nada mais é do que a garantia do princípio do contraditório).

5. Prazo

A legislação exige o cumprimento de prazos para a prática dos atos processuais. Os prazos podem ter diversas classificações, ou seja: legais, judiciais e convencionais; os próprios e impróprios; comuns e particulares e os dilatórios e os peremptórios.

Os legais estão fixados em lei (art. 308 do CPC); os judiciais são fixados pelo juiz, como por exemplo, quando fixa o trídio para especificação das provas (art. 407 do CPC); e os convencionais, são estabelecidos pelas partes (art. 265, II do CPC).

Os ditos prazos denominados de comuns são aqueles que correm para ambas as partes conjuntamente (art. 407 do CPC) e os particulares, de uma parte específica (réplica).

Os prazos dilatórios são aqueles que admitem alteração para aumentá-los ou diminuí-los, sem qualquer prejuízo. Ex. citação por edital. Já o prazo peremptório é aquele em que se fixa um momento exato para a prática do ato processual — Ex. arts. 297, 508 do CPC.

Por fim temos os prazos próprios que são impostos às partes, e o seu não atendimento implicará na preclusão (art. 189 do CPC); já os imprópios são os assegurados aos juízes ou seus auxiliares (art. 297 do CPC).

5.1. Contagem

Os prazos no direito processual são contado a partir do primeiro dia útil, subseqüente à cientificação da determinação, contando-se em dias corridos (art. 184 do CPC).

Pode-se opor quanto ao prazo a suspensão, em que se suspende a contagem do prazo por um motivo determinado, sendo certo que suprido o motivo da suspensão, prossegue-se a contagem do prazo no remanescente.

Pode-se ainda interromper um prazo, e aqui o prazo é devolvido integralmente à parte.

A data para iniciar-se a contagem dos prazos está prevista no art. 241 do CPC.(3)

5.2. Preclusão

A preclusão consiste na perda do prazo processual. Essa perda pode-se dar de três maneiras diferentes, quais sejam: a preclusão temporal, é aquela que consiste na perda do prazo; a preclusão lógica, consiste na incompatibilidade de atos do processo; e a preclusão consumativa, que consiste na prática do ato no transcurso do prazo para manifestação.

(3) Art. 241. Começa a correr o prazo: I — quando a citação ou intimação for pelo correio, da data de juntada aos autos do aviso de recebimento; II — quando a citação ou intimação for por oficial de justiça, da data de juntada aos autos do mandado cumprido; III — quando houver vários réus, da data de juntada aos autos do último aviso de recebimento ou mandado citatório cumprido; IV — quando o ato se realizar em cumprimento de carta de ordem, precatória ou rogatória, da data de sua juntada aos autos devidamente cumprida; V — quando a citação for por edital, finda a dilação assinada pelo juiz.

XX

Nulidades Processuais

1. *Introdução*

Existirão situações em que há desconformidade dos atos processuais desatenderem a padrões determinados, exigidos pelo nosso sistema de direito processual.

Isso porque nosso direito processual adota o princípio da tipicidade previsto no art. 154 do CPC.

2. *Conceito*

Nos dizeres de *Calmon de Passos*, "nulidade se traduz na retirada da eficácia do ato maculado por sua imperfeição relevante".[(1)]

3. *Espécies de nulidades*

As nulidades se apresentam nas formas a seguir:

3.1. Absolutas

São as nulidades que comprometem diretamente a forma dos atos processuais, que são considerados nulos podendo ser declarados diretamente pelo juiz ou pelas partes, pois ferem questões de ordem pública. Exemplo: a sentença sem motivação (art. 93, IX da CF), a incompetência absoluta (art. 113, § 2º do CPC).

3.2. Relativas

Nas nulidades relativas, o interesse particular aparece conjuntamente com os interesses públicos, todavia na mesma se permite a retificação.

Segundo o professor *João Batista Lopes*, essa nulidade pode deixar de ser apreciada quanto não houver prejuízo para as partes. São exemplos da nulidade relativa os atos praticados pelo juiz relativamente incompetente.

(1) PASSOS, Calom de. *Esboço de uma teoria das nulidades*. Rio de Janeiro: Forense, 2005. p. 125.

3.3. Cominadas

São as nulidades expressamente previstas no ordenamento processual, ou seja, estão expressa nos artigos do Código de Processo Civil. Exemplos: arts. 246, 247 do CPC.

3.4. Não cominadas

São as nulidades que prejudicam o sistema processual, todavia não estão previstas expressamente no código de processo. Assim são exemplos a falta de atendimento ao princípio processual constitucional do devido processo legal, ou do contraditório.

3.5. Atos inexistentes

Afora os atos nulos, temos ainda os ditos inexistentes. São aqueles que praticados no processo o foram sem atender ao regramento adequado. Assim imaginemos um advogado que, preenche equivocadamente a procuração; ele praticará atos no processo, sendo os mesmos considerados inexistentes, pois praticados por quem não possui a capacidade postulatória, pois a mesma não lhe foi outorgada.

XXI

Sujeitos do processo

1. *Introdução*

O entendimento da assistência e das hipóteses de intervenção de terceiros, exige que entendamos quem são as partes do processo e sua relação para que posteriormente entendamos as intervenções de outrem.

2. *Conceito de partes*

"Partes são as pessoas que pedem e contra aquelas que se pedem a tutela jurisdicional. As partes são, em regra geral, ao mesmo tempo, os sujeitos do direito ou dever discutidos."(1)

3. *Substituição processual*

A substituição processual consiste na possibilidade de se requerer em nome próprio direito alheio. É, pois, uma legitimação extraordinária.

"O substituto processual é parte no processo, tendo, assim, o direito de ação ou de defesa."(2)

São exemplos de substituição processual a ação popular; ação civil pública.

---

(1) SCHÖNKE, Adolfo. *Derecho processual civil.* Tradução livre da 5. ed. alemã. Barcelona: Bosch, 1950. p. 85.

(2) MARQUES, José Frederico. *Manual de direito processual civil.* 2. ed. Campinas: Millennium, 1998. v. I, p. 424.

XXII

Litisconsórcio

1. *Introdução*

Já vimos que a tutela jurisdicional será sempre formada pelo autor e pelo réu. Tal assertiva faz parecer que autor e réu serão sempre únicos, o que não é verdade, posto que pode haver situações em que num ou noutro pólo teremos mais de uma pessoa.

2. *Conceito*

O litisconsórcio é a pluralidade de pessoas no pólo ativo ou passivo da ação, sempre que entre elas houver o mesmo interesse.

O litisconsórcio é o fenômeno de co-participação processual, ou por consórcio na lide(relação de direito material), ou por interveniências — intervenção processual.(1)

Schönke ensina que "quando uma parte esta formada por várias pessoas, estas se chamam litisconsortes."(2)

3. *Espécies*

3.1. Quanto ao pólo da demanda

3.1.1. Passiva

Quando a pluralidade de partes se dá no pólo passivo da demanda, isto é, na figura do réu.

3.1.2. Ativa

A contrário *sensu* a pluralidade se dará entre os autores da ação.

3.2. Quanto à obrigatoriedade

A existência da pluralidade das partes pode, às vezes, se tratar apenas de uma forma de estabelecer-se o princípio processual da economia, por isso ela será:

(1) ROSA, Eliézer. *Dicionário de processo civil.* Rio de Janeiro: Direito, 1957. p . 253
(2) SCHÖNKE, Adolfo. *Op. cit.*, p. 94. Trad. Livre.

3.2.1. Facultativo

No litisconsórcio facultativo as partes terão discricionariedade de optarem pela litisconsórcio ou não, de forma que ele se apresente como um direito que a parte pode utilizar ou não ficando a seu critério a opção.

3.2.2. Necessário

Ao contrário do anterior, a legitimidade necessária é obrigatória, sendo condição de validade para o processo a existência de várias partes em um de seus pólos. Ex.: ação de usucapião.

3.3. Quanto à formação

Esse requisito diz respeito ao momento da formação do litisconsórcio.

3.3.1. Inicial

Quando se apresenta o litisconsórcio de início no processo. Assim a variedade de partes já está composta no processo quando da sua interposição.

3.3.2. Ulterior

A ação se inicia sem pluralidade de partes, porém no andamento do processo passa-se a ter mais de um representante em um dos pólos da ação. Ex.: denunciação da lide.

3.4. Quanto aos efeitos

3.4.1. Unitário

No litisconsórcio unitário se terá uma única sentença para todos os litisconsorciados

3.4.2. Simples

Nessa hipótese a decisão final poderá ser diferente para as partes litisconsorciadas.

4. Considerações finais

- O litisconsórcio é uma figura importante para a própria validade do processo em algumas hipóteses.
- *Conceito* — Cumulação de sujeitos
- *Justificativa* — Economia processual; segurança jurídica, pois evita decisões conflitantes

• *Classificação*

— quanto às partes
- — ativa
- — passiva

— quanto à formação
- — inicial
- — ulterior

— quanto à obrigatoriedade
- — necessário
- — facultativo

— quanto aos efeitos
- — unitário — sentença idêntica a todos
- — simples — indiferença quanto ao resultado da decisão

XXIII

Intervenção de Terceiros

1. Considerações iniciais

A intervenção de terceiro consiste no ingresso de uma pessoa como parte em um processo já existente, e no qual ainda não aparece.

O Código de Processo prevê especificamente quatro espécies de intervenção, excluindo desse rol outra intervenção que aparece independente, a assistência.

As intervenções de terceiros poderão se dar em quaisquer dos tipos de processo, podendo ser voluntárias ou provocadas.(1)

2. Tipos de intervenção

O código de processo prevê como tipos de intervenção a oposição; a nomeação à autoria; a denunciação à lide e o chamamento do processo.

Como já dito exclui desse rol a assistência, os embargos de terceiro e a intervenção de credores na execução.

2.1. Oposição (arts. 56 ao 61 do CPC)

É a oposição uma autêntica ação por um terceiro, que pleiteia, parcial ou integralmente, o direito ou a coisa sobre a qual litigam autor e réu. É uma ação prejudicial à demanda.

Ou como ensina *De Placido e Silva*(2):

"Oposição. Na terminologia técnica do Direito Processual Civil, é a ação do terceiro prejudicado que vem intervir no processo já iniciado, em defesa de seu direito, e para excluir, simultaneamente, autor e réu da demanda.

---

(1) O professor Athos Gusmão Carneiro estabelece que a assistência e a oposição são hipóteses de intervenção espontânea, e serão provocadas, nos casos de nomeação à autoria; denunciação à lide e no chamamento ao processo. (*Intervenção de terceiros*. 2. ed. São Paulo: Saraiva, p. 49)

(2) SILVA, De Plácido e. *Vocabulário jurídico*. Rio de Janeiro: Forense, 1999. p. 575

É, assim, uma verdadeira ação do terceiro, que se diz com direito ao objeto da causa, posta em litígio, para que cesse a demanda com a exclusão dos litigantes, autor e réu. Na exclusão simultânea do autor e réu, está, portanto, o caráter verdadeiro da oposição."

A oposição, que poderá ser interposta até a sentença, deverá obedecer aos requisitos do art. 282 do CPC, devendo ser distribuída por dependência.

Apresentada a oposição no processo, serão autor e réu citados, na pessoa de seus patronos, para que no prazo comum, de 15 dias, contestem o pedido.

Quanto ao momento do oferecimento, se interposta antes da audiência essa correrá concomitantemente com a ação principal, sendo que ao proferir a sentença o juiz apreciar-lhe-à primeiro. Todavia em sendo oferecida depois da audiência, seguirá o rito ordinário e será julgada independentemente da ação principal. Sendo certo que ao juiz é facultado sobrestar a ação principal por, no máximo, 90 dias para julgá-las conjuntamente.

2.2. Nomeação à autoria (arts. 62 ao 69 do CPC)

A nomeação à autoria é um procedimento cujo fim é a correção do pólo passivo da ação que ocorre sempre que se propõe ação contra quem não é proprietário ou possuidor do bem objeto da lide.

A "nomeação à autoria é o chamamento que o detentor de coisa alheia faz, no processo, do proprietário ou possuidor, para que sejam citados pelo autor".(3)

Deve assim o detentor do bem em lide, no prazo para contestação, requerer a nomeação do possuidor ou proprietário da coisa. O juiz então suspenderá o feito, intimando o autor para que se manifeste sobre à nomeação em 5 dias.

Havendo a aceitação, por parte do autor o mesmo ordenará a citação do nomeado que deverá reconhecer a qualidade que lhe foi atribuída. Em reconhecendo segue contra ele a ação, em não reconhecendo prossegue o feito unicamente contra o nomeante, o que acontecerá também se o autor não aceitar a nomeação.

Em quaisquer das hipóteses da ação prosseguir contra o nomeante, ser-lhe-á concedido novo prazo para contestação.

Considera-se aceita a nomeação quando o autor, no prazo, não se recusa, ou quando o nomeado, após a citação, não comparece, ou em comparecimento, não alegar a falta de aceitação — art. 68 do CPC.

---

(3) MARQUES, José Frederico. *Manual de direito processual civil*. 2. ed. Campinas: Millennium, 1998. v. I, p. 446.

2.3. Denunciação à lide (art. 70 ao 76 do CPC)

A denunciação à lide pode ser conceituada como o ato pelo qual o autor ou o réu procura trazer a Juízo, para melhor tutelar seu direito e por imposição legal, terceiro ligado à relação[(4)]

Ou nos dizeres de *Chiovenda*[(5)]:

"a) A denuncia da lide (*litis denuntiatio*). A parte que, no caso de perder, tem ação de regresso contra terceiro, pode denunciar-lhe a lide, para dar-lhe meio de intervir e coadjuvá-la em sua defesa, e a fim de evitar a exceção de defesa negligente no processo posterior".

O art. 70 do CPC, em seu *caput* estabelece que a denunciação da lide é obrigatória, nas hipóteses a saber:

- ao alienante, na ação em que terceiro reivindica a coisa, cujo domínio foi transferido à parte, a fim de que esta possa exercer o direito que da evicção lhe resulta;
- ao proprietário ou ao possuidor indireto quando, por força de obrigação ou direito, em casos como o do usufrutuário, do credor pignoratício, do locatário, o réu, citado em nome próprio, exerça a posse direta da coisa demandada;
- àquele que estiver obrigado, pela lei ou pelo contrato, a indenizar, em ação regressiva, o prejuízo do que perder a demanda.

O regramento obedecerá o mesmo destinado ao chamamento do processo.

2.4. Chamamento ao processo (arts. 77 ao 80 do CPC)

Segundo *De Plácido e Silva*[(6)], chamamento ao processo é:

"... o incidente (facultativo) pelo qual o devedor (réu) demandado chama para integrar a mesma lide os coobrigados pela dívida, tornando-os também responsáveis pelo resultado da pendência."

Sua finalidade é alargar o campo de defesa dos fiadores e dos devedores solidários, possibilitando-lhes, no processo em que foram demandados, chamar o responsável principal ou os co-responsáveis.

Serão chamados ao processo, nos termos dos incisos do art. 77:

- o devedor, na ação em que o fiador for réu;
- os fiadores, quando apenas um é citado;
- os devedores solidários, quando o credor exigir a dívida integralmente de apenas um.

---

(4) MARQUES, José Frederico. *Op. cit.*, p. 448.
(5) CHIOVENDA, Giuseppe. *Instituições de direito processual civil.* São Paulo: Saraiva, 1943. v. II, p. 338.
(6) SILVA, De Placido e. *Op. cit.*, p. 167.

O chamamento será requerido no prazo da contestação, devendo os chamados serem citados em 10 dias se residentes na mesma comarca, e em 30 dias se residentes em comarca diversa, nos termos do art. 72 do CPC., para integrarem a lide. — art. 79 do CPC.

A sentença que julgar procedente a ação, condenando os devedores, valerá como título executivo, em favor do que pagar a dívida, para exigi-la por inteiro do devedor principal, ou de cada um dos co-devedores a sua cota, na proporção que lhes tocar.

3. *Síntese*

- *Oposição* — o terceiro se rebela contra as partes A e B, opondo-se ao direito que as mesma estão discutindo. Autor — oponente — Réus — opostos. Terá de ser proposta antes da audiência de instrução e julgamento.

- *Nomeção à autoria* — Corrige-se a legitimação passiva da ação. Quem nomeia é nomeante, e o terceiro chamado a intervir é nomeado. Prazo— na contestação, sob pena de preclusão. Aceita a nomeação o processo prossegue apenas contra o nomeado.

- *Denunciação à lide* — Nela o que se pretende é a intervenção de terceiro responsável, contra quem se detém direito de regresso. Três hipóteses previstas no art. 70 do CPC. Semelhante a nomeação à autoria, difere dela porque na denunciação ambas as partes continuam e na nomeação não.

- *Chamamento ao processo* — litisconsórcio formado pelo próprio réu. Deve-se fazê-lo quando da contestação: Ex. fiador chamar o devedor principal. Difere da denunciação porque nela o denunciado assume todo o prejuízo, e aqui os que foram chamados ao processo são solidários na ação.

XXIV

Assistência

1. *Introdução*

A assistência apesar de ser uma espécie de intervenção de terceiro, não figura em nosso direito como tal. Tanto que a ela o CPC dedicou ao tema a Seção II, do Capítulo V, ficando pois separada da intervenção de terceiros.

Todavia *lato sensu* poder-se-ia dizer que a assistência nada mais é do que uma intervenção espontânea de um terceiro a um processo.

Tal intervenção não se dá "por via de ação" mas sim por inserção do terceiro na relação processual pendente".[1]

E claro que não será qualquer terceiro que poderá intervir no processo mas aquele que possua interesse jurídico.

A assistência no Código anterior era tratada de forma falha, tendo o CPC atual disciplinado melhor a matéria.

A ela o CPC dedica os arts. 50 *usque* 55.

1.1. Conceito

"Assistência é o direito de intervir o terceiro em causa na qual tenha interesse jurídico em que a sentença seja favorável a uma das partes."[2]

2. *Pressupostos para sua admissibilidade*

Como vimos a assistência é espontânea, porém ela exige dois pressupostos, quais sejam:

• que esteja pendente uma causa: a assistência é cabível nos processos sob o procedimento ordinário e o cautelar; já no processo executivo tal intervenção é incabível. A intervenção poderá se dar, em qualquer fase, desde que citado o réu, devendo o assistente peticionar no processo, expondo os fatos e as razões pela qual possui interesse em assistir a uma das partes. O Juiz então determinará a manifestação das partes em 5 (cinco) dias. Não havendo impugnação, o juiz defere a intervenção, se, porém,

(1) CARNEIRO, Athos Gusmão. *Intervenção de terceiros*. 2. ed. São Paulo: Saraiva, 1983. p. 89.
(2) MARQUES, José Frederico. *Op. cit.*, p. 452.

quaisquer das partes impugnar o pedido de assistência o juiz desentranhará as petições e formará um incidente em apenso, conferido às partes 5 (cinco) dias para a produção das provas. Findo tal prazo o juiz decidirá, autorizando ou indeferindo o pedido de assistência. Dessa decisão caberá agravo de instrumento.

• existência do "jurídico interesse" na intervenção: o terceiro não formula pedido, nem contra ele se pleiteia nada diretamente, já que "em defendendo o interesse alheio, isto é, o interesse do assistido, o assistente indireta e mediatamente age com vistas a defender um seu (invocado) direito.É exatamente esta defesa mediata de um direito que lhe confere o interesse jurídico na intervenção.(3) Assim, o interesse jurídico consistirá em uma conseqüência, econômica ou moral, ao terceiro que intervir.

3. *Espécies de assistência*

O CPC prevê duas espécies de assistência, quais sejam:

a) assistência simples

b) assistência litisconsorcial

3.1. Assistência simples

Consiste na "intervenção de terceiro no processo entre as partes visando a sustentar as razões de uma delas contra a outra".(4)

Tal espécie de assistência vem prevista no art. 50 do CPC, sendo a ela referentes os arts. 51, 52 53 e 55.

A justificativa para intervenção simples é o interesse, moral ou econômico, mas sempre jurídico, no sentido de a ordem jurídica ter emprestado a esse interesse econômico ou moral.(5)

3.2. Assistência litisconsorcial

Nela o assistente é direta e imediatamente vinculado à relação jurídica (*rectuis,* ao conflito de interesse) objeto do processo.(6)

Na assistência litisconsorcial ou autônoma o interveniente poderia ter sido litisconsorte na ação, já que a sentença interferirá na relação existente entre ele e o adversário do assistido.

A ela o Código dedica os arts. 54 e 55 do CPC.

---

(3) CARNEIRO, Athos Gusmão. *Op. cit.*, p. 92.

(4) SANTOS, Moacyr Amaral. *Primeira linhas de direito processual civil.* 10. ed. São Paulo: Saraiva, 1985. v. 2, p. 51.

(5) ALVIM, Arruda. *Manual de direito processual civil.* 4. ed. São Paulo: RT, 1991. v. 2, p. 65.

(6) CARNEIRO, Athos Gusmão. *Op. cit.*, p. 93.

4. *Figura do assistente*

A posição do assistente difere conforme a modalidade assistencial, assim o assistente simples figura como auxiliar do assistido, podendo agir no processo, mas nunca em contrariedade a este; assim ao assistente é permitido requerer provas, participar de audiência, recorrer. Todavia não poderá apresentar rol de testemunha se o assistido requereu julgamento antecipado da lide; nem recorrer, se o assistido expressamente desistir de tal direito.

Em havendo revelia o assistente simples atua como uma espécie de "gestor de negócios".

O assistente litisconsorcial não se subordina ao assistido podendo agir no processo de forma independente, lhe sendo permitido contraditar testemunha do assistido, recorrer independente da desistência do mesmo.

Importante se faz lembrar que a quaisquer dos assistentes, é defeso dispor do objeto do processo, nem, para ampliá-lo.

5. *Efeitos na sentença*

A sentença proferida tratará das partes do processo, fazendo coisa julgada para elas, não decidindo nada quanto ao assistente porque esse nada pediu. Assim, apesar de se restringir às partes, ela atingirá o direito do assistente, que não poderá se furtar das conseqüências jurídicas.

Portanto, quanto aos seus efeitos, atingirá o *interesse jurídico* do assistente e até mesmo, no caso de assistência litisconsorcial, *afetará a relação jurídica* entre o assistente e o adversário do assistido.

É certo que o próprio Código de Processo Civil, em seu art. 55, prevê as exceções em que o assistente não será atingido pelo efeito, são elas:

> I — pelo estado em que recebera o processo, ou pelas declarações e atos do assistido, fora impedido de produzir provas suscetíveis de influir na sentença;
>
> II — desconhecida a existência de alegações ou de provas, de que o assistido, por dolo ou culpa, não se valeu.

A primeira exceção se desdobra em duas hipótese: a) pelo estado em que o assistente recebera o processo (Cód. cit., art. 50 parágrafo único), não mais lhe era possível influir na formação da verdade dos fatos, ou seja, não lhe era mais possível requerer e produzir provas; b) pelo comportamento do assistido, seja por suas declarações, seja por seus atos, ficará impedido de produzir provas suscetíveis de influir na sentença, *v.g.*: o assistido reconhecera a procedência do pedido, ou confessara, ou transigira sobre direitos controvertidos.

6. *Síntese*

Pendência Ação → Petição ao juiz – Vistas as partes

Pressupostos

Assistência

Jurídico interesse

Concordam → Assistência é deferida

Impugnam → Forma-se incidente → 5 dias provas → defere/indefere → cabe agravo de instrumento

XXV

Da Petição Inicial

1. *Considerações iniciais*

Petição inicial é o ato processual que dá início a ação e que formaliza o pedido do autor ao juiz ou melhor dizendo "é o ato formal autor que introduz a causa em juízo".[1]

Pela sua própria definição podemos verificar quão importante é a petição inicial no direito processual civil, uma vez que sendo ela o instrumento que formaliza a pretensão do autor, limitará a sentença do juiz; além de, é claro, em face do princípio da iniciativa da parte, somente após a petição inicial é que se inicia a ação.

Esclarecendo que diante da importância já consignada e sendo a petição inicial o ato que dá origem ao processo, e sendo que todos os demais atos dela derivam, inclusive a própria sentença, que como já vimos, terá o pedido contido na inicial como parâmetro — vide a respeito art. 459 e 460 do Código de Processo Civil, deve a petição inicial obedecer ao disposto no art. 282 do CPC que estabelece quais os requisitos internos que a petição inicial deverá conter.

A petição inicial norteia o princípio da substanciação.

Diz o art. 282 do Código de Processo Civil que a petição indicará: I — o juiz ou tribunal, a que é dirigida; II — os nomes, prenomes, estado civil, profissão, domicílio e residência do autor e do réu; III — o fato e os fundamentos jurídicos do pedido; IV — o pedido, com as suas especificações; V — o valor da causa; VI — as provas com que o autor pretende demonstrar a verdade dos fatos alegados; VII — o requerimento para citação do réu.

Ante a importância já asseverada estudaremos no transcorrer do trabalho cada item separadamente.

Elaborada a petição inicial, com todos os requisitos exigidos pela lei, devidamente instruída com os documentos necessários, é a inicial distribuída, registrada e autuada.

---

(1) GRECO, Vicente Francisco. *Direito processual civil brasileiro*. São Paulo: Saraiva, 1984. v. 2, p. 93.

2. *Fase da propositura — Distribuição e do registro*[2]

A ação somente terá inicial após o ajuizamento da petição inicial, que será distribuída sempre que houver mais de um juiz[3], sendo que ela consiste em repartir o serviço forense, nos termos do disposto nas leis locais de organização judiciária.

Por registro entende-se as anotações dos feitos e dos processos, já distribuídos, em livros próprios. Visa a documentar o ingresso do feito ou do processo em juízo e sua distribuição.[4]

Formou-se aqui o processo que em sua relação angular se "fechara" tão logo efetivada a citação do réu.

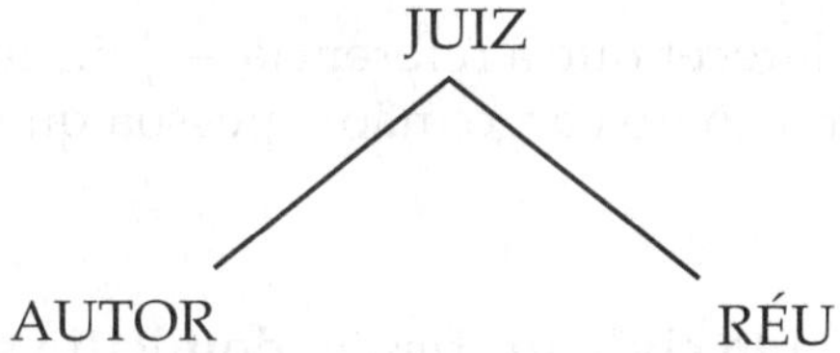

3. *Requisitos da petição inicial*

A petição inicial, nos termos do art. 282 do Código de Processo Civil, deve apresentar **requisitos** que poderiam ser **internos**, que são respeitantes ao **processo** (inciso I, II, V, VI e VII), e outros que dizem respeito ao mérito da causa (incisos III e IV).

3.1. O juiz ou tribunal, a que é dirigida

O primeiro dos requisitos é o **cabeçalho**, no qual o autor deverá indicar o juiz ou tribunal a quem está dirigindo a ação.

---

(2) Art. 251. Todos os processos estão sujeitos a registro, devendo ser distribuídos onde houver mais de um juiz ou mais de um escrivão.

Art. 252. Será alternada a distribuição entre juízes e escrivães, obedecendo a rigorosa igualdade.

Art. 253. Distribuir-se-ão por dependência as causas de qualquer natureza: I — quando se relacionarem, por conexão ou continência, com outra já ajuizada; II — quando, tendo havido desistência, o pedido for reiterado, mesmo que em litisconsórcio com outros autores.

Art. 254. É defeso distribuir a petição não acompanhada do instrumento do mandato, salvo: I — se o requerente postular em causa própria; II — se a procuração estiver junta aos autos principais; III — no caso previsto no art. 37.

Art. 255. O juiz, de ofício ou a requerimento do interessado, corrigirá o erro ou a falta de distribuição, compensando-a.

Art. 256. A distribuição poderá ser fiscalizada pela parte ou por seu procurador.

Art. 257. Será cancelada a distribuição do feito que, em 30 (trinta) dias, não for preparado no cartório em que deu entrada.

(3) Art. 263. Considera-se proposta a ação, tanto que a petição inicial seja despachada pelo juiz, ou simplesmente distribuída, onde houver mais de uma vara. A propositura da ação, todavia, só produz, quanto ao réu, os efeitos mencionados no art. 219 depois que for validamente citado.

(4) SANTOS, Moacyr Amaral. *Primeiras linhas de direito civil*. 10. ed. São Paulo: Saraiva. 1985. v. 2, p. 146.

A importância desse requisito é inegável e exige conhecimentos de competência que "é atribuição de determinado órgão jurisdicional".

Assim ao propor uma ação de divórcio, se a mulher residir à Rua Pedroso de Moraes, 000, Pinheiros, o cabeçalho da petição ficará desta forma:

• Exmo. Sr. Dr. Juiz de Direito da Vara da Família e das Sucessões do Foro Regional de Pinheiros.

Temos aí a petição endereçada ao juiz competente, sendo certo que, conforme já vimos, a ação será distribuída a uma das duas Varas existentes, já que ambos os juízes são competentes.

Essa divisão seguirá a determinação de Provimento do Conselho Superior da Magistratura.

Finalizando, cumpre esclarecer que a referência — juiz ou tribunal — diz respeito à autoridade no exercício do cargo, não à pessoa que dela estiver investida.

3.2. Os nomes, prenomes, estado civil, profissão, domicílio e residência do autor e do réu

O inciso II do art. 282 do CPC, apresenta o segundo dos requisitos internos referentes ao processo. Este requisito visa à individualização das partes litigantes.

É de grande importância a menção dos endereços, vez que conforme já vimos no item anterior, às vezes o endereço do autor é necessário para a atribuição do juiz competente e o do réu é necessário para que se possa proceder à própria citação.

O exemplo dado, no item anterior, também nos serve agora para destacar a importância do endereço, já que ele está intimamente ligado à competência. (residência da esposa).

3.3. O fato e os fundamentos jurídicos do pedido

Chegamos, agora, ao estudo do terceiro dos requisitos intrínsecos no inciso III, do art. 282 do CPC.

Trata-se da *causa petendi*, isto é, a descrição minuciosa dos fatos e fundamentação jurídica do pedido.

Deverá, pois, o autor expor os fatos e os fundamentos jurídicos em que lastreia sua pretensão, de modo que, deixando transparecer as condições da ação, o pedido resulte claro, preciso e concludente.

O pedido é o elemento da ação que a individualiza, de forma a estabelecer a coisa julgada. Ele se extrai da decorrência lógica dos fatos e fundamentos jurídicos que ensejaram a ação.

À exigência contida em nosso Código de Processo, com relação à minuciosidade do pedido, filiou-se a *teoria da substanciação* (o que não estiver definido na petição inicial não será levado em consideração), essa teoria se opõe a teoria da individualização, para o pedido (sou credor, logo quero receber).

É importante salientar que alguns juristas entendem que nas ações de direito real, em face de seu caráter *erga omnes*, o fato e fundamento jurídicos poderiam se dar de forma simples, adotando-se, nestes casos, a teoria da individualização.

Por derradeiro, é oportuno que se entenda que no fundamento jurídico do pedido, quer-se a menção fundamentada da natureza do direito pleiteado, não o fundamento legal (dispositivo da lei), já que este se supõe que o juiz conheça. Desta forma aqui teremos a causa de pedir remota (direito) e a causa de pedir próxima (lide).

3.4. O pedido, com as suas especificações

O quarto requisito interno da petição inicial diz respeito ao mérito da causa, está ele elencado no inciso IV do art. 282 do CPC.

O pedido, como dito acima, que é a decorrência lógica dos fatos e fundamentos jurídicos, é de suma importância na petição inicial, já que é sobre ele que incidirá a decisão. Ele define e é o **objeto do processo.**

A importância deste requisito é incontroversa, tanto que a esse tema estão dedicados os arts. 286 *usque* 294 do CPC.

3.5. O valor da causa

Passemos agora ao estudo do quinto requisito do art. 282 do CPC. Inserto nos arts. 258 até o 261 do CPC, neles se prevê algumas regras para que se estabeleça o **valor da causa** na petição inicial.

A fixação do valor é de grande importância, já que ele provocará algumas conseqüências, quais sejam:

- determinará a competência do juízo em razão do valor, nos Estados onde se prevê essa distinção;
- determinará o tipo de procedimento (sumário ou ordinária);
- determinará os parâmetros da verba de sucumbência (devolução de custas e honorários advocatícios da parte vencedora);
- é a base para o pagamento de custas judiciárias.

Vistos os reflexos produzidos pelo valor da causa, necessário se faz que entendamos as regras para fixação do mesmo. Assim, na maioria das ações, o valor atribuído à causa, terá como base o valor do pedido, todavia, como nem sempre o pedido está em valores determinados, nessas hipóteses devemos utilizar a regra contida no art. 259 do CPC, que determina o valor da causa como sendo:

I — na ação de cobrança de dívida, a soma do principal, da pena e dos juros vencidos até a propositura da ação;

II — havendo cumulação de pedidos, a quantia correspondente à soma dos valores de todos eles;

III — sendo alternativos os pedidos, o de maior valor;

IV — se houver também pedido subsidiário, o valor do pedido principal;

V — quando o litígio tiver por objeto a existência, validade, cumprimento, modificação ou rescisão de negócio jurídico, o valor do contrato;

VI — na ação de alimentos, a soma de doze (12) prestações mensais, pedidas pelo autor;

VII — na ação de divisão, de demarcação e de reivindicação, a estimativa oficial para lançamento do imposto.

Apesar do Código tentar ilustrar inúmeros casos de valor de causa, ainda assim a matéria provoca grandes controvérsias, já que em face da variedade de ações não conseguiu o Código elencar todas elas, de forma que nas ações renovatórias existem divergências sobre o assunto, já que se discute se o valor da causa será correspondente a uma anualidade do aluguel pretendido, ou será todo o período contratual (no caso 5 (cinco) anos).

Se o réu não concordar com o valor da causa estabelecido pelo autor poderá apresentar impugnação ao valor da causa. A mesma deverá ser interposta no prazo da contestação.

A impugnação, que será atuada em apenso, terá a manifestação do autor no prazo de 5 (cinco) dias contados da intimação. Em seguida o juiz, no prazo de 10 (dez) dias, determinará o valor da causa.

Não havendo impugnação, nem tendo o juiz se manifestado de ofício, o valor atribuído pelo autor, prevalecerá.

3.6. As provas com que o autor pretende demonstrar a verdade dos fatos alegados

O sexto inciso do art. 282, do CPC, estabelece outro requisito interno que se refere ao processo. O princípio do direito processual que é o **ônus da prova** compete a quem alega, assim ao autor que propõe a ação cabe o ônus de provar o seu direito.

Assim o autor, quando da propositura da ação, deverá indicar as provas que se pretende produzir.

Poder-se-iam distinguir três momentos distintos:

- o da proposição da prova;
- o de sua admissão;
- e o da produção, propriamente dita.

Atualmente se admite a indicação probatória na inicial de forma genérica, com as especificações ocorrendo nos momentos processuais adequados:

- a prova documental deverá instruir a inicial ou a contestação conforme o caso;
- a prova pericial deve constar na inicial ou contestação, podendo ser reiterada oportunamente;
- a prova oral poderá ser apresentada até 10 (dez) dias antes da audiência, exceção feita nos procedimentos sumaríssimo em que o rol deverá vir junto com a inicial ou se, no procedimento ordinário, foi determinado pelo juiz.

As provas são de tal forma importantes, que lhe é dado um artigo(5) específico, em que se exige os documentos essenciais para o ajuizamento da ação.

Surge aqui uma pergunta. Quais são os documentos tidos como indispensáveis?

A resposta seria os documentos tidos como **substanciais,** ou seja, aqueles exigidos pela lei (a escritura, por exemplo, na ações ordinárias de despejo — retomada para uso próprio) bem como **fundamentais**, que são aqueles necessários à comprovação do alegado.

Pela resposta entenderíamos que todos os documentos deveriam se juntados aos autos junto com a inicial, entretanto a jurisprudência tem admitido a juntada de documentos no curso da ação, sempre que tal fato não perturbe o andamento do feito, nem cause surpresa à parte contrária.

Já a própria lei admite a juntada de novos documentos, que comprovem fatos ocorridos após a propositura da inicial, bem como os que se contraponham ao alegado pelo réu — art. 397 do CPC.

Importante se faz ressaltar que não se distribuirá a inicial sem o acompanhamento do instrumento de mandato — art. 254 do CPC, exceção feita quando o advogado advogar em causa própria; se a procuração estiver juntada nos autos principais ou quando se protestar pela juntada, nos casos do art. 37 do CPC.

3.7. O requerimento para citação do réu

O último dos requisitos, insertos no art. 282, é a citação. De grande importância é ela responsável pela angulação da relação processual. Portanto, tendo em vista a importância estudaremos nos itens a seguir.

---

(5) Art. 283. A petição inicial será instruída com os documentos indispensáveis à propositura da ação.

XXVI

Emenda e Indeferimento da Petição Inicial

1. *Considerações iniciais*

Após o ajuizamento da ação, e como vimos, após o registro e autuação, formar-se-á o processo e o enviará ao juiz para que o mesmo profira o despacho inicial.

Hoje esse despacho poderá ter teor decisório, podendo inclusive ser uma decisão de improcedência de plano como previsto no art. 285-A do CPC(1). Nesta hipótese, na apelação, poderá o juiz reconsiderar, em 5 dias, a decisão e determinar o prosseguimento do feito Não podemos esquecer que sobre esse artigo pesa uma Adin, cujo resultada ainda não foi proferido.

2. *A emenda da inicial*

Emendar, consiste em consertar ou reparar eventuais erros existentes na petição inicial. Esse conserto deverá ocorrer no prazo de 10 (dez) dias da intimação, sendo que o não-cumprimento dessa exigência provocará o indeferimento da inicial.(2)

Poderá, ainda, o juiz, se entender que não estão atendidos a todos os requisitos dos arts. 282 e 283(3) do CPC, determinar a emenda da inicial, no prazo de 10 dias sob pena de seu indeferimento.

3. *Indeferimento da petição inicial*

Os dispositivos legais que tratam do indeferimento da inicial estão insertos nos arts. 295 e 296 do CPC, assim a petição inicial é enviada para o juiz para

---

(1) Art. 285-A. Quando a matéria controvertida for unicamente de direito e no juízo já houver sido proferida sentença de total improcedência em outros casos idênticos, poderá ser dispensada a citação e proferida sentença, reproduzindo-se o teor da anteriormente prolatada. § 1º Se o autor apelar, é facultado ao juiz decidir, no prazo de 5 (cinco) dias, não manter a sentença e determinar o prosseguimento da ação. § 2º Caso seja mantida a sentença, será ordenada a citação do réu para responder ao recurso.

(2) Tais exigência e prazo vem expressa no art. 284 do CPC, que diz: Art. 284. Verificando o juiz que a petição inicial não preenche os requisitos exigidos nos arts. 282 e 283, ou que apresenta defeitos e irregularidades capazes de dificultar o julgamento de mérito, determinará que o autor a emende, ou a complete, no prazo de 10 (dez) dias. Parágrafo único. Se o autor não cumprir a diligência, o juiz indeferirá a petição inicial.

(3) Este artigo prevê que a petição inicial deverá ser instruída com todos os documentos indispensáveis.

que determine a citação, porém diante da verificação do disposto nos artigos mencionados o juiz determina o indeferimento da inicial.

Além de apreciar os requisitos tidos como formais da petição inicial, o juiz verificará, de plano, se a petição inicial esta apta a dar início ao processo.

Caso a petição não preencha as condições exigidas será indeferida, sendo causas de indeferimento da petição:

a) quando for inepta: a inépcia redunda da falta de atenção procedimental, isto é:

- quando na petição inicial se olvidar o pedido;
- quando da narração dos fatos, não incidir o que esta sendo pedido na inicial;
- quando o pedido for juridicamente impossível;
- quando os pedidos forem incompatíveis entre si.

b) quando a parte for manifestante ilegítima. A legitimidade *ad causam* é outra das condições da ação, sendo que sua falta provocará a carência da ação.Via de regra, a ilegitimidade de partes não dá para ser apreciada liminarmente pelo juiz. Podendo, pois, ser verificada na fase do saneamento do processo.

c) quando o autor carecer de interesse processual. Neste caso o que ocorre é que a parte que propõe a ação não possue interesse ou necessidade da demanda.

d) quando desse logo se verificar a prescrição ou decadência.

e) procedimento inadequado. Se a ação foi proposta no rito errado, o juiz ao despachá-la poderá ordenar o prosseguimento do feito adaptando-se ao rito correto, desde que essa adaptação seja possível. Estará, nessa hipótese, utilizando-se do princípio da economia processual.

f) irregularidades formais. Será indeferida a petição inicial que descumprir o determinado no art. 39, I (endereço do advogado onde receberá intimações) e 284 do CPC (emenda da inicial).

XXVII

Pedido

1. *Noções introdutórias*

O pedido é um dos elementos identificadores da demanda (os outros dois são as partes e a causa de pedir).

Assim quando o autor interpõe a demanda ele determina sobre o que se discutirá nela, assim o Estado-juiz se manifestará sobre aquilo que foi delimitado pelo autor.

Como já dito, adotamos a teoria da substanciação, portanto, o pedido delimita o teor da sentença que está a ela adstrita.

2. *Requisitos*

O pedido limita o que será discutido na demanda de maneira que ele sempre deverá ser certo e determinado, admitindo-se, porém o pedido genérico.

3. *Cumulação*

A cumulação é a forma de se pedir numa mesma ação duas tutelas mesmo que ambas não sejam conexas.

O art. 292, § 1º, determina os requisitos para a admissibilidade da cumulação.

Especificamente esse item já se acha desenvolvido no item a seguir.

4. *Aditamento e modificação do pedido*

O aditamento ou modificação do pedido somente se admitirá até a citação. Portanto uma vez integralizada a demanda, não mais poderá o autor modificar o objeto da ação, excetuando-se as hipóteses em que houver anuência do réu (art. 294 do CPC) sendo vedada alteração após o saneador.

5. *Antecipação da tutela*

Ainda se falando de pedido não se pode olvidar das situações em que se requer a antecipação da tutela, ou seja, se requer que o juiz antecipe os efeitos do pedido que está sendo requerido.

A tutela antecipada foi instituída no Código de Processo Civil, na reforma de 1994, no art. 273 do CPC.

Pelo instituto da antecipação de tutela obtém-se a antecipação do pedido requerido, que concedido provisoriamente será reiterado na decisão final, nas hipóteses em que tenha sido concedido anteriormente.

Hoje se vem admitindo a tutela antecipada em diversas situações e em todas as espécies de processo, desde que haja prova inequívoca e o juiz se convença da verossimilhança. É certo que o juiz a concederá quando houver fundado receio de dano irreparável ou de difícil reparação.

XXVIII

Cumulação de Ações

1. *Considerações iniciais*

A cumulação de pedidos como ensinado pela doutrina e jurisprudência, ou conforme expresso pela lei processual visa a valorizar o princípio processual da economia, isso porque permite que em um único processo se discuta dois ou mais questionamentos.

A cumulação do pedido prevista no art. 292 do Código de Processo Civil, permite a cumulação, num único processo, contra o mesmo réu, de vários pedidos, ainda que entre eles não haja conexão. É a chamada cumulação objetiva.

Desta forma na cumulação do pedido se tem duas lides e dois méritos, sendo que a improcedência de uma delas necessariamente não implica na improcedência da outra. A doutrina passou a denominar tal cumulação de **simples.** Nesta ação os pedidos são distintos e não relacionados, por exemplo: o autor requer a devolução de um carro, bem como uma indenização pela parte ter danificado uma obra de arte no automóvel.

Já a cumulação denominada de **sucessiva** exige que se dê a procedência do primeiro pedido para que se possa apreciar o segundo. É exemplo dessa cumulação a ação de investigação de paternidade cumulada com alimentos.

A chamada cumulação **alternativa** o autor pedindo uma coisa ou outra. Nessa cumulação o autor pede a devolução de uma coisa, ou caso, tenha perecido o valor da mesma em dinheiro.

2. *Condição para cumulação*

A cumulação prevista na lei processual, também, apresenta nesse mesmo dispositivo a condição temporal para sua apresentação.

Assim o art. 294 dispõe que o autor poderá aditar o pedido, antes da citação, sendo que em tal hipótese correrá à sua conta as custas acrescidas em razão dessa iniciativa.

3. *Requisitos para a validade do pedido cumulado*

O art. 292 do Código de Processo Civil, em seu § 1º especifica os requisitos exigidos para que se admita a cumulação de pedidos. São eles:

I — que os pedidos sejam compatíveis entre si;

II — que seja competente para conhecer deles o mesmo juízo;

III — que seja adequado para todos os pedidos o tipo de procedimento, nesta hipótese admitir-se-á a cumulação se o autor utilizar-se do rito ordinário.

3.1. Exemplos de cumulação

A jurisprudência tem admitido a cumulação do pedido nos casos de ação de investigação de paternidade com alimentos; separação judicial com partilha de bens; ação declaratória de nulidade de cambial e perdas e danos; despejo por falta de pagamento de alugueis e cobrança. São cumuláveis pedidos de declaração de inexistência de relação jurídica tributária e de repetição de indébito.

É importante consignar hipóteses em que os pedidos cumulados não são permitidos, como por exemplo: ação de prestação de contas com indenização; ação de prestação de contas com consignatórias; ação de despejo por falta de pagamento com rescisão de contrato; ação cautelar com principal.

4. Hipóteses mais comuns de cumulação

A cumulação de pedidos pode se dar quando da interposição da petição inicial; poderá também ocorrer a cumulação, quando já interposta uma ação, a outra é interposta, aqui a cumulação será posterior (nesta hipótese a cumulação será por conexão ou continência); a cumulação imprópria é aquela em que o segundo pedido é alternativo ao primeiro.

5. Distinção entre cumulação e concurso de ações

Não se pode confundir os dois fenômenos, já que no concurso de ações o autor tem direito a exigir pedidos diferentes, devendo optar por um deles. É exemplo do concurso de ações a possibilidade da exigência do preço ou o abatimento se houver vício redibitório no produto. Arts. 441 e 442 do CC, ou seja, ao autor cabe escolher entre duas ações.

XXIX

Citação

1. *Conceito*

O art. 213 do CPC define citação como sendo "o ato pelo qual se chama a juízo o réu ou o interessado a fim de se defender".

A citação é o meio pelo qual se chama à lide aquele contra quem ela é proposta, de forma a promover a finalização da relação processual triangular.

Ademais ela é o meio de se dar ao réu o direito Constitucional de defender-se como lhe é assegurado na CF. (art. 5º, LV)

A citação é requisito de validade do próprio processo (art. 214 do CPC), aliás de qualquer processo, não apenas de conhecimento, mais da execução ou cautelar. Todavia o comparecimento voluntário do réu supre a falta de citação conforme determina o art. 214, § 1º do CPC.

No procedimento sumário a citação é para que o réu compareça à audiência de conciliação e nela produza sua defesa — art. 277 do CPC, entretanto a mesma deve se dar pelo menos 10 dias antes da audiência designada.

2. *Modalidades da citação*

A citação será classificada conforme a abordagem que se pretenda dar. Desta forma ela se destinguirá, na forma a saber:

2.1. Quanto ao destinatário

- pessoal – quando feita na pessoa do réu;
- não pessoal – quando se cita através de procurador habilitado ou representante legal (art. 215) – mandatário; administrador.

2.2. Quanto à forma

No tocante à forma, a mesma obedecerá ao disposto no art. 221 do CPC. Assim ela se classificará em:

2.2.1. Real

Denomina-se citação real aquela que se tem certeza jurídica de que o réu foi cientificado da ação. Tal citação estará dividida na forma a seguir:

2.2.1.1. Postal

A citação postal é a citação pelo correio. Possível em quase todas as ações, excetos as que tratem de questões de Estado; quando o réu for incapaz ou pessoa jurídica de direito público; nos processos de execução, quando no local não houver correio e quando se requerer outra forma de citação — art. 222 do CPC (A não menção, na citação do prazo de resposta ou o endereço do juízo, tornará nula a citação).

2.2.1.2. Por oficial de justiça

A citação por oficial de justiça consiste no envio de mandado para que o réu tome conhecimento da ação.

Nesta citação ao réu, é enviado um mandado citatório que conterá os seguintes requisitos: nome e endereço das partes; finalidade da citação, com resumo ou cópia da inicial; menção do pedido cominatório, se houver; o dia, hora e lugar do comparecimento; a cópia do despacho; o prazo para defesa e a assinatura do escrivão e a declaração de que o subscreve por ordem do juiz. Este documento será entregue conjuntamente com a contra-fé (cópia da petição inicial e eventuais aditamentos).

Ao oficial de justiça é facultado citar por hora certa, quando este suspeita que o réu está tentando evitar a citação; poderá o oficial intimar qualquer pessoa, familiar ou vizinho, do dia e hora em que voltará para efetuar a citação — art. 227 do CPC.

2.2.2. Ficta

Na citação denominada de ficta, não se tem certeza que a pessoa do réu tomou conhecimento da citação, porém ela é presumida, pois se deu publicidade ao ato citatório:

Ela se dará na forma a seguir:

2.2.2.1. Edital

A citação por edital se dará sempre que o réu se encontrar em local incerto e não sabido. (art. 231, §§ 1º e 2º)

Aqui também a citação obedecerá a alguns requisitos (art. 232 do CPC), quais sejam: publicação, no mínimo de três vezes, sendo uma em órgão oficial e duas em jornal local, isso num prazo máximo de 15 dias (Justiça Gratuita — somente órgão oficial); afixação do edital no Foro; determinação, pelo juiz, do prazo para resposta, que poderá variar de 20 à 60 dias, contados da primeira publicação, advertências do art. 285, 2ª parte.

3. *Causas impeditivas da citação*

O art. 217[1] do CPC elenca as hipóteses em que não poderá ocorrer a citação sob pena de nulidade.

Nos termos do disposto no art. 218[2] do CPC, também não se admitirá a citação sempre que o réu estiver impossibilitado ou se for demente.

4. *Efeitos da citação*

A citação é o ato pelo qual se instaura a angulação existente na concessão da tutela jurisdicional, de maneira que a mesma provoca efeitos de suma importância. Tais efeitos vêm elencados no art. 219 do CPC, que estabelece quanto à citação:

- torna prevento o juízo — prevenção — fixação da competência a um único juízo;
- induz litispendência — após a citação torna-se a lide pendente;
- faz litigiosa a coisa — de forma que seu estado deve ser mantido;
- constitui em mora — nas hipótese de vencimento, a citação constitui o inadimplente em mora;
- interrompe a prescrição — a interrupção retroage a data da propositura da ação.

Cabe aqui consignar que segundo o professor *Barbosa Moreira*, a citação terá efeitos de origem material e processuais, ou seja:

4.1. Efeitos materiais

- fazer litigiosa a coisa;
- constituir em mora;
- interromper a prescrição.

---

(1) Art. 217 — Não se fará, porém, a citação, salvo para evitar o perecimento do direito: I — a quem estiver assistindo a qualquer ato de culto religioso; II — ao cônjuge ou a qualquer parente do morto, consangüíneo ou afim, em linha reta, ou na linha colateral em segundo grau, no dia do falecimento e nos 7 (sete) dias seguintes; III — aos noivos, nos 3 (três) primeiros dias de bodas; IV — aos doentes, enquanto grave o seu estado.

(2) Art. 218 — Também não se fará citação, quando se verificar que o réu é demente ou está impossibilitado de recebê-la. § 1º O oficial de justiça passará certidão, descrevendo minuciosamente a ocorrência. O juiz nomeará um médico, a fim de examinar o citando. O laudo será apresentado em 5 (cinco) dias. § 2º Reconhecida a impossibilidade, o juiz dará ao citando um curador, observando, quanto à sua escolha, a preferência estabelecida na lei civil. A nomeação é restrita à causa. § 3º A citação será feita na pessoa do curador, a quem incumbirá a defesa do réu.

Estes dois últimos ocorrerão ainda que a citação seja feita por juiz incompetente.

4.2. Efeitos processuais

- completar a relação jurídica processual;
- prevenção;
- litispendência;
- impossibilidade de ampliação do pedido ou alteração daquele ou da *causa petendi;*
- modificação das partes.

5. *Comparecimento voluntário do réu*

Não podemos olvidar que a lei admite o comparecimento voluntário do réu, sendo certo que o mesmo supre a falta da citação, bem como qualquer nulidade da mesma.

XXX

Resposta do Réu

1. Considerações iniciais

Uma vez cumprida a citação, o réu poderá agir de três formas distintas, quais sejam: a) reconhecer o pedido do autor e cumprir o requerido na tutela jurisdicional; b) permanecer inerte, sem qualquer manifestação sobre o requerido pelo autor; e c) responder ao pedido formulado, sendo que, nesta hipótese poderá apresentá-la sob três aspectos, como veremos a seguir.

2. Espécies de defesa do réu

O réu citado poderá, quando adotar a decisão de responder a demanda, fazê-lo em uma destas três formas:

- Contestar;
- Excepcionar;
- Reconvir;
- Impugnar.

Cada uma dessas formas de respostas apresenta características próprias de forma que as analisaremos mais profundamente a seguir.

2.1. Aspectos das defesas

Como sabemos o autor delimitou a discussão, cabendo ao réu se ater ao disposto na causa de pedir e no pedido, afora as questões preliminares de direito processual.

Desta feita, a defesa sempre se restringirá à discussão do requerido pelo autor, não podendo o réu trazer questionamentos novos, exceto se relacionados ao tema, oportunidade em que interporá reconvenção ao pedido do autor.

Os arts. 297 até o 299 do CPC[1] estabelecem regras de defesa, como por exemplo, o prazo da contestação que será de 15[2] dias, contados da juntada aos autos do mandado citatório, devendo eventual reconvenção ou exceção ser apresentada simultaneamente, porém em peças autônomas. Determina-se também que a exceção será autuada em apenso como a reconvenção.

Devendo-se ainda lembrar que se a resposta está sendo apresentada no procedimento sumário, não teremos reconvenção, mas pedido contraposto.

A defesa poderá, ainda, abordar dois aspectos diferentes, quais sejam:

2.2.1. Defesa processual

Aqui as alegações de defesa se valerão das regras previstas no Código de Processo e nos requisitos que ele apresenta para que se possa ajuizar a ação. Essa pode ser:

2. 2.1.1. Própria ou peremptória

Na defesa processual própria o réu visa extinguir o processo. São exemplos dessa a alegação de inépcia da inicial; ilegitimidade; litispendência, coisa julgada ou perempção.

Algumas das alegações peremptórias poderão ser conhecidas de ofício, como as insertas no art. 267[3], IV, V e VI, afora as do art. 301[4], incisos III, IV, V, VI, IX e X.

2.2.1.2. Imprópria ou dilatória

As alegações do réu apenas ocasionarão uma paralisação momentânea do processo. Exemplifiquemos essas alegações como a nulidade da citação;

(1) Art. 297. O réu poderá oferecer, no prazo de 15 (quinze) dias, em petição escrita, dirigida ao juiz da causa, contestação, exceção e reconvenção.

Art. 298. Quando forem citados para a ação vários réus, o prazo para responder ser-lhes-á comum, salvo o disposto no art. 191.

Parágrafo único. Se o autor desistir da ação quanto a algum réu ainda não citado, o prazo para a resposta correrá da intimação do despacho que deferir a desistência.

Art. 299. A contestação e a reconvenção serão oferecidas simultaneamente, em peças autônomas; a exceção será processada em apenso aos autos principais.

(2) Não podemos olvidar que o prazo do MP será em dobro.

(3) Art. 267. Extingue-se o processo, sem julgamento do mérito:

...

IV — quando se verificar a ausência de pressupostos de constituição e de desenvolvimento válido e regular do processo;

V — quando o juiz acolher a alegação de perempção, litispendência ou de coisa julgada;

VI — quando não concorrer qualquer das condições da ação, como a possibilidade jurídica, a legitimidade das partes e o interesse processual;

...

(4) Art. 301. Compete-lhe, porém, antes de discutir o mérito, alegar: III — inépcia da petição inicial; IV — perempção; V — litispendência; Vl — coisa julgada; ... IX — convenção de arbitragem; X — carência de ação.

conexão ou continência, incapacidade da parte, defeito da representação processual — Art. 301[(5)], I, II. VII, VIII e XI.

2.2.2. *Defesa de mérito*

Na defesa de mérito o réu rebate o próprio direito material, sempre, é claro, adstrito as alegações já trazidas pelo autor. Aqui também termos duas espécies de defesa, quais sejam:

2.2.2.1. *Direta*

Na defesa de mérito direta o réu rebate os fatos alegados pelo autor, ou porque não ocorreram ou, se ocorreram foi de forma diferente, ou, ainda, as conseqüências jurídicas foram diversas.

2.2.2.2. *Indireta*

Na defesa indireta o réu admite os fatos, mas apresenta fatos impeditivos, modificativos ou extintivos do direito do autor.

3. *Contestação*

Tratando mais especificamente das respostas do réu, a principal delas é a Contestação, cuja previsão legal está intrinsecamente assegurada na Constituição Federal, nos incisos LIV[(6)] e LV[(7)] do art. 5º, obedecerá regras expressas no texto de Direito Processual.

No Código de Processo Civil, a contestação obedecerá às regras determinadas pelos arts. 300 ao 303, de forma que em regra será sempre apresentada de maneira escrita, admitindo-lhe a oralidade nas hipóteses de procedimento sumário ou nas causas dos juizados especiais.

É importante salientar que o réu, antes de adentrar no mérito da ação, deverá verificar se existem quaisquer das argüições elencadas no art. 301[(8)] do CPC, devendo argui-las preliminarmente.

---

(5) Art. 301. Compete-lhe, porém, antes de discutir o mérito, alegar: I — inexistência ou nulidade da citação; II — incompetência absoluta; VII — conexão; VIII — incapacidade da parte, defeito de representação ou falta de autorização; Xl — falta de caução ou de outra prestação, que a lei exige como preliminar.
(6) LIV — ninguém será privado da liberdade ou de seus bens sem o devido processo legal.
(7) LV — aos litigantes, em processo judicial ou administrativo, e aos acusados em geral são assegurados o contraditório e ampla defesa, com os meios e recursos a ela inerentes.
(8) Art. 301. Compete-lhe, porém, antes de discutir o mérito, alegar: (Redação dada pela Lei n. 5.925, de 1º.10.1973)
I — inexistência ou nulidade da citação; II — incompetência absoluta; III — inépcia da petição inicial; IV — perempção; V — litispendência; VI — coisa julgada; VII — conexão; VIII — incapacidade da parte, defeito de representação ou falta de autorização; IX — convenção de arbitragem; X — carência de ação; Xl — falta de caução ou de outra prestação, que a lei exige como preliminar.
§ 1º Verifica-se a litispendência ou a coisa julgada, quando se reproduz ação anteriormente ajuizada.
§ 2º Uma ação é idêntica à outra quando tem as mesmas partes, a mesma causa de pedir e o mesmo pedido.

Não nos esqueçamos que a contestação é, como já vimos, ilustrativa do princípio processual da lógica e assecuratória do princípio do contraditório.

3.1. Conceito

Contestação "é o instituto jurídico com duplo significado: sob o ponto de vista processual, é o *nomen juris* da dedução da resistência em juízo, e sob o prisma procedimental, o instrumento da defesa do réu".(9)

Podemos dizer que é a contrariedade manifestada pelo réu que responde e contradiz as alegações do autor.

3.2. Requisitos da defesa

O código consagra o princípio da eventualidade e da concentração, de forma que após a contestação não mais se poderá alegar matéria de defesa que nela não tenha ficado contido (preclusão).

A exceção a este princípio está no art. 303 CPC, qual seja, depois da contestação, só é lícito deduzir novas alegações quando:

I — relativas a direito superveniente;

II — competir ao juiz conhecer delas de ofício;

III — por expressa autorização legal, puderem ser formuladas em qualquer tempo e juízo.

Outra regra é que não se admite a negação geral, de forma que os fatos não impugnados serão tidos como verdadeiros, com exceção a confissão em direitos indisponíveis; quando a inicial não estiver acompanhada com instrumento necessário à substância do ato e quando os fatos não impugnados estiverem em discordância com a defesa — art. 302 CPC.

4. *Exceção*

A exceção é o meio de defesa em que o réu invoca a incompetência do juízo; sua suspeição ou impedimento e que provoca a suspensão do processo até a decisão da exceção nos termos do disposto no art. 265, III(10) do CPC.

---

§ 3º Há litispendência, quando se repete ação, que está em curso; há coisa julgada, quando se repete ação que já foi decidida por sentença, de que não caiba recurso.

§ 4º Com exceção do compromisso arbitral, o juiz conhecerá de ofício da matéria enumerada neste artigo.

(9) MARQUES, José Frederico. *Instituições de direito processual civil.* Campinas: Millennium, 2000. v. III, p. 133.

(10) Art. 265. Suspende-se o processo: ...

III — quando for oposta exceção de incompetência do juízo, da câmara ou do tribunal, bem como de suspeição ou impedimento do juiz.

4.1. Espécies

A exceção que pode acontecer a qualquer tempo, porém em 15 dias após a cientificação do fato, provocará a suspensão do processo até que decidido o incidente(11).

A exceção dá-se por: incompetência — arts. 307 a 311 do CPC ou suspeição ou impedimento — arts. 312 à 314

4.2. Forma

No tocante a forma e processamento o mesmo será diferente para a exceção de incompetência e para exceção de suspeição ou impedimento.

4.2.1. Exceção de incompetência

Nesta defesa o réu passará a denominar-se excipiente e o autor da demanda o exceto.

A exceção deve ser apresentada em peça autônoma e apensada ao processo principal, no prazo previsto para contestação, ou seja, em 15 dias como já dito.

Interposta a exceção suspende-se o processo e será dado ao excepto o prazo de 10 dias para manifestação e outros 10 para o juiz decidir. Caso seja necessário o juiz poderá ouvir as testemunhas, em audiência, decidindo, também, em 10 dias.

4.2.2. Exceção de impedimento ou suspeição

Ainda que estudada nas respostas do réu, essa exceção poderá ser INTERPOSTA PELA PARTE que se sentir lesada, no prazo de 15 dias através de petição que conterá os fundamentos e rol de testemunhas que comprovarão quaisquer das hipóteses previstas nos art. 134 e 135 do CPC.

Em seguida o processo vai ao juiz aqui considerado o excepto, para que o mesmo se dê por suspeito ou impedido. Caso o juiz assim não aja, o mesmo deverá se manifestar em 10 dias, apresentando documento e rol de testemunhas e, em seguida, determinar a remessa da exceção para o Tribunal que decidirá o incidente. Havendo provimento o Tribunal determinará a remessa dos autos ao substituto do juiz e o condenará nas custas processuais. Porém não sendo dado provimento a exceção é arquivada prosseguindo o processo com o mesmo juiz.

(11) Art. 306 — Recebida a exceção, o processo ficará suspenso (**art. 265, III**), até que seja definitivamente julgada.

5. *Reconvenção*

Na reconvenção o réu responde ao autor com a interposição de um nova ação, em que se invertem os pólos da ação. Ela não poderá ser argüida na contestação de processo que tramita pelo rito sumário(12) ou nos processos cuja natureza é dúplice, como por exemplo nos casos de ações possessórias, ou ainda nas hipóteses de compensação, pois essa se argüirá nos embargos.

Não será ainda permitida a reconvenção nas hipóteses dos juizados especiais cíveis.

5.1. Conceito

Reconvenção é a ação do réu contra o autor no mesmo processo, ou em apartado(13). Não é utilizada nos procedimentos sumários. (lá utilizamos o pedido contraposto— § 1º do art. 278 do CPC(14)).

5.2. Pressupostos

A reconvenção exige a pertinência da competência e deveremos observar que ela cumprirá o exigido pela legislação que poderá não admiti-la. Aliás, existe corrente que não admite a reconvenção nas ações de execução e nas cautelares.(15) O que me parece correto.

5.3. Procedimento

Em petição autônoma, deve ser interposta no prazo de 15 dias, sendo que, após, o juiz determinará a manifestação do reconvindo(16), para que se manifeste em 15 dias.

Prosseguirá, então, em concomitância com o processo principal, devendo ser decidida na mesma sentença.

A desistência da ação, ou a existência de qualquer causa que a extinga, não obsta ao prosseguimento da reconvenção nos termos do disposto no art. 317 do CPC.

---

(12) No processo sumário se admitirá, porém o pedido contraposto, que é uma espécie de reconvenção, somente que nos mesmos autos.

(13) MIRANDA, Pontes de. *Comentários ao código de processo civil.* Tomo IV. Rio de Janeiro: Forense, 1974. p. 156.

(14) Art. 278. ...

§ 1º É lícito ao réu, na contestação, formular pedido em seu favor, desde que fundado nos mesmos fatos referidos na inicial

(15) MARQUES, José Frederico. *Instituições de direito processual civil.* Campinas: Millennium, 2000. v. III, p. 171.

(16) O reconvindo será intimado não citado.

6. *Revelia*

Uma vez citado poderá o réu decidir por manter-se inerte, sem manifestação dos autos.

Ter-se-á nesta circunstância a revelia, que poderá produzir seu efeito, qual seja, a confissão.

"A revelia opera-se com efeito *ex nunc*, isto é desde o momento em que termina o prazo de defesa, sem que esta seja apresentada."[17]

Há de se considerar que o efeito da revelia está condicionado à natureza jurídica do direito questionado.

6.1. Conceito

"Dá-se revelia quando o réu, chamado a juízo, deixa que se extinga o prazo assinado para a contestação, sem se apresentar."[18] Ou, "a revelia é a contumácia quanto à contestação (ou a impugnação da reconvenção).[19]

6.2. Aplicabilidade

A revelia pressupõe que os fatos alegados pelo autor sejam verdadeiros, dispensando-se a partir de então a intimação dos atos do processo, e permitindo ao juiz que decida a ação. A revelia não produzirá seus efeitos, sempre que houver pluralidade de réus, e algum deles não contestar a ação; se o litígio tratar de direitos indisponíveis, ou ainda, se a petição inicial não estiver acompanhada do instrumento público, que a lei considere indispensável à prova do ato.

Nas hipóteses em que não ocorrer os efeitos da revelia o juiz deverá determinar a produção das provas que entender necessárias.

6.3. Revelia do autor

Pelo conceito estabelecido por *Pontes de Miranda* a contumácia se aplicará exclusivamente ao réu, porém segundo *Salvatore Satta*[20] a revelia se aplicará também ao autor.

7. *Considerações finais*

Podemos ainda acrescentar duas outras providências que podem ser tomadas quando da resposta do réu.

(17) ROSA, Eliézer. *Dicionário de direito processual civil,* 1957. p. 324.
(18) MIRANDA, Pontes de. *Op cit.*, p. 12.
(19) *Idem, ibidem.*
(20) SATTA, Salvatore. *Direito processual civil.* 7. ed. Rio de Janeiro: Borsoi, 1973. p. 374.

A primeira delas denominada de declaratória incidental ou ainda a impugnação.

7.1. Declaratória incidental

Segundo *Pontes de Miranda* "o que ocorre é a autonomia de um ponto, que estava no pedido, ou na contestação, ou na reconvenção, com a cisão do processo e do julgamento.... A ação declaratória incidental permite que se decida quanto à existência de uma relação jurídica, positiva ou negativamente, o que evita que a sentença não cogite de tão relevante preliminar".(21)

É certo que a declaratória esta prevista no art. 5º do CPC(23), que a admite a qualquer das partes que quiserem declarar um determinado direito.

7.2. Impugnação

Há ainda a possibilidade de conjuntamente com a contestação o réu apresentar outros incidentes como a impugnação ao valor da causa (art. 261 do CPC(24)), em que o réu discorda do valor atribuído à mesma.

Já vimos que, em ocorrendo a impugnação, dá-se prazo para o autor se manifestar em 5 dias, devendo o juiz decidir em seguida ou após eventual perícia.

Podemos, também, argüir falsidade de documentos juntados aos autos.

7.3. Outras providências

Poderá, ainda, eventualmente, argüir preliminares, como por exemplo a nomeação à autoria, que é requerida pelo réu no prazo da contestação, com o fim de alterar-se o pólo passivo da demanda. Ou denunciação da lide ou ainda chamamento ao processo.

---

(21) MIRANDA, Pontes de. *Op. cit.*, p. 193.

(22) Art. 5º Se, no curso do processo, se tornar litigiosa relação jurídica de cuja existência ou inexistência depender o julgamento da lide, qualquer das partes poderá requerer que o juiz a declare por sentença.

(23) Art. 261. O réu poderá impugnar, no prazo da contestação, o valor atribuído à causa pelo autor. A impugnação será autuada em apenso, ouvindo-se o autor no prazo de 5 (cinco) dias. Em seguida o juiz, sem suspender o processo, servindo-se, quando necessário, do auxílio de perito, determinará, no prazo de 10 (dez) dias, o valor da causa. Parágrafo único. Não havendo impugnação, presume-se aceito o valor atribuído à causa na petição inicial.

XXXI

Julgamento Conforme o Estado do Processo

1. *Considerações iniciais*

O processo é uma sucessão de atos, assim, após a resposta do réu ao juiz, caberá a prática de providências preliminares com o intuito de dar andamento ao processo. Tal prática dá início à fase de saneamento, que não é o despacho saneador propriamente dito, mas sim os atos processuais que o antecedem.

As providências preliminares vêm elencadas nos arts. 324 a 327 do CPC.

a. especificar provas, se não tiver ocorrido a revelia — art. 324 do CPC — prazo: 5 dias

b. requerer prolação de sentença incidente — art. 325 do CPC;

c. replicar, alegando fato modificativo, impeditivo ou extintivo do direito alegado pelo réu — art. 326 do CPC;

d. para replicar sobre as alegações do art. 301. Se o réu alegar alguma irregularidade sanável, o juiz determinará o prazo nunca superior a 30 dias para solucionar.

Cumpridas a providências preliminares ou caso não sejam necessárias, o juiz fará os autos conclusos para proferir julgamento conforme o estado do processo, isto é:

— extinguir o processo com fundamento no art. 329 do CPC;

— julgar antecipadamente a lide — art. 330 do CPC;

— designar audiência de conciliação, se disponível o direito litigioso— art. 331 do CPC;

— emitir despacho saneador.

2. *Julgamento antecipado do processo*

Após a réplica e a especificação das provas, o juiz poderá, quando a ação for meramente de direito, julgar a lide antecipadamente, ou seja, decidir o processo sem que seja necessária a dilação probatória.

Haverá ainda julgamento antecipado da lide quando o réu deixar o processo correr à revelia, e essa tenha operado os seus efeitos.

3. *Extinção do processo*

> "O processo extingue-se sem julgamento do mérito, ou com julgamento do mérito. Os arts. 267 e 269 do CPC tratam das espécies. Quando o juiz acolhe ou rejeita o pedido do autor, não há propriamente extinção do processo que se prescinde declarar."[(1)]

3.1. Com julgamento do mérito

Nas lições de *Pontes de Miranda* apenas as hipóteses do art. 269, II, IV e V do CPC realmente tratariam da extinção do processo com o julgamento do mérito.

3.2. Sem julgamento do mérito

Nas hipóteses do juiz verificar a ocorrência alegada na contestação e prevista no art. 267 do CPC, ele decidirá pela extinção do processo, sem se manifestar sobre o mérito da causa. Não esqueçamos que essa extinção se dará quando alegadas pelo réu questões de litispendência; coisa julgada.

4. *Audiência preliminar*

O art. 331 prevê a hipótese de tentativa de conciliação das partes, antes de saneado o processo. Havendo a conciliação, será a mesma reduzida a termo e homologada pelo juiz. Caso contrário o juiz fixará os pontos controvertidos.

5. *Despacho saneador*

> "Podemos conceituar despacho saneador como a decisão proferida logo após a fase postulatória, na qual o juiz, examinando a legitimidade da relação processual, nega ou admite a continuação do processo ou da ação, dispondo, se necessário, sôbre a correção de vícios sanáveis."[(2)]

O despacho saneador é o ato pelo qual o juiz, verificando ser admissível a ação e regular o processo, o impele em direção à audiência de instrução e julgamento, por não estar ainda madura a ação para decisão de mérito.

Dá-se nas hipóteses em que se verifica não haver necessidade de audiência de conciliação, bem como ser necessário o prosseguimento do feito, já que ainda não se pode julgar o mérito da causa.

---

(1) MIRANDA, Pontes de. *Comentarios ao código de processo civil.* Tomo IV. Rio de Janeiro: Forense, 1974. p. 201.

(2) LACERDA, Galeno. *Despacho saneador.* Porto Alegre: Sulina, 1953. p. 7.

O despacho saneador conterá o juízo de admissibilidade da ação, bem como o juízo de validade do processo.

5.1. Espécies de saneador

— Formas de saneamento:

• audiência preliminar — influência alemã

• despacho saneador — influência lusitana

6. Síntese

• Providências preliminares — atos possíveis de serem praticados pelo juiz, após o encerramento do prazo para a resposta do réu.

• Réu revel sem efeito da revelia ou contestação com as preliminares do art. 301 ou defesa indireta de mérito

• Réu revel sem efeito da revelia — especificar provas

• Oitiva da outra parte — contestação com as preliminares do art. 301 ou defesa indireta de mérito

• Sanar vícios — na contestação se argüiu vícios sanáveis

Não haverá providencias preliminares[(3)] quando:

a) Julgamento antecipado da lide — réu revel incidindo efeitos da revelia;

b) Na contestação não apresentar preliminares e a defesa de mérito for direita.

(3) São providencias preliminares: especificação de provas; exceções substanciais; réplica do autor; manifestação do autor por ter o réu juntado documentos.

XXXII

Teoria Geral da Prova

1. *Considerações iniciais*

A prova será o meio do autor fazer valer o seu direito, demonstrando que realmente foi lesado e que sua ação deverá ser julgada procedente.

Assim todas as alegações dependerão da comprovação dos fatos.

2. *Conceito*

"O meio pelo qual a inteligência chega à descoberta da verdade ou no sentido jurídico a demonstração dos trazidos em juízo."[(1)]

2.1. Natureza jurídica

Está ligada ao princípio do livre convencimento do juiz.

3. *Classificação*

A prova pode ser analisada conforme uma classificação que obedecerá determinado critério. Assim ela será classificada, a saber:

— quanto ao objeto
- — **direta** — consistente ao próprio fato;
- — **indireta** — é aquela relacionada com outro fato que não o probando ex.: simulação — partes parentes;

— quanto ao sujeito
- — **pessoal** — consiste numa afirmação de conhecimento ou na afirmação;
- — **de fato** — testemunha ou escritura pública;
- — **real** — vem da própria coisa objeto da lide — ex.: danos do veículo.

(1) CASTRO, Francisco Augusto das Neves E. *Theoria das provas e sua aplicação aos actos civis.* Rio de Janeiro: Jacintho Ribeiro dos Santos, 1917. p. 14.

— quanto à forma:
- — **documental** — afirmação escrita ou gravada — ex.: foto, carta;
- — **material** — verificação existencial de determinado fato — ex.: exame pericial;
- — **testemunhal** — manifestação pessoal oral.

Poder-se-ia, ainda, falar em prova casual — obtida casualmente no âmbito do procedimento e a pré-constituída, aquela deliberadamente preparada

4. *Ônus da prova*

Por ônus da prova devemos entender a problemática de quem é responsável pela comprovação dos fatos controvertidos.

A resposta está no art. 333 do CPC que determina que o ônus da prova incumbirá ao autor, quanto ao fato constitutivo do seu direito; ao réu, quanto à existência de fato impeditivo, modificativo ou extintivo do direito do autor.

Há de se esclarecer que os fatos notórios, ou seja, aqueles de conhecimento geral, ou pelo menos regional, como por exemplo, uma enchente; bem como incontroversos, isto é, aqueles que as partes não discutem (art. 334 do CPC).

4.1. Restrição probatória

A restrição probatória está inserta no parágrafo único do art. 333 do CPC que dispõe que será nula a convenção que distribui de maneira diversa o ônus da prova quando esta recair sobre direito indisponível da parte; ou quando tornar excessivamente difícil a uma parte o exercício do direito.

5. *As provas*

Várias são as espécies de provas como por exemplo: o depoimento pessoal; confissão; prova documental; prova testemunhal; prova pericial e inspeção judicial.

5.1. Depoimento pessoal

Os arts. 342 até o 347 do CPC tratam do depoimento pessoal que consiste na oitiva das próprias partes do processo, sendo que à parte é facultado não se manifestar sobre fatos criminosos que lhe forem imputados ou sobre questões sigilosas.

5.2. Confissão

Nos exatos termos do art. 348 do CPC, dá-se a confissão, quando a parte admite a verdade de um fato, contrário ao seu interesse e favorável ao adversário. A confissão é judicial ou extrajudicial.

A confissão judicial pode ser espontânea ou provocada. Da confissão espontânea, tanto que requerida pela parte, se lavrará o respectivo termo nos autos; a confissão provocada constará do depoimento pessoal prestado pela parte.

5.3. Prova documental

Os documentos são quaisquer objetos elaborados pelo homem com o fim de produzir ou representar uma pessoa, coisa ou fato.(2)

Os documentos quanto fontes probatórias estão insertos nos arts. 364 até 389 do CPC.

É certo que alguns documentos, ditos como indispensáveis, deverão ser juntados na petição inicial, e eventualmente as falsidades dos documentos devem ser asseveradas através incidente, no prazo da contestação ou em 10 dias após a ciência do documento.

5.4. Prova testemunhal

A matéria está inserta nos arts. 400 até o 419 do CPC.

A prova testemunhal sofrerá restrição quanto a sua aplicabilidade conforme dispõe o art. 401(3) do CPC.

É importante salientar que o prazo para a juntada de rol, nos procedimentos ordinários, será aquele deferido pelo juiz, ou na omissão no prazo de até 10 (dez) dias antes da audiência — art. 407 do CPC.

As partes podem requerer até 10 testemunhas, sendo que o juiz poderá ouvir apenas três sobre cada fato.

Instituto importante no tocante à prova é a contradita, que consiste na impugnação da testemunha logo após a sua qualificação, em que a parte argüirá a incapacidade, o impedimento ou suspeição do depoente.

5.5. Prova pericial

A prova pericial consistirá na apreciação de fatos por meio de perito, quando sejam necessários conhecimentos especiais que o julgador não possua ou

---

(2) MACHADO, Antonio; PIMENTA, Paulo. *O novo processo civil*. 3. ed. Portugal: Almedina, 2001. p. 222.

(3) **Art. 401** — A prova exclusivamente testemunhal só se admite nos contratos cujo valor não exceda o décuplo do maior salário mínimo vigente no país, ao tempo em que foram celebrados.

quando os fatos necessitarem do detalhamento técnico (como por ex.: cálculo). Sendo apresentada pelo perito, que como já vimos, é um dos auxiliares da justiça.

A prova pericial obedecerá às regras dos arts. 420 até 439 do CPC, em que se determina que após o deferimento da prova, o juiz nomeia o perito, devendo as partes, dentro de 5 dias, indicar o assistente técnico e apresentar os quesitos[4]. É certo que o perito, eventualmente, pode declarar a sua suspeição ou impedimento, hipótese em que o mesmo será substituído.

Em casos em que houver necessidade de conhecimentos diversos, se faculta ao juiz a nomeação de dois peritos diversos.

O prazo de apresentação do laudo divergente será de 10 dias após a intimação da juntada aos autos do laudo do perito oficial — art. 433 parágrafo único do CPC.

5.6. Inspeção judicial

A inspeção judicial consiste na possibilidade do juiz de ofício ou a requerimento da parte inspecionar, no local em que se encontre, a pessoa ou coisas, para se esclarecer eventuais dúvidas.

(4) Questões sobre os pontos duvidosos e controvertidos.

XXXIII

Audiência

1. Introdução

Como já vimos o processo obedece a uma ordem procedimental, de forma que temos a fase postulatória, a fase do saneador, a fase probatória e finalmente a decisória.

A fase que analisaremos agora intermedeia a probatória e a decisória, podendo nela se unificar a instrução oral, os debates e o julgamento.

É certo que a obrigatoriedade da audiência de instrução se baseia no fato de haver necessidade de se produzir provas em audiência. Aqui se pode requerer o depoimento pessoal da parte, a oitiva de testemunhas e esclarecimentos de peritos.

2. Tentativa de conciliação

Já vimos que o Código de Processo Civil prevê a audiência conciliatória, porém, mesmo na instrutória, deve, o julgador, tentar novamente a composição das partes.

3. Produção de provas em audiência

Será na audiência que o juiz se deparará com a instrução oral. Assim as provas a serem produzidas obedecerão uma ordem, a saber:

- oitiva dos peritos para esclarecimento (obviamente desde que requerido pela parte);
- depoimento pessoal das partes, sendo que se ouve primeiro o autor e depois o réu;
- oitiva das testemunhas, sendo, também, ouvidas primeiro as do autor e depois as do réu.

4. Debates

Ouvidas as provas orais, o juiz encerra a instrução e passa para a fase dos debates, em que os patronos do autor e do réu fazem sua última intervenção antes da decisão final.

Esse debate oral poderá ser substituído pela entrega de memoriais, sempre que a matéria tiver uma complexidade de questões de fato e de direito.

Nessa hipótese o juiz determina a entrega dos memoriais conjuntamente pelo autor e réu no mesmo dia.

5. *Considerações finais*

Passadas todas essas fases, surge o momento de proferir a sentença, que será a decisão final que porá fim ao processo.

É importante não olvidarmos que a audiência é una e contínua; assim, eventualmente, se não for finalizada em um mesmo dia, ela prosseguirá no dia seguinte (esse entendimento não pode ser textual, pois o prosseguimento dependerá do espaço da pauta, para que se dê continuidade à audiência).

XXXIV

Sentença

1. *Conceito e disposições gerais*

Para *Eliezer Rosa* sentença é o fim imediato do processo. A sentença decide, resolve o problema humano levado perante o juiz. *Moacyr Amaral dos Santos* diz que a sentença esgota a função do juiz.[1]

É um ato processual por excelência, assim, encerrando os memoriais, o juiz proferirá a sentença.

A sentença está ligada à maturidade do processo, assim há de se verificar se o processo estão em condições de ser julgado, ou seja: dever-se-á observar os requisitos do processo (pressupostos positivos, condições da ação e inexistência de pressupostos negativos) e a própria maturidade probatória, de forma a se verificar se os elementos probatórios já são suficientes para o juiz decidir a ação.

2. *Requisitos*

O art. 458 CPC ilustra os requisitos da sentença

- relatório;
- fundamentação;
- conteúdo decisório[2], é importante não esquecermos que veda-se a sentença:

  citra petita — quanto o juiz na sentença não aprecia todos os pedidos. Ex. em uma ação de dano moral e material o juiz se manifesta na sentença apenas sobre os danos materiais;

  extra petita — neste tipo de sentença o juiz se pronuncia sobre o que não foi pedido. Ex. na mesma ação de danos morais e materiais o juiz concede indenização sobre dano pessoal que não foi pedido;

  ultra petita — dá mais do que foi pedido. Ex. Continuando com o mesmo exemplo, o juiz dá o dano moral e material acima do montante pleiteado.

---

(1) SANTOS, Moacyr Amaral dos. *Primeira linhas de direito processual civil*. São Paulo: Saraiva, 1999. v. 3, p. 3.

(2) Importante — a base legal do *extra* e *ultra petita* está nos arts. 128 e 460 CPC.

3. *Natureza jurídica*

Quanto à natureza jurídica da sentença há de se consignar que ela, para alguns autores[(3)], será sempre lógica com aspectos de natureza formal e material. Entretanto outra parte da doutrina, da qual pode-se destacar *Chiovenda* e *Carnelutti*, entendem que sua natureza jurídica apresenta-se como um ato de vontade, um imperativo da própria lei, de maneira que ao juiz, cumpre-se exclusivamente aplicar a vontade ou o comando da lei ao caso concreto.

4. *Classificação da decisões*

Quanto às decisões de primeira instância podemos destacar, com fundamento no art. 162 do CPC as seguintes:

- sentença — ato decisório que visa pôr fim a intervenção do juiz *a quo* na fase do conhecimento material. Essa decisão poderá ou não ter conteúdo meritório. Assim a sentença que põe fim ao processo decidindo o mérito da causa denomina-se extintiva, enquanto que a que não julga o mérito do processo é chamada de terminativa. A chamada sentença extintiva fará coisa julgada material, enquanto que a terminativa, como extingue o processo por quaisquer dos pressupostos do art. 267 do CPC, permite ao autor que sanado, quando possível, o vício processual existente, lhe seja facultado ajuizar novamente a ação.
- decisões interlocutória — as decisões interlocutórias decidem questões incidentes do processo, sem todavia pôr-lhe termo, assim, são exemplos de decisões interlocutórias as decisões dos juízes proferidas na impugnação ao valor da causa (IVC), no despacho saneador, nas exceções, etc.
- os despachos de mero expediente — são aqueles despachos que o juiz pratica no processo, mas que não têm um conteúdo decisório; são exemplos: a determinação de citação, o despacho que determina as partes que especifiquem as provas que pretendem produzir, etc.

É importante salientar que da sentença cabe apelação, das decisões interlocutórias cabem agravo, enquanto que dos despachos de mero expediente não caberá qualquer recurso, conforme previsão legal inserta no art. 504 do CPC.

- Juízo singular
  - decisões
    - Finais (sentenças) (art. 162, § 1º)
      - — definitiva (extintiva)
      - — terminativa
    - Interlocutórias (art. 162, § 2º)
  - despachos (art. 162, § 3º)

(3) ROCCO, Ugo; MONTEIRO, João.

5. *Espécies de sentença*

As sentenças serão classificadas conforme o conteúdo que elas encerram, da forma a saber:

- **declaratória** — a sentença declaratória é aquela que traz em seu contexto a declaração de um direito, determinando sua existência ou não. Há de se considerar que, em geral, todas as ações trazem um certo conteúdo declaratório, todavia as meramente declaratórias trazem em seu bojo apenas e exclusivamente esse conteúdo declaratório. As sentenças que julgam improcedente a ação, em regra, apresentam um conteúdo meramente declaratório da inexistência do direito. Ex.: sentença que declara a inexistência de uma obrigação ou a falsidade de um documento.

Quanto ao efeito da sentença de conteúdo declaratório temos que ela retroagirá ao passado (*ex tunc*), vez que atinge a declaração que se refere ao momento do direito declarado.

- **constitutiva**— diz-se que a sentença é constitutiva quando em seu bojo traz decisão que puramente cria, modifica ou extingue um estado jurídico, ou uma relação jurídica.

Essas sentenças projetam seus efeitos apenas no futuro (*ex nunc*), isso é fácil de compreender quando se verifica os tipos de sentença cuja natureza é constitutiva, quais sejam, as sentenças proferidas em ação de divórcio; em ações referentes à guarda de filhos, os efeitos se darão unicamente após a sentença, em outras palavras, a repercussão daquele estado jurídico surgirá após o juiz proferir a sentença e a mesma transitar em julgado.

Excepcionalmente a ação constitutiva poderá ter seu efeito retroagido (*ex tunc*) por determinação legal, como por exemplo nos casos de requerimento de anulação de ato praticado por incapaz, ou ainda nas outras hipóteses do art. 171 do CC.

- **condenatória** — é a sentença cujo teor embasa-se na condenação da parte obrigando-a ou a praticar um ato (dar ou fazer) ou exigindo que deixe de fazê-lo. Em outras palavras, ela terá um teor que obriga a parte a ressarcir um dano ou reparar um direito lesado ou ainda a pagar uma quantia devida ou também a deixar de praticar um ato.

Seu efeito será *ex tunc*, porém retroagirá apenas até a data da citação.

Exemplo: ação de cobrança; ação de obrigação de fazer, etc.

Pontes de Miranda apresenta ainda as **sentenças mandamentais**, cujo conteúdo é apenas por ele apresentado, como uma ordem e as "executivas *lato sensu*".

Há que se esclarecer, ainda, que uma única ação poderá comportar uma sentença cujo teor embase uma declaração, a constituição de um direito, bem como uma condenação. Como exemplo temos uma ação de alimentos, em que o juiz reconhece o direito do autor face ao parentesco (declaração), estipulando o valor da pensão alimentícia (caráter constitutivo) e por fim determinando o pagamento (condenatória) de forma a assegurar a via executiva ao autor. Nesta hipótese a sentença produzirá seus efeitos a partir da sentença, em que pese posições divergentes, que as retroagem a citação o que me parece mais correto.

XXXV

Coisa Julgada

1. Conceito e aspectos gerais

A coisa julgada assegura a imutabilidade do bem jurídico adquirido, bem como do objeto da sentença e não se admitirá mais que ele volte a ser discutido, ainda que em outra ação.

A coisa julgada é pressuposto constitucional de forma que o art. 5º, em seu inciso XXXVI, que determina a imutabilidade na coisa julgada, assim como no direito adquirido e o ato jurídico perfeito.

Desta feita é vedada a qualquer parte ou órgão ferir o preceito da coisa julgada. O desrespeito da coisa julgada é inconstitucional, já que a mesma esta assegurada na Constituição Federal.

Podemos dizer que a coisa julgada garante que a sentença proferida pelo Poder Jurisdicional se torne imutável, de forma que não poderá se modificar a tutela jurisdicional concedida tansitada em julgado.

2. Natureza jurídica

Para alguns autores, como por exemplo, *Moacyr Amaral dos Santos*, a coisa julgada se fundamenta em uma sentença proferida pelo Poder Judiciário, isto é, pelo membro do poder judiciário investido de tal obrigação, qual seja, o juiz.

Assim, como a sentença se expressa pela disposição de vontade da lei aplicada pelo juiz, pode-se concluir que a natureza jurídica da coisa julgada é um ato de vontade da lei.

Todavia enquanto pendente um recurso poder-se-ia dizer que a sentença possuía uma situação jurídica (posição defendida por *Chiovenda* e *Moacyr Amaral dos Santos*). Já para a mesma hipótese, *Carnelutti* e *Calamandrei* entendem que a sentença pendente de recurso é sim um ato resolutivo pendente de recurso.

3. Espécies de coisa julgada

Liebman ao distinguir a coisa julgada material da coisa julgada formal, diz que "a coisa julgada formal e a coisa julgada material são degraus do mesmo fenômeno. Proferida a sentença e preclusos os prazos para recursos, a sentença se torna imutável (primeiro degrau — coisa julgada formal); e, em conseqüência, tornam-se imutáveis os efeitos (segundo grau — coisa julgada material).

3.1. Coisa julgada formal[1]

A coisa julgada formal se dá dentro do processo a partir do momento que já não caiba mais recurso ou aquele que tenha sido interposto, o foi fora do prazo devido.

3.2. Coisa julgada material ou substancial

É a garantia que a tutela jurisdicional do Estado já foi integralmente cumprida, de forma que houve a composição da lide, entendendo-se a sentença como se fosse uma lei aplicada àquele caso particular que envolveu determinadas partes.

O art. 468 do CPC trata da coisa julgada material que está definida no art. 467 do CPC.

4. Sentenças que produzem coisa julgada material ou substancial

As sentenças denominadas de extintivas ou definitivas, que são aquelas que julgam o mérito da causa, fazem coisa julgada material (art. 468 e 474 do CPC).

Em outras palavras podemos dizer que as sentenças, proferidas nos termos do disposto no art. 269 do CPC, sempre farão coisa julgada material.

As sentenças terminativas, que põem fim ao processo sem julgamento de mérito (hipóteses do art. 267 do CPC), fazem coisa julgada formal.

Não faz coisa julgada a sentença proferida nos processos de jurisdição voluntária; nas medidas acautelatórias ou preparatórias.

5. Coisa julgada e preclusão

A coisa julgada se refere à sentença, entretanto, quanto aos atos processuais como as decisões interlocutórias elas não fazem coisa julgada, quanto a elas se opera a preclusão, que é a perda de uma faculdade de direito processual que não foi exercido no prazo oportuno.

---

(1) "Não há, pode-se dizer, discordância entre os escritores sobre o ponto da distinção entre coisa julgada em sentido formal e em sentido substancial." LIEBMAN, Enrico Tullio. *Eficácia e autoridade da sentença.* Rio de Janeiro: Forense, 1945. p. 56.

XXXVI

Ação Rescisória

1. *Introdução*

A sentença proferida no processo de conhecimento, sempre poderá ser atacada de duas maneiras distintas, quais sejam: o recurso e a ação rescisória.

O recurso que veremos mais adiante consiste na insurgência da parte ao decidido pelo juiz monocrático; já ação rescisória é a ação que interposta junto ao Tribunal visa à anulação ou desconstituição de uma sentença ou acórdão transitado em julgado.

A ação rescisória deverá ser ajuizada no prazo de dois anos contados do trânsito em julgado da decisão.

Conceitualmente a rescisória é o meio processual pelo qual se pretende a anulação ou desconstituição da sentença.

2. *Pressupostos*

Para que ocorra a rescisão será necessária a apresentação de um vício formal ou substancial na decisão como ato jurídico. Os requisitos necessários para a interposição da ação rescisória estão elencados no art. 485 do CPC, que são:

I — se verificar que foi dada por prevaricação, concussão ou corrupção do juiz;

II — proferida por juiz impedido ou absolutamente incompetente; nos casos do art. 134 do CPC;

III — resultar de dolo da parte vencedora em detrimento da parte vencida, ou de colusão entre as partes, a fim de fraudar a lei; neste casos poderá ocorrer por litigância de má-fé, por exemplo;

IV — ofender a coisa julgada; se ocorrer uma segunda decisão sobre algo que já tínhamos uma coisa julgada;

V — violar literal disposição de lei; desrespeito claro à lei;

VI — se fundar em prova, cuja falsidade tenha sido apurada em processo criminal ou seja provada na própria ação rescisória; a rescisória quando se vale de prova obtida com falsidade;

VII — depois da sentença, o autor obtiver documento novo, cuja existência ignorava, ou de que não pôde fazer uso, capaz, por si só, de lhe assegurar pronunciamento favorável; assim havia um documento quando da propositura da ação, mas o autor desconhecia ou não tinha acesso;

VIII — houver fundamento para invalidar confissão, desistência ou transação, em que se baseou a sentença; aqui é a hipótese de dolo, coação, para obtenção da confissão, desistência ou transação;

IX — fundada em erro de fato, resultante de atos ou de documentos da causa; assim se a sentença não considerar ato importante ou considerar o que não esta no processo, ela poderá ser rescindida.

3. *Legitimação*

Os legitimados para proporem a ação rescisória estão elencados no art. 487 do CPC, e são:

I — quem foi parte no processo ou o seu sucessor a título universal ou singular;

II — o terceiro juridicamente interessado;

III — o Ministério Público.

4. *Procedimento*

A petição inicial da ação rescisória deverá cumprir todos os requisitos do art. 282 do CPC, podendo o autor cumular ao pedido de rescisão, se for o caso, com o de novo julgamento da causa. Ademais, para o ajuizamento da rescisória será necessário o depósito de 5%, sobre o valor da causa, a título de caução, para a hipótese de improcedência da ação por unanimidade. Todavia o depósito não será exigido se a ação for interposta pela União, o Estado, o Município ou Ministério Público.

Dois pontos importantes do processamento são: a interposição da rescisória não impede a exigência de cumprimento da sentença, bem como a inicial será indeferida nas hipóteses do art. 295 do CPC ou quando não haja o depósito.

O relator mandará citar o réu, assinando-lhe prazo nunca inferior a 15 (quinze) dias nem superior a 30 (trinta) (prazo judicial) para responder aos termos da ação. Findo o prazo, com ou sem resposta, o juiz determinará a especificação das provas, podendo julgar antecipadamente a lide, que será proferida pelo órgão colegiado (art. 491 do CPC); o relator poderá ainda, se os fatos alegados pelas partes dependerem de prova, delegar a competência ao juiz de direito da comarca onde deva ser produzida, fixando prazo de 45 (quarenta e cinco) a 90 (noventa) dias para a devolução dos autos. Concluída a instrução, será aberta vista, sucessivamente, ao autor e ao réu, pelo prazo de 10 (dez) dias, para razões finais. Em seguida, os autos subirão ao relator, procedendo-se ao julgamento: I — no Supremo Tribunal Federal e no Superior Tribunal de Justiça, na forma dos seus regimentos internos; II — nos Estados, conforme dispuser a norma de Organização Judiciária.

Julgando procedente a ação, o tribunal rescindirá a sentença, proferirá, se for o caso, novo julgamento e determinará a restituição do depósito; declarando inadmissível ou improcedente a ação, a importância do depósito reverterá a favor do réu, sem prejuízo da verba de sucumbência.

XXXVII

Teoria Geral dos Recursos

1. *Conceito de recurso*

A irresignação é inerente ao próprio ser humano, de forma que sempre que não estiver satisfeito com uma manifestação processual, poderá interpor um recurso com o objetivo de esclarecer ou modificar o pronunciamento judicial.

Poder-se-ia definir o recurso como o meio da parte registrar seu descontentamento com um pronunciamento judicial, exigindo, assim, uma modificação ou esclarecimento do mesmo.

Barbosa Moreira define recurso como sendo remédio voluntário idôneo, previsto na legislação, tendente a provocar, no mesmo processo, a reforma, invalidação, o esclarecimento ou a integração da decisão judicial, pelo mesmo órgão que a proferiu, ou por outro hierarquicamente superior.

2. *Distinção de recurso, remessa obrigatória, reconsideração e ação rescisória*

O recurso tem de estar previsto na lei (art. 496(1) do CPC — princípio da taxatividade) e, eventualmente, em algumas leis especiais.

No recurso a parte se rebela porque não concorda com a decisão proferida. É certo que a justificativa dependerá do tipo de recurso.

Há de se esclarecer, a respeito da voluntariedade recursal, como pode a mesma ser uma faculdade das partes, e ao mesmo tempo, uma obrigatoriedade como nas hipóteses de "apelação de ofício".

A respeito, a solução é simples e rápida, já que o reexame obrigatório previsto no art. 475 do CPC, em que pese ser uma imposição do duplo grau de jurisdição, não é recurso, vez que não se objetiva a reforma da decisão, mas apenas sua verificação.

A previsão legal do reexame obrigatório dá-se nas seguintes hipóteses previstas no art. 475 do CPC: Ex. ação contra a Fazenda Pública quando ela é condenada.

---

(1) Art. 496. São cabíveis os seguintes recursos: I — apelação; II — agravo; III — embargos infringentes; IV — embargos de declaração; V — recurso ordinário; VI — recurso especial; VII — recurso extraordinário; VII — embargos de divergência em recurso especial e em recurso extraordinário.

Não tem ele, pois, natureza de recurso, portanto não se assemelha a apelação de ofício, já que não tem prazo, não tem eficácia, não se requer a reforma da decisão, bem como não terá razões.

Visa ao reexame necessário nas ações em que a Fazenda for parte, a defesa do interesse público.

Da mesma forma que o reexame necessário, a reconsideração não terá natureza recursal, assim como a rescisória cuja natureza por expressa determinação de lei é de ação.

A ação rescisória é a ação cuja interposição visa à desconstituição ou anulação da decisão transitada em julgado, nos termos do art. 485[(2)] do CPC.

É certo que sua interposição, deverá ocorrer no prazo de 2 anos do trânsito em julgado da sentença.

Na mesma seara há de se consignar que a correição parcial também não tem natureza recursal.

3. *Classificação dos recursos*

— *Quanto ao conteúdo*

• *Total* — diz-se total o recurso quando se recorre da totalidade da sentença, por ter sucumbido integralmente.

• *Parcial* — quanto ao recurso parcial, dá-se quando se recorre da decisão parcialmente, por ter havido a sucumbência parcial. Como por exemplo quando se requer em uma ação de indenização danos materiais e morais e o juiz decide pela procedência dos danos materiais e improcedência dos danos morais. Aqui o recurso requerer a reforma de parte da sentença.

— *Quanto à fundamentação*

• *Vinculada* — deverá ser apresentada a questão legal que o fundamenta, assim no recurso extraordinário deverá se especificar claramente o dispositivo constitucional que está sendo infringido; ou no caso do recurso especial, a contradição à súmula ou à lei ordinária.

---

(2) **Art. 485** — A sentença de mérito, transitada em julgado, pode ser rescindida quando:
I — se verificar que foi dada por prevaricação, concussão ou corrupção do juiz;
II — proferida por juiz impedido ou absolutamente incompetente;
III — resultar de dolo da parte vencedora em detrimento da parte vencida, ou de colusão entre as partes, a fim de fraudar a lei;
IV — ofender a coisa julgada;
V — violar literal disposição de lei;
VI — se fundar em prova, cuja falsidade tenha sido apurada em processo criminal ou seja provada na própria ação rescisória;
VII — depois da sentença, o autor obtiver documento novo, cuja existência ignorava, ou de que não pôde fazer uso, capaz, por si só, de lhe assegurar pronunciamento favorável;
VIII — houver fundamento para invalidar confissão, desistência ou transação, em que se baseou a sentença;
IX — fundada em erro de fato, resultante de atos ou de documentos da causa;
X — a indenização fixada em ação de desapropriação direta ou indireta for manifestamente superior inferior ao preço de mercado objeto da ação judicial.

- art. 102, III Constituição Federal — recurso extraordinário.
- art. 105, III Constituição Federal — recurso especial.

• *Não vinculada* — aqui o fundamento não será condicionado a questão fática, de forma que o cabimento, eventualmente, estará atrelado a outras condições como, por exemplo, o voto divergente nos embargos infringentes.

— *Quanto à apresentação*

• *Independente* — quando o recurso tem vida própria, não está atrelado a nenhum outro.

• *Subordinado* — aqui o recurso terá seu seguimento vinculado ao do recurso principal ao qual está aderindo. Um exemplo de recurso subordinado é o adesivo, que terá sua apreciação subjugada ao recurso dito principal — art. 500 do CPC.

— *Quanto ao critério quantitativo*

• *Ordinário* — O recurso dir-se-á ordinário quando em sua fundamentação visar direito subjetivo.

• *Extraordinário* — Já o recurso extraordinário, que inexiste no direito brasileiro, é aquele cuja fundamentação visará proteger o direito objetivo e "secundariamente, o direito da parte"(3).

4. *Requisitos de admissibilidade intrínsecos*

O recurso terá que adotar certas observâncias essenciais à própria estrutura do recurso, que serão analisadas por diversas vezes; a primeira delas pelo juiz da ação, depois pelo relator, até pelo revisor quando esse fizer parte do trâmite da ação.

— *Cabimento*

O cabimento do recurso é inerente à própria possibilidade recursal, assim exige dois fatores, recorribilidade e adequação. A recorribilidade diz respeito ao fato de que a decisão objeto do inconformismo deverá ser passível de recurso; para que se possa recorrer, necessário é que a parte tenha sucumbido. É, pois, a sucumbência, *conditio sine qua non* para o ajuizamento de um recurso. No tocante a adequação o recurso deverá ser o correspondente, ou seja, o recurso interposto deverá ser o cabível contra aquele ato. Ex.: sentenças/apelação.

---

(3) MOREIRA, José Carlos Barbosa. *Comentários ao código de processo civil.* Rio de Janeiro: Forense, 1998.

— *Legitimidade para recorrer*

A legitimidade está adstrita aos elencados no art. 499 do CPC, quais sejam, a parte vencida, o Ministério Público e o terceiro prejudicado.

— *Interesse para recorrer*

O interesse é diferente da legitimidade, já que neste deverá se ter a conjugação de dois fatores que serão a **utilidade e a necessidade**. Assim para recorrer deverá ter o recurso uma utilidade, isto é, ele deverá alterar provocar uma situação mais vantajosa, bem como se ter necessidade para isso, isto é, ter-se sucumbido.

— *Inexistência de fato extintivo ou impeditivo do poder de recorrer*

O último requisito é a inexistência de fato impeditivo. Como exemplo de fato impeditivo temos o art. 881 do CPC (artigo que trata do atentado e da punição da parte que fica proibida de se manifestar no processo, nessa hipótese se caracteriza um fato impeditivo). Já a existência de fato extintivo consiste na própria renúncia ao direito de recorrer (art. 502 do CPC).

Quanto à desistência cumpre-se esclarecer até que momento poderia se dar?

Tem-se aqui três correntes distintas, a saber:

1. até antes do julgamento — liberal;
2. até o pregão;
3. até a sustentação oral.

Pregão — Relator — Sustentação Oral — voto Relator -> resultado -> pregão do próx.

Revisor
Terceiro

5. *Requisitos de admissibilidade extrínsecos*

— *Tempestividade*

O recurso para ser tempestivo deverá ser interposto no prazo previsto em lei, assim a maioria deles deverá ser interposto no prazo de 15 (quinze) dias (art. 508 do CPC); sendo que o agravo deverá ser interposto no prazo de 10 (dez) dias (art. 522 do CPC) e os embargos declaratórios no prazo de 5 (cinco) dias (art. 536 do CPC).

O art. 507 do CPC, ao referir-se à hipótese de morte da parte ou do advogado, determina que o prazo recursal nessas hipótese será interrompido e o processo suspenso, o que implica na sua devolução integral.

Isso é importante porque na interrupção devolve o prazo, já na suspensão o prazo prossegue no remanescente.

— *Regularidade formal*

O recurso deverá obedecer à determinada regularidade formal. Assim, por exemplo, a apelação deverá ser interposta observando-se o previsto no art. 514 do CPC, que prevê que a mesma deve obedecer a determinadas regras como, por exemplo, conter o nome e qualificação das partes; ou que o agravo de instrumento deverá conter peças obrigatórias como a petição inicial; as procurações; o despacho agravado, bem como sua intimação (art. 525 do CPC) ou ainda, a repercussão geral no Recurso Extraordinário (art. 543-A do CPC).

— *Preparo*

Quanto ao preparo está ele previsto no art. 511 do CPC, que determina o recolhimento do valor previsto como condição de aceitabilidade do próprio recurso. A respeito é importante se verificar os dispositivo legais de cada Estado. Em São Paulo, p. ex., o preparo da apelação é 2% do valor da causa; no Agravo de Instrumento 100 UFESP, mais porte de retorno.

O não recolhimento do preparo faz do recurso deserto.

6. *Juízo de admissibilidade*

O juízo de admissibilidade não aprecia o mérito. No juízo de mérito nada impede que se verifiquem os requisitos de admissibilidade.

7. *Efeitos*

• *Devolutivo* — devolve ao Tribunal a matéria impugnada, bem como toda a matéria referente à ordem pública.

• *Suspensivo* — o recurso recebido no efeito suspensivo faz com que o processo não prossiga, suspendendo-se os efeitos da sentença. A regra na apelação é o efeito suspensivo (art. 520 do CPC).

• *Expansivo* — há possibilidade de se analisar não só a matéria impugnada, mas também a matéria de ordem pública.

• *Substitutivo* — isso porque o recurso faz com que haja a substituição da sentença pelo acórdão — art. 512 do CPC. Esse dispositivo será excepcionado quando o acórdão determinar a anulação da sentença, hipótese em que nova sentença deverá ser prolatada.

XXXVIII

Princípios Fundamentais do Recurso

1. *Princípio do duplo grau de jurisdição*

O objetivo do duplo grau de jurisdição é evitar eventuais abusos praticados pelo juiz singular, visando-se assegurar à parte, o direito à revisão por outro órgão do judiciário, só que desta vez colegiado.

A fundamentação deste princípio, que está previsto em várias legislações, remonta à época da Revolução Francesa, e desde então é visto como uma garantia fundamental da boa justiça.

Sua importância já era defendida por Montesquieu, que advertia a respeito do problema do juiz tornar-se despótico, em face da possibilidade de não ter sua decisão revista.

O *due process of law* previsto no direito americano é uma conseqüência do duplo grau, entretanto, naquele país, esse princípio não está previsto na Constituição.

Atualmente o grande problema é saber se a limitação do art. 557 do CPC, que prevê que o relator possa de plano dar provimento ao recurso ou então lhe negar seguimento, não descaracteriza uma afronta ao duplo grau, já que o relator é membro do Tribunal, mas é ainda um juiz, de forma que apenas faz parte do órgão colegiado, todavia não pode ser considerado o órgão colegiado. E pior, o § 1º do art. 518 do CPC, que restringe o recurso, na hipótese da sentença estar em conformidade com a Súmula do STJ ou STF, não ignora esse princípio? Fica a pergunta.

2. *Princípio da taxatividade*

O art. 496 CPC prevê expressamente os recursos previstos no direito processual civil brasileiro, assim são os mesmo apresentados em *numerus clausus*.

Em outras palavras, podemos dizer, que por esse princípio se tem os recursos permitidos por lei.

Assim, o art. 496 do CPC sintetiza todos os recursos possíveis no direito brasileiro, exceto o recurso adesivo, isso porque o recurso adesivo é forma e, portanto, pertinente a discussão até quanto a sua natureza, vez que não é recurso, nem adesivo (ele é subordinado) porque ele não adere, ele se contrapõe. Ambos têm de ser sucumbentes.

Somente caberia a denominação de recurso adesivo, na hipótese de litisconsorte em que todos perdem, então um pode aderir ao recurso do outro.

No adesivo que conhecemos, ele é contraposto, com posição distinta e divergente — art. 500 do CPC.

Nelson Nery salienta que existem outros recursos, como o agravo contra o indeferimento liminar de embargos infringentes pelo relator (art. 532); agravo contra indeferimento, pelo relator, do agravo de instrumento interposto contra decisão que indefere RExt ou Resp. (art. 545); agravo contra decisão do relator que negar seguimento a recurso inadmissível, improcedente, prejudicado ou contrário a súmula do tribunal ou tribunal superior (art. 557).

Outros recursos previstos em leis federais (art. 22, I da CF) como nas LEF (embargos infringente, que na verdade é uma apelação para as causas de pequeno valor — art. 34); de mandado de segurança (agravo inominado art. 4º); LJE (recurso inominado — art. 41); LR (arts. 33 e 36 recursos ordinários constitucionais (arts. 539 e 540 do CPC — arts. 102,II e 105, II da CF).

3. *Princípio da singularidade ou unidicidade*

Também denominado de princípio da unirrecorribilidade ou unicidade, deve ser entendido como sendo o princípio que determina que somente se pode valer de um único recurso para cada ato judicial recorrível, sendo vedada, ainda, a cumulação.

Já vimos que contra os pronunciamentos judiciais cabem recursos, sendo que, para cada decisão somente um recurso é permitido, sempre obedecendo aos ditames legais.

É claro que há situações em que de um único acórdão poder-se-ia interpor mais de um recurso, porém a pluralidade seria para cada parte que pode apreciar vários pedidos diferentes. Como, por exemplo, na hipótese de uma ação de indenização por dano moral e pessoal, em que o tribunal concede ambas, porém no dano moral há um voto divergente e modificou-se a sentença e no pessoal a votação é unânime. Aqui a parte que sucumbiu poderá interpor embargos infringentes contra a decisão em que houve voto divergente e recurso extraordinário e especial contra a votação que teve votação unânime.

Em síntese:

- Na parte v.u. — R.Esp.
R.Ext.
- Na parte v.p. — E.I

Existe a obrigatoriedade para impetrar o recurso, porque se não impetrar os dois preclui o prazo. Assim sempre se interpõe, sobre cada decisão um recurso, sob pena de supressão de instância.

4. *Princípio da fungibilidade*

Esse princípio era previsto, expressamente, no Código de Direito Processual Civil de 1939, onde se tinha um artigo que determinava, especificamente, sobre o princípio da fungibilidade.

O princípio consiste no recebimento de um recurso como o outro desde que cumprido alguns requisitos. São eles:

- erro grosseiro — quando a lei é específica no recurso, mais suscita dúvidas;
- no prazo do menor recurso.

No Código de Direito Processual de 1973, *Buzaid*, que achava que tinha resolvido todos os problemas, acabou com ele. Porem, na prática, ele foi ressuscitado desde que não haja má-fé.

Passou-se a exigir o requisito da *dúvida*, mas sempre no menor prazo.

Se o Tribunal sumulou não há que se falar em princípio da fungibilidade, ele inexiste porque inexiste a dúvida.

Surge a controvérsia que o princípio da fungibilidade estaria morrendo por impossibilidade da estrutura processual. O argumento estrutural está contrariando um argumento processual e enterrando o princípio da fungibilidade.

5. *Princípio da* **reformatio in pejus**

Não se pode reformar a sentença em prejuízo do já obtido pelo autor. Reforma-se para melhorar a situação.

Exceção: as questões prejudiciais que possam ser apreciadas pelo juiz de ofício.

No reexame necessário (art. 475) que vai reexaminar a sentença contrária à Fazenda, tem-se o problema da sucumbência, em que o Tribunal verifica, mesmo sem recurso, o aumento da verba honorária. Para evitar, a Súmula do STJ (45— No reexame necessário, é defeso, ao Tribunal, agravar a condenação imposta à Fazenda Pública) proibiu essa majoração.

O art. 267, § 3º do CPC prevê a reforma nas questões de ordem pública.

6. *Princípio da voluntariedade*

O recurso, indiscutivelmente, possui duas partes:

— declaração expressa sobre a insatisfação com a decisão (elemento volitivo);

— motivos da insatisfação (elemento de razão ou descritivo)

Assim, a parte pode recorrer ou não, e dentro do próprio recurso a parte poderá recorrer na parte que quiser, podendo ser total ou parcial.

Isso se dá vez que o recurso depende do interesse da parte em recorrer.

7. Princípio da dialeticidade

Por esse princípio se prevê que o recurso sempre deverá ser discursivo, assim no recurso deverá haver as razões que ensejaram o recurso, para que o Tribunal possa saber se o juiz *a quo* ou o tribunal inferior equivocou-se ou não ao proferir sua decisão. Da mesma forma ela assegura o próprio contraditório, já que o recorrido para responder ao recurso precisa saber contra que a parte esta se rebelando.

Surge aqui um questionamento. Seria possível admitir-se que a parte simplesmente se reporte à inicial, às alegações finais, à contestação?

Se o princípio é para orientar, não há como se reportar, devendo pois as razões ser apresentadas no recurso.

8. Princípio da complementariedade

Por esse princípio se discute se uma vez apresentadas as razões, poderia a parte complementar as razões já protocoladas. Ou melhor, dizendo, se protocola no décimo dia, poder-se-ia se complementar no 11º, 12º, 13º. Assim o juiz tem de esperar até o último dia para dar andamento.

Aqui se vai para o princípio da consumação; terá quando ela ocorre? Quando se interpõe o recurso ou somente no último dia do prazo.

A esse respeito pode-se dizer que ocorrerá a preclusão consumativa, quando no processo civil se interpuser a petição de apresentação, conjuntamente com as razões do recurso que fundamentam as alegações para a nova decisão.

Desta forma não há como se admitir a complementariedade.

9. Princípio da consumação

Pelo princípio da consumação uma vez interposto o recurso, não há como interpor outro, como por exemplo se na sentença há uma omissão e ao invés de embargar, apenas apela, não poderá se embargar ainda que no prazo.

Essa regra geral apresenta como exceção a possibilidade da interposição do recurso adesivo, pois reabre a discussão da matéria que não foi objeto do recurso autônomo.

Assim o recurso na forma adesiva, prevista no art. 500 do CPC, apresenta para alguns críticos uma infração à preclusão operada.

10. Princípio da irrecorribillidade em separado da decisão interlocutória

A decisão interlocutória não pode interferir no andamento da ação. Assim, por esse princípio o que se pretende é a não paralisação do processo quando a parte se rebelar contra uma decisão interlocutória. É esse o sentido da expressão em separado.

Exceção art. 558 do CPC.

XXXIX

Apelação

1. *Considerações gerais*

A apelação é o recurso que se interpõe perante o juízo de 1ª instância, sempre que se demonstrar irresignação com a sentença proferida, visando ao reexame da causa pelo órgão colegiado, com o objetivo de modificá-la total ou parcialmente.

O art. 513 CPC, expressamente, determina que a apelação é o recurso cabível contra a sentença. Assim, é pois um recurso de característica de 1ª instância.

Necessário se faz agora saber o que é sentença.

Segundo o § 1º do art. 162 é o ato do juiz que implica alguma das situações previstas nos arts. 267 e 269 do CPC.

2. *Requisitos de admissibilidade intrínsecos*

Os requisitos de admissibilidade intrínsecos são aqueles referentes à existência do direito, de forma que a apelação deverá cumprir algumas características de direito, tais como:

quanto ao cabimento — o ato deve ser passível de ser atacado pelo meio correto, isto é, a apelação é o recurso pertinente contra a sentença e somente contra ela;

quanto à legitimidade — já vimos isso no capítulo sobre a teoria geral do recurso, de forma que a legitimidade está elencada no art. 499 do CPC;

quanto ao interesse — aqui o recurso de apelação deve atender ao binômio utilidade e necessidade, no caso da necessidade se refere a ter a parte que o interpôs sucumbido, já que se não houve sucumbência desnecessário seria a apelação; já no tocante à utilidade, a parte tem que requerer o reexame, tentando que se obtenha a modificação da sentença prolatada;

quanto à inexistência de fato impeditivo ou extintivo do poder de recorrer — esses requisitos aparecem sempre que o autor desiste da ação e o juiz homologa a desistência; ou então quando o mesmo renuncia ao direito de recurso.

3. Requisitos de admissibilidade extrínsecos

O requisito extrínseco, diferentemente do intrínseco refere-se ao exercício do direito, de forma que o apelante terá de obedecer a certas considerações, tais como:

quanto à tempestividade — A apelação está elencada dentre os recursos previstos no art. 508 do CPC, de forma que ela deverá ser interposta no prazo de 15 dias;

quanto a regularidade formal — a apelação deverá obedecer ao critério previsto no art. 514 do CPC, de forma que dela deverá constar o nome e qualificação das partes; os fundamentos de fato e de direito que ensejam o pedido de nova decisão. Tem-se ainda a exigência das razões, não sendo correto se reportar a outra manifestação do processo;

quanto ao preparo — O art. 511 do CPC prevê o recolhimento do preparo (custas a ser recolhida como condicionante do direito de recorrer) no ato da interposição do recurso.

4. Efeito

É importante, aqui, consignar-se que dessa decisão cabe agravo, quando o juiz recebe o recurso em efeito diverso daquele previsto em lei, assim será:

Devolutivo — devolve ao Tribunal todas as questões discutidas no processo, entretanto pelo princípio da *reformatio in pejus*, ainda assim o Tribunal não poderá prejudicar ainda mais o apelante — art. 515 do CPC. Todavia aqui cumpre esclarecer que, em face do efeito expansivo do recurso, ao Tribunal são devolvidas também as questões de ordem pública, como por exemplo as referentes às condições da ação.

Suspensivo — suspende a execução da ação e os efeitos da sentença. Será recebido somente no efeito devolutivo — art. 520 do CPC—; as sentenças proferidas em ação de despejo por falta de pagamento (art. 58, V); na ação de desapropriação, a sentença que fixar o preço da indenização (LD n. 3.365/41, art. 28); da sentença na verificação do crédito da falência (LF art. 97; § 1º); da sentença proferida no pedido de assistência judiciária, quando processado em apartado (LAJ n. 1.060/50, art. 17) ; da sentença proferida na ação discriminatória de terras devolutas(LAD n. 6.383/76, art. 21); da sentença proferida em ação civil pública (LACP n. 7.347/85, art. 14); da decisão que decreta interdição (CPC 1184); sentença proferida na ação de busca e apreensão fundada em bens alienados fiduciariamente, seja procedente ou improcedente o pedido (LAF Dec.-lei n. 911/69, art. 3º § 5º); sentença proferida nas ações da justiça da infância e juventude (ECA n. 8.069/90, art. 198, VI); da sentença que conceder mandado de segurança (LMS n. 1.533/51, art. 12 parágrafo único).

5. *Manifestação do apelado*

A resposta daquele que ganhou a ação atentará para os requisitos que foram cumpridos pelo apelante.

Todavia nas hipóteses em que o juiz indeferir liminarmente a petição inicial, o juiz poderá reconsiderar a sua decisão, porém não haverá manifestação do apelado, nos termos do disposto no art. 296 CPC

6. *Juízo de admissibilidade*

Consiste no direito de verificação dos requisitos de admissibilidade, assim o juiz, ao receber a apelação, faz pela primeira vez o juízo de admissibilidade, e então recebe o recurso e manda o apelado falar. Após as contra-razões o juiz exercerá novamente o juízo de admissibilidade lhe sendo possível a retratação do recebimento da apelação. Recebida a ação uma vez no Tribunal novamente se fará o juízo de admissibilidade conjuntamente com o de mérito, isso feito pelo relator — art. 557 do CPC.

Importante lembrar que o juiz *a quo* do CPC poderá negar seguimento a apelação quando a sentença estiver em conformidade com as Súmulas do STJ e STF.

7. *Conteúdo*

Quanto ao conteúdo pode-se ter dois tipos de argüição, quais sejam:

Vícios de juízo — *erros in judicando* — injustiça na sentença — substitui a sentença por outra (questões de fato — não apreciou um documento; interpretou mal um depoimento ou questões de direito — *considerou*-se lei já não mais vigente, inconstitucional lei que não era).

Vícios de atividade — *erros in procededo* — invalidade da sentença — por vício da sentença *ultra petita* ou vícios no processo, ex. incompetência do juiz; não-participação de litisconsorte necessário; não-participação do MP quando obrigatória — ANULA A SENTENÇA. Isso tanto na sentença terminativa, como na definitiva. Sendo que na terminativa necessário será que o processo esteja em termos para aceitar a decisão.

Apelação – art. 513

↓

Petição ao juiz da causa – art. 514

↓	↓
Indefere (§ 1º art. 518)	Recebe e declara o efeitos– art. 518
↓	↓
Agravo	Vistas ao apelado pelo prazo de 15 dias (exceção hipótese do art. 296 do CPC)
↓	↓
Apela adesivamente	Contra-razões
↓	↓

↓

Reapreciação do juízo de admissibilidade - art. 518, parágrafo único e apreciação do pedido para relevar deserção

↓	↓
Não remessa	Remessa – art. 519
	↓
	Registro e distribuição – arts. 547 e 548
	↓

Encaminha-se ao relator, que analisará em 60 dias – art. 549[1]

↓

Encaminha –se ao revisor que avalia o relatório e ao final, concordando, apõe seu "visto" e pede dia para julgamento – art. 551 – (exceção § 3°)

↓

Terceiro juiz designará o dia do julgamento – art. 552

↓

Sessão – análise da admissibilidade + mérito – art. 560, parágrafo único

↓

Sustentação oral – 15 minutos – Litisconsórcio 30 minutos divididos entre eles – art. 554 e 565

↓

Votos – relator, revisor e terceiro - Poderá eventualmente quaisquer deles pedir vista

↓

Publicação

↓

Acórdão – art. 556, 2ª parte

(1) O relator poderá negar seguimento a recurso manifestamente inadmissível — art. 557.

XL

Agravo

1. Cabimento

Como já vimos, em havendo discordância da sentença proferida, se interpõe apelação, entretanto contra os despachos interlocutórios do processo se interporá agravo.

Cabe aqui primeiramente se relembrar o que vem a ser decisões interlocutórias.

O CPC as define em seu art. 162, como sendo os atos praticados pelo juiz no curso do processo, com a intenção de decidir questões incidentais.

Assim os denominados despachos de mero expediente, que têm como objetivo apenas dar andamento ao processo, como por exemplo, o recebimento da inicial e a determinação da citação, a determinação que manda riscar expressões injuriosas ou difamatória, a juntada de petição, são decisões irrecorríveis (art. 504 do CPC) pois não provocam prejuízo à parte. Às sentenças, em que são as decisões do juiz que põem termo à causa, cabe apelação.

Verificaremos agora o agravo que vem previsto nos arts. 522/529 do CPC. Digo isso porque vários outros agravos existem como p. ex. o regimental, o previsto no art. 13 da LMS, cujos prazos inclusive diferem do ora estudado, que deverá ser interposto no prazo de 10 dias. Cumpre aqui esclarecer que houve uma reforma no CPC, vez que anteriormente o prazo era de 5 dias.

Aumentou-se o prazo mais concomitantemente a responsabilidade, vez que agora, com as razões do agravo, já se instrui com documentos.

2. Regimento

O agravo hoje tem dois regimes:

retido — tem por objeto garantir a não-preclusão, sendo esse estabelecido como regra geral.

instrumento — cuja intenção é a subida imediata da decisão recorrida para reforma.

Poder-se-ia dizer que a optabilidade do regime do agravo não é da parte que o interpõe, mas do regramento que exige o retido, excepcionando-se a forma do agravo de instrumento às hipóteses previstas no art. 522[1] do CPC.

3. *Efeitos*

Em regra o agravo terá efeito devolutivo, porém é facultado ao relator conceder efeito suspensivo, quando requerido pela parte, nas ações de prisão civil, adjudicação, remição de bens, levantamento de dinheiro, ou quando resultar em grave lesão — art. 558 do CPC.

4. *Agravo retido*

O agravo retido é hoje a regra, e sua finalidade é interromper a prescrição do tema questionado; independendo de preparo, terá que ser reiterado na apelação como preliminar naquele recurso, tendo ainda que ter os seguintes requisitos:

4.1. Requisito de admissibilidade

Regularidade formal

O agravo em sua forma retida, que como já disse evita a preclusão, poderá ser interposto de forma oral ou por escrito, entretanto a sua apreciação se dará apenas ao final da ação, quando deverá o agravante, como preliminar nas razões ou contra-razões da apelação, reiterar sua apreciação pelo Tribunal, quando do julgamento da apelação. Essa reiteração é requisito obrigatório para a admissão do recurso. Caso não reitere a parte a sua intenção de vê-lo apreciado se opera a preclusão com relação ao ato impugnado. Ao Tribunal competirá, posteriormente, a verificação de todos os requisitos de admissibilidade do agravo retido, como cabimento, tempestividade, interesse processual, etc.

Tempestividade

O prazo para interposição do agravo é de 10 dias — art. 522 do CPC, exceto quando a decisão for proferida em audiência, quando o agravo será interposto imediatamente (§ 3º do art. 523 do CPC).

Preparo

O agravo em sua forma retida independerá de preparo conforme disposto no parágrafo único do art. 522 do CPC.

---

(1) "**Art. 522.** Das decisões interlocutórias caberá agravo, no prazo de 10 (dez) dias, na forma retida, salvo quando se tratar de decisão suscetível de causar à parte lesão grave e de difícil reparação, bem como nos casos de inadmissão da apelação e nos relativos aos efeitos em que a apelação é recebida, quando será admitida a sua interposição por instrumento.

Pedido de apreciação

Ao juiz é deferido rever a decisão após a oitiva da parte contrária, no prazo de 10 dias (§ 2º do art. 523 do CPC.)

5. *Agravo de instrumento*

5.1. Requisito de admissibilidade

Requisito formal

Quanto ao Agravo de Instrumento, que será interposto diretamente ao Tribunal que apreciará a matéria, tem como objetivo a imediata apreciação pelo Tribunal da decisão recorrida e deverá conter, além da exposição dos fatos, a razão do pedido de reforma, bem como nome e endereço dos advogados; deverá vir instruído, obrigatoriamente, com cópias da decisão agravada, certidão da intimação, cópia das procurações de ambas as partes, além do comprovante de pagamento das custas.

Tempestividade

O prazo para interposição do agravo é de 10 (dez) dias.

Preparo

Hoje o agravo de instrumento é preparado, em valor atribuído pelo Tribunal (10UFESP).

Art. 526 do CPC

Ao agravante competirá no prazo de três dias juntar cópia protocolada do agravo, com a relação dos documentos transladados no processo de origem. Em seguida, recebido o recurso o relator, preliminarmente poderá indeferi-lo por falta de pressupostos formais; ou ainda requerer informação ao juiz *a quo* ou ainda dar efeito suspensivo ao recurso, hipótese em que informará o juiz do processo.

6. *Retratação*

A retratação do juiz que proferiu o despacho é possível tanto no agravo retido (§ 2º do art. 523 do CPC) como no agravo de instrumento (art. 529 do CPC).

7. *Manifestação do agravo*

Após, se dará vista à parte contrária para manifestação, no prazo de 10 dias, podendo o agravado juntar novos documentos.

8. *Juízo de admissibilidade*

O relator quando receber o agravo verificará se estão cumpridos todos os requisitos de admissibilidade, ou seja, se foi cumprido o requisito formal; se tem preparo; se é tempestivo, dentre outros.

Agravo 522-529
↓
Petição 524-525
↓

Agravo retido		Agravo de instrumento
↓		↓
Ao juízo de 1ª instância		Ao tribunal competente[2]
		↓
		Relator
↓		↓
Possibilidade de retratação[3] art. 523, § 2º	Indefere liminarmente art. 557	Decide sobre efeito art. 527, II[4]
↓		↓
Reiteração na apelação – art. 523, § 1º		Intimação do agravado – 10 dias art. 527, III
		↓
		Resposta do agravado
		↓
		Oitiva do MP, se for o caso – art. 527, IV
		↓
		Relator poderá negar seguimento ao agravo caso tenha havido retratação – art. 529
		↓
		Relator pede dia para julgamento
		↓
		Agravo é julgado

(2) O agravante requererá a juntada de cópia do agravo, nos autos do processo de 1ª instância art. 526.
(3) Somente será possível a retratação após a oitiva do agravado — art. 523 § 2º.
(4) Caso ache necessário, requisitará informações ao juiz de primeira instancia — art. 527, I.

XLI

Embargos Infringentes

1. *Considerações gerais*

Embargos infringentes existem só no direito brasileiro, que foi copiado do direito luso, tendo lá, porém, sido excluído. Tal recurso sofreu alterações na reforma do CPC, que alterou o cabimento do recurso de forma a restringir sua aplicabilidade.

2. *Requisitos de admissibilidade*

Cabimento

O cabimento dos embargos infringentes, segundo o art. 530, com a nova redação dada pela Lei n. 10.352/01, ocorrera quando o acórdão, não unânime (dos três juízes, um tem entendimento divergente dos outros), houver reformado a sentença de primeira instância, ou ainda quando decidir pela procedência da ação rescisória. Sendo certo que o recurso se restringirá apenas quanto à parte divergente.

Importante é não se olvidar que a reforma da sentença poderá ser total ou parcial, e, em ambas as hipóteses, se ocorrido o disposto no art. 530 do CPC, caberá os embargos infringentes.

Regularidade formal

A regularidade formal foi revogada pela reforma o dispositivo que dizia que os embargos infringentes deveriam ser por artigos. Hoje não há nenhuma restrição quanto a sua forma, devendo-se, pois, apresentar o voto vencido.

Tempestividade

Quanto ao prazo é de 15 dias, sendo certo que às vezes, durante esse prazo, devemos não só interpor embargos infringentes como também REsp. e RExtr. Todos com prazo comum. Há de se lembrar que os REsp. e o Rext. aguardaram a decisão daquele, sendo certo que após a decisão dos embargos caberá a interposição de mais um REsp. e um RExtr.

Preparo

Quanto ao preparo em São Paulo é 2% do valor da causa observado o mínimo e máximo legal.

3. *Efeitos*

O efeito devolutivo tem um colorido de retratação, já que nos embargos infringentes participaram os três juízes que decidiram o acórdão, mais dois. Então quaisquer deles podem mudar de idéia, inclusive o vencido.

Há de se ressaltar que o efeito suspensivo poderá ocorrer se a apelação tiver efeito suspensivo.

4. *Procedimento*

Quanto ao procedimento o relator, após as contra-razões, deverá verificar os requisitos de admissibilidade, se ele não admitir os embargos, caberá agravo — art. 532 do CPC. No prazo de cinco dias.

Se ele for admitido teremos a escolha do relator que quando possível será um daqueles que ainda não tiver participado da decisão — art. 533, parágrafo único.

Em seguida, será marcado julgamento para que se decida no juízo de admissibilidade e após o juízo de mérito. É certo que a pergunta é se poderá aqui se verificar as questões de ordem pública— art. 267, § 3º — E a resposta é positiva.(1)

5. *Fundamentação*

A fundamentação não está adstrita à fundamentação da impugnação, mas sim à parte conclusiva, ao quanto que foi concedido.

Portanto, a base do recurso é o montante da divergência, ou seja, no crédito de 100, o acórdão concede 80, com voto divergente de 85. Vá-se fundamentar para requisitar os 5 da diferença.

Quanto a obrigação da declaração do voto divergente, ela é obrigatória no Código de Processo civil, devendo pois ser exigida pelo regulamento do Tribunal.

(1) O art. 267, § 3º para no segundo grau não cabendo portanto nas hipóteses do Resp. e no Rext.

Embargos infringentes – Organograma
(arts. 530-534)

↓

Petição endereçada ao relator do acórdão art. 531

Vista ao embargado para impugnação (15 dias) – art. 508 do CPC

↓	↓
Relator indefere de plano (art. 532)	Relator admite os embargos (art. 533)
↓	↓
Cabe agravo p/ o órgão que deveria julgar os embargos (art. 532, em 5 dias)	Sorteio de novo relator
↓	↓
Relator remete o julgamento colegiado art. 532, § 2º.	Vista ao embargado p/ para impugnação em 15 dias - art. 508
	↓
	Conclusão para o relator: 15 dias art. 534, parágrafo único

XLII

Embargos de Declaração

1. Natureza jurídica

Muito se discutiu a respeito da natureza jurídica dos embargos de declaração, já que era difícil se admitir os embargos como recurso, por não terem eles, em sua essência, reapreciação por um colegiado, mas sim a reapreciação por quem apreciou o feito e o proferiu. Todavia o embargo é o recurso porque previsto no art. 496 do CPC, bem como por ter ele apenas algumas peculiaridades dentro do sistema recursal.

2. Requisito de admissibilidade

Cabimento — art. 535 do CPC

Os embargos de declaração serão cabíveis nas hipóteses de obscuridade, contradição e omissão ("OCO"). Assim se na sentença o juiz determina, por exemplo, que ela é procedente e condena o autor no pagamento..., teremos uma hipótese, dentre outras, de embargos de declaração.

Tempestividade — art. 536 do CPC

O recurso deve ser interposto no prazo de cinco dias.

Regularidade formal — art. 536 do CPC

Tem-se que assinalar o ponto omisso, contraditório ou obscuro. Tem que se apontar o ponto. Salientar o que falta.

Preparo

Quanto ao preparo há de se esclarecer que os embargos de declaração não o possuem.

3. Manifestação do embargado

Não há manifestação do embargado, Até porque o embargado é o próprio juiz ou Tribunal, que apenas esclarecerá um procedimento judicial.

4. *Peculiaridades*

Várias peculiaridades são apresentadas nos embargos:

- Sua apreciação será realizada pelo mesmo órgão que proferiu a decisão;
- É um recurso que pode ser interposto tanto da sentença quanto do acórdão;
- Sua interposição interromperá os prazos dos demais recursos;
- Faculta-se ao órgão que recebeu o recurso, o arbitramento de multa se os embargos forem procrastinatórios. (art. 538, parágrafo único do CPC) — O Reg. Int. do STF prevê, além da multa, a perda do prazo, o que é muito discutido já que o RI não pode contrariar a lei.

Embargos de declaração interpostos em 1º grau (arts. 535-536) – organograma

↓

Petição dirigida ao juiz que proferiu a sentença - art. 465

↓

Interrupção do prazo para apelação art. 538, parágrafo único

↓

Não há preparo

↓

Não se ouve a parte contrária

↓

Juiz profere decisão em cinco dias após a conclusão - art. 537

↓

Juiz pode aplicar multa art. 538, parágrafo único

↓

Reabre-se o prazo de apelação a partir da intimação do julgamento dos embargos declaratórios

Embargos de declaração a julgados do tribunal - organograma - arts. 535-538

↓

Petição dirigida ao relator[(1)] - art. 536

↓

Interrupção do prazo para interposição de outros recursos - art. 538

↓

Não há preparo, nem é ouvida a parte contrária - art. 536, parágrafo único

↓

Julgamento na 1ª sessão seguinte

↓ Acolhimento ou rejeição ↓ | ↓ Reconhecimento de que os embargos foram protelatórios ↓

Imposição de multa ao embargante - art. 538

↓

Publicação de novo acórdão

↓

Reabertura do prazo para outros recursos

(1) Prazo de 5 dias a contar da publicação do acórdão — art. 536.

XLIII

Recurso Adesivo

1. Natureza jurídica

O recurso adesivo não terá natureza recursal, mas sim é uma forma de interpor-se um recurso.

Não é só com a natureza jurídica que nós retiramos a expressão recurso, mas também no tocante à denominação adesiva, porque na verdade ele não adere, ele se contrapõe.

Ele é um incidente que proporciona à parte que não recorreu se aproveite do recurso já interposto.

1.1. Conceito

O recurso adesivo nada mais é do que um meio de interposição do recurso, uma forma de interposição quando há sucumbência recíproca.

2. Requisitos de admissibilidade

2.1. Cabimento — Art. 500, II

Incidente que surge em caso de sucumbência recíproca.

Nele há de ter-se a sucumbência recíproca; a parte recorrente não tenha ingressado com recurso principal nos casos de apelação, embargos infringentes, recurso especial e recurso extraordinário.

2.2. Legitimidade

É a mesma do recurso principal.

2.3. Preparo

Aplicam-se as mesmas regras do recurso principal, portanto dever-se-ia ter preparo.

2.4. Regularidade formal

Baseando-se no juízo que proferiu a sentença, o recurso deve ser interposto por escrito, seguindo a forma do recurso principal.

2.5. Tempestividade

O art. 508 do CPC prevê o prazo unificado de 15 dias.

3. *Manifestação do recorrido*

A manifestação do recorrido será a mesma atribuída ao recurso principal, assim a parte contrária, que interpôs o recurso principal, terá direito de resposta no recurso adesivo.

4. *Juízo de mérito*

Primeiro há de se verificar o juízo de admissibilidade do recurso principal, se este for intempestivo, não se verificará a admissibilidade do adesivo.

Quanto ao mérito, o julgamento se dará conforme o caso.

XLIV

Síntese Recursal

	Prazo	Momento processual	Efeito	Preparo	Peculiaridades
Apelação – arts. 513 a 521 do CPC	15 dias	Sentença	Suspensivo (art. 520 do CPC)	Sim	Juízo de admissibilidade na primeira instância
Agravo arts. 522 a 529 do CPC	10 dias	Decisões Interlocutórias	Devolutivo (regra)	Sim	Retido é a regra e deve ser reiterado no Tribunal
Embargos de declaração – arts. 535 a 538 do CPC	5 dias	Sentença/ Acórdão	Suspensivo	Não	OCO (Omissão/ Contrariedade/ Obscuridade)
Embargos infringentes – arts. 530 a 534 do CPC	15 dias	Acórdão	XX	Sim	Votação parcial que altera sentença
Recurso especial e Extraordinário – arts. 541 a 546 do CPC	15 dias	Acórdão	Devolutivo (regra)	Sim	R.Ext. repercussão geral
Recurso Ordinário – arts. 539 a 540 do CPC	15 dias	Acórdão	XX	Sim	Súmulas Repetitivas do Recurso

XLV

Recursos Extraordinário e Especial

1. Recurso extraordinário

O recurso extraordinário tem como condição precípua a não-existência de outro recurso, todavia aqui difere do recurso especial, porque não é só interposto contra acórdão, mas contra decisão de última ou única instância.

1.1. Requisitos de admissibilidade

1.1.1. Cabimento

O recurso extraordinário é cabido sempre que haja questão constitucional discutida e enquadrada em uma das hipóteses do art. 102, III CF.

É necessário que haja questão de direito, que um artigo da CF tenha sido infringido. Discute-se o que quer dizer prequestionamento? Ele pode ser: ficto, explícito e implícito.

A afronta tem de ser direta ao princípio constitucional.

Por exemplo o depositário infiel na alienação fiduciária, que vai preso: entende-se que isso fere a um tratado assinado pelo Brasil que é o Tratado de San José da Costa Rica. Ainda, se exige que a questão constitucional tenha repercussão geral.

1.1.2. Preparo

Aqui além do porte de remessa e de retorno, temos o preparo.

1.1.3. Regularidade formal

O art. 541 do CPC determina as condições da regularidade formal que será o cabimento e as razões.

1.1.4. Prazo

Art. 518, que será o prazo de 15 dias para interposição.

1.2. Juízo de admissibilidade

Se não se admite o Recurso Extraordinário deverá se interpor AI, que além das peças do R.Ext., deverá se juntar a intimação do acórdão recorrido.

O STF passou a exigi-la sob pena de não conhecer o agravo — art. 544 do CPC.

1.3. Efeitos

O RExt. é recebido no efeito devolutivo. O STF não pode conhecer matéria de ordem pública, ficando adstrito a matéria constitucional — Art. 542, § 2º do CPC.

1.4. Repercussão geral

Por imposição legal recente o Recurso Extraordinário ganhou mais um requisito para admissibilidade, é a repercussão geral.

Assim o STF somente julgará os Extraordinários que tiverem interesse coletivo e atingirem mais que um caso.

Desde a exigência da repercussão 82,15% dos recursos não foram apreciados, exatamente por falta do pressuposto, diminuindo em muito o congestionamento recursal da Corte Suprema.

2. *Recurso especial e recurso extraordinário*

Pode-se ter matéria de natureza constitucional e infraconstitucional.

Tem-se como requisito de admissibilidade a matéria infraconstitucional e constitucional. Tendo de se atacar ambas, não podendo atacar apenas uma delas.

Havendo os dois recursos, o procedimento, em regra, será que primeiro se julgue o especial e após o extraordinário. Porém o relator pode verificar que o extraordinário é prejudicial ao especial — § 2º do art. 543 do CPC. No STF o outro relator vai verificar, e poderá este entender que deverá se manifestar o STJ primeiro. Então devolve o processo. Todas essas decisões são irrecorríveis.

3. *Recurso especial*

3.1. Requisitos de admissibilidade

3.1.1. Cabimento

O recurso especial será sempre cabido nas hipóteses do art. 105, III da CF.

3.1.2. Preparo

Terá preparo e ainda o porte de remessa e retorno.

3.1.3. Regularidade formal

O art. 541 do CPC determina as condições da regularidade formal que será o cabimento e as razões.

3.1.4. Prazo

Art. 518 do CPC dispõe, que será o prazo de 15 dias para interposição.

3.1.5. Recursos repetitivos

Recentemente passou a vigorar o procedimento diferenciado para os Recursos Especiais, que tenham matéria idêntica. Assim por disposição do art. 543C do CPC, nesta hipótese o Tribunal deverá remeter apenas um ou mais ilustrativos da matéria, determinando a suspensão dos demais processos até o julgmaneto dos recursos que subiram, e cuja decisão será estendida a todos os que ficaram aguardando.

Admitir-se-á que os interessados se manigestem no recurso que será apreciado, bem como o Ministério Público, nos casos previstos em lei.

Importante salientar recente divisão que impediu que se desistisse do recurso escolhido.

4. Princípio da fungibilidade

Não se admite a fungibilidade dos recursos, porque eles têm matéria distinta, um é constitucional outro é o infra. Portanto não haverá dúvida, mas sim erro grosseiro.

5. Pré-questionamento

O Ministro *Marco Aurélio* "diz pré-equestionada determinada matéria, quando o órgão julgador haja adotado entendimento a respeito, incumbindo à parte sequiosa de ver o processo guinado à sede extraordinária instá-lo a tanto".

Súmula do STJ tem entendido que os embargos de declaração para fins de prequestionamento não são considerados protelatórios.

6. Considerações finais

Do indeferimento de plano do recurso especial ou extraordinário caberá agravo de instrumento no prazo de 10 dias[1]. Tal agravo será interposto peran-

(1) MOREIRA, José Carlos Barbosa. *Código de processo civil comentado.* Rio de Janeiro: Forense, 1998. v. V, p. 591.

te o STF ou STJ conforme se tratar de Recurso Extraordinário ou Recurso Especial — art. 544 do CPC.

Recurso extraordinário e especial
Organograma – arts. 539-546

Petição ao presidente ou vice do tribunal recorrido

art. 541

Secretaria protocola a petição

art. 542

Vista ao recorrido - prazo 15 dias - art. 542

Conclusão do presidente

Presidente não admite o recurso

↓

Cabe agravo de instrumento prazo - 10 dias
(art. 544 do CPC)

Presidente admite recurso

↓

Autos são remetidos ao STJ

↓

Julgamento do REsp

↓

Remessa dos autos ao STF

↓

Julgamento R.ext. - 543

XLVI

Recurso Ordinário

1. Natureza jurídica

O recurso ordinário tem natureza constitucional, estando disciplinado nos arts. 102, II e 105, II da Constituição Federal, devolvendo ao Tribunal toda a matéria impugnada, bem como as questões de ordem pública.

2. *Requisito de admissibilidade*

O recurso ordinário sempre será dirigido ao Supremo ou ao Tribunal Superior. Esse recurso é a resistência do prejudicado, quando baseada em acórdão, garantindo assim o duplo grau de jurisdição nas ações originárias do Tribunal.

• *Cabimento*

O recurso ordinário é interposto no STF; tem como objeto as decisões denegatórias proferidas nos mandados de segurança, no *habeas data* e no mandando de injunção; nas ações cuja decisão é proferida pelos Tribunais Superiores; ou o recurso é interposto ao STJ, se a decisão foi proferida pelos Tribunais dos Estados ou Tribunais Federais, em mandado de segurança, quando denegatória a decisão; ou nas causas em que forem partes, de um lado, Estado estrangeiro ou organismo internacional e, do outro, Município ou pessoa residente ou domiciliada no País.

• *Tempestividade*

O recurso ordinário é interposto no prazo de 15 dias, nos termos do disposto no art. 508 do CPC.

3. *Processamento*

O recurso ordinário é dirigido ao relator do acórdão que se está recorrendo, processando-se nos termos da apelação.

Assim aplica-se a ele os requisitos do juízo de admissibilidade e o procedimento do juízo de origem do Tribunal.

XLVII

Embargos de Divergência

1. *Natureza jurídica*

Esse recurso, cuja admissibilidade é restrita ao recurso especial e extraordinário, manterá a mesma natureza do recurso originário, ou seja do recurso especial ou extraordinário.

2. *Requisito de admissibilidade*

Os embargos de divergência têm como objetivo uniformizar as decisões dos Tribunais, de forma que todas as Turmas do Tribunal decidam da mesma maneira. De forma que sempre que uma decisão contrariar posicionamento do STF ou STJ, ainda que a decisão dos ministros seja unânime naquela turma, admite-se o recurso.

• *Cabimento*

O cabimento desse recurso é admissível sempre que a decisão da Turma contrariar o disposto pela maioria do Tribunal.

• *Tempestividade*

O recurso ordinário é interposto no prazo de 15 dias, nos termos do disposto no art. 508 do CPC.

• *Regularidade formal*

O recurso deverá ser instruído com a prova da divergência, nos termos do disposto no RISTF, arts. 331 e 332.

3. *Processamento*

O recurso protocolizado no Tribunal será distribuído ao relator, que verificará o juízo de admissibilidade.

Não sendo admitido os embargos de divergência, da decisão caberá agravo no prazo de 5 dias, direcionado ao órgão para o qual foi direcionado o recurso.

Em sendo admitido o recurso, a parte contrária será intimada a apresentar contra-razões no prazo de 15 dias, indo para julgamento *a posteriori*.

XLVIII

Súmula Vinculante

1. Natureza juridica

Apesar da discussão doutrinária, como regra pode-se admitir a súmula vinculante como uma ação, prevista constitucionalmente no art. 103 A, que determina que o Supremo Tribunal Federal poderá, de ofício ou por provocação, mediante decisão de dois terços dos seus membros, após reiteradas decisões sobre matéria constitucional, aprovar súmula que, a partir de sua publicação na imprensa oficial, terá efeito vinculante em relação aos demais órgãos do Poder Judiciário e à administração pública direta e indireta, nas esferas federal, estadual e municipal, bem como proceder à sua revisão ou cancelamento, na forma estabelecida em lei.

No mesmo artigo se determina quem são os legitimados para interpor a demanda, ficando os mesmos legitimados da ação declaratória de inconstitucionalidade, com a inclusão da defensoria pública.

2. Pontos importantes

- Apesar da eficácia imediata, podem os Ministros alterar esse dispositivo.
- A reclamação é o meio processual cabível para negar-lhe vigência ou inaplicabilidade.
- Efeito *ex nunc*.

XLIX

A Reforma Processual

1. *Introdução*

O processo de execução era, inquestionavelmente, um fator que atravancava o processo, principalmente, quando tratamos dos títulos judiciais.

Afinal depois de anos de trâmite do processo de conhecimento, ainda se dava início a um processo de execução, que era um novo processo, e como tal se deveria ter novamente a citação, até uma sentença nos embargos.

Isso tudo provocava uma inquestionável demora difícil de se explicar e agravada, quando tratávamos de sentença ilíquida, que devendo ser liquidada, protagonizava uma nova ação.

2. *Novo panorama da via executiva*

As reformas da via executiva tiveram como objetivo principal garantir uma maior efetividade do processo, assim tanto as alterações advindas pelas Leis ns. 11.232 e a 11.382, em comum alteram o regramento já conhecido sobre a execução, principalmente no sentido de favorecer ao credor, que em geral adquire o crédito seja por título judicial, seja através de um título extrajudicial, sem, todavia obter o resultado pretendido.

O legislador entendeu ainda que "a entrada em vigor das alterações relativas ao processo de execução gerou leve quebra do sistema processual civil". (Exposição de Motivos da Lei n. 11.382/06).

Neste contexto tivemos a última alteração ora apresentada.

2.1. A Lei n. 11.232/05

Essa lei altera a execução do título judicial, trazendo a idéia de que o processo de conhecimento é passível de uma nova fase, na qual o que se busca é o recebimento do provimento jurisdicional ao qual foi a parte condenada.

Para isso se estabeleceu que o executado efetiva o pagamento, em 15 dias[1], contados do trânsito em julgado sob pena da incidência de multa de 10%,

(1) Note-se que este está sendo o entendimento dos juízes de primeira instância embasado na decisão proferida pelo Ministro Humberto Gomes de Barros no Recurso Especial n. 954.859-RS (2007/0119225-2).

assim como a defesa do devedor passou a ser apenas um ato processual, denominado de impugnação, cuja matéria está adstrita às alegações previstas no art. 475 L do CPC.

Outra alteração importante é a que diz respeito à liquidação, que deixou de ser um processo para ser uma fase incidental no processo. Tanto que essa decisão é passível de agravo.

2.2. A Lei n. 11.382/06

Neste sentido passa, se a admitir no ato da distribuição a expedição de ofício a fim de averbar em registro de imóvel, registro de veículo, a existência da ação.

Outra alteração importante diz respeito ao prazo de pagamento que agora e de três dias, sob pena de penhora e avaliação pelo próprio oficial de justiça, nos termos do disposto no art. 652 do CPC.

Outra inovação diz respeito à possibilidade da penhora de dinheiro, inclusive por *internet* (art. 655 A do CPC).

Outro ponto importante diz respeito aos embargos do devedor, que poderão ser interpostos independemente de penhora, depósito ou caução, porém deverão conter cópias das peças processuais do processo de execução, tendo sua interposição que ser feita no prazo de 15 dias, contados da juntada aos autos do mandado de citação no processo de execução.

Outra alteração é que os embargos deixam de ter efeito suspensivo (art. 739, CPC) como regra.

3. Cumprimento da sentença condenatória

Quando se requer o provimento judicial no processo de conhecimento, em que se pretende que após a cognição, um direito, se esse direito tem natureza condenatória, será necessário, para garantir sua efetividade, que o réu pratique um ato, ou não o faça, ou pague um valor ou entregue alguma coisa.

Assim é característica da sentença condenatória a necessidade de execução para garantir seu cumprimento e, por conseqüência, o direito pleiteado na demanda de conhecimento.

Isso porque as sentenças de natureza declaratória e constitutiva bastam por si só na efetividade do provimento pleiteado.

Temos ainda, para quem adota o regramento da tutela mandamental, a possibilidade de uma sentença que também necessitará de cumprimento.

Nesse sentido foi o art. 475, I do CPC o grande inovador da primeira fase da reforma, posto que ele asseverou que a sentença de obrigação de fazer ou não fazer, ou entrega de coisa seja cumprida nos termos do disposto nos arts. 461 e 461-A, dispensando, como já disse, um novo processo de execução, com citação, embargos, que gerariam uma nova sentença, mas apenas o cumprimento da sentença.

Também diante de uma decisão que condena a quantia certa, deve-se operar a fase executiva do processo de conhecimento, cujo objetivo será a obtenção do crédito.

4. *Regras disciplinadoras*

Assim para a agilidade processual é que se promulgaram as Leis ns. 11.232/05 e 11.387/06 que, conjuntamente com as demais alterações fazem parte da reforma processual, vem buscar uma efetividade na concessão do provimento jurisdicional.

5. *Cumprimento de liminares e de sentenças de obrigação de fazer e não fazer*

Já vimos que o provimento jurisdicional para ser concedido leva meses ou anos, e isso faz, cada vez mais, que a parte, pela urgência que trata a matéria, ou requeira uma tutela antecipada, ou ajuíze uma medida cautelar.

Em ambos os casos, a tutela obtida o será através de uma medida liminar (que é a medida obtida de imediato, sem uma cognição exauriente, porém com a demonstração do direito e da urgência).

Assim essa medida liminar, que, é uma decisão interlocutória, pode, diante da natureza condenatória, exigir um cumprimento da mesma, razão pela qual se questionará a aplicabilidade do cumprimento e da própria multa, quando houver uma decisão interlocutória que condena em valor, em obrigação de fazer ou não fazer ou ainda em entrega de coisa.

Quando estivermos tratando da obrigação de fazer ou não fazer, entendemos que nessa hipótese estaremos diante de uma decisão de natureza mandamental, prevista no art. 461, ou executiva *lato sensu*, quando estivermos diante da entrega de coisa. (art. 461-A do CPC)

Portanto, estando diante de uma sentença que obriga a fazer ou não fazer alguma coisa dever-se-á primeiramente verificar se se trata de obrigação denominada de personalíssima, pois essa, inquestionavelmente, deverá ser convertida em perdas e danos e, nessa hipótese, estaríamos diante de cumprimento por quantia.

Em se tratando de obrigação que possa ser cumprida por qualquer pessoa, o juiz concederá o provimento de forma a garantir o seu adimplemento, em ambos os casos com a imposição de multa diária que vise garantir o cumprimento, nos termos do disposto no § 4º do art. 461 do CPC.

O montante da multa é passível de alteração, de ofício, caso o juiz entenda que a mesma se tornou insuficiente ou excessiva.

6. Cumprimento da obrigação para entrega de coisa

Temos ainda a hipótese da executiva *latu sensu,* que é a sentença que condena a entrega de coisa, devendo o juiz determinar o prazo para sua entrega.

É certo que, em se tratando de coisa estabelecida pelo gênero e espécie, o credor fará a individualização na petição em que requerer o cumprimento, ou, caso contrário, o devedor o fará.

A garantia do provimento ou do cumprimento da sentença, se fará através de mandado de busca e apreensão, ou mandado de imissão, conforme a natureza da coisa, se móvel ou imóvel.

Faculta-se ainda ao juiz a fixação de multa, posto que se utiliza como acessório o disposto no art. 461 e seus parágrafos.

L

Cumprimento de Sentença de Obrigação de Quantia

1. *Considerações iniciais*

Inquestionavelmente, durante muito tempo tivemos o problema de que a efetivação da sentença condenatória é um grande problema à parte que venceu a lide.

Assim como na vitória de "Pirro" o ganhador ganha, porém não leva, porque no decorrer do processo já se deram muitas coisas, inclusive, a mudança do executado, o que, às vezes, torna impossível encontrá-lo.

Diante desse contexto é que se decidiu voltar à idéia que se estabelecia no Código de Processo de 1939, quando se tinha a execução de sentença e a ação executiva.

Liebman ao analisar o ordenamento processual brasileiro, em sua obra *Estudos sobre o processo civil brasileiro,* datada de 1947, dizia que essa idéia estava em dissonância com a maior parte dos países europeus, que processavam a execução independentemente da origem do título.[(1)]

Com a idéia de se adequar ao processado na Europa, em 1973 se estabelece um processo de execução, que tanto poderia ter como origem um título judicial, como extrajudicial.

Com os anos percebemos que essa idéia deixou de produzir efeito, e necessário se fez a reforma no sentido de se estabelecer a idéia de que se o título foi obtido judicialmente, após o trâmite de uma ação seu recebimento deve ser processado diferentemente daquele obtido extrajudicialmente.

2. *Multa legal*

Neste sentido, hoje quando estamos diante de uma sentença condenatória (ou seja, na condenação de uma quantia, posto que, na obrigação de fazer ou não fazer ou entrega de coisa, já estudamos no item anterior), deve, o executado (devedor), efetivar o pagamento em 15 dias do trânsito em julgado. A intimação ocorrerá quando o título judicial for arbitral ou penal.

---

(1) LIEBMAN, Enrico Tullio. *Estudos sobre o processo civil brasileiro.* São Paulo: Saraiva, 1947. p. 29-30.

O não pagamento provoca a incidência de multa de 10 % incidente sobre o valor do débito.

3. *Técnica processual*

Não efetivado o pagamento espontaneamente pelo executado, após o trânsito em julgado da sentença, deverá o exeqüente, de imediato, determinar a penhora, indicando o bem que será penhorado e avaliado de plano, pelo Oficial de Justiça.

Caso o Oficial não tenha condições de proferir a avaliação, nesta hipótese o juiz nomeará um avaliador, para que este proceda ao laudo de avaliação.

Dessa penhora e avaliação será o executado intimado, na pessoa de seu advogado (a intimação do advogado é feita por publicação no Diário Oficial, e não havendo advogado, pessoalmente) para que no prazo de 15 dias apresente impugnação.

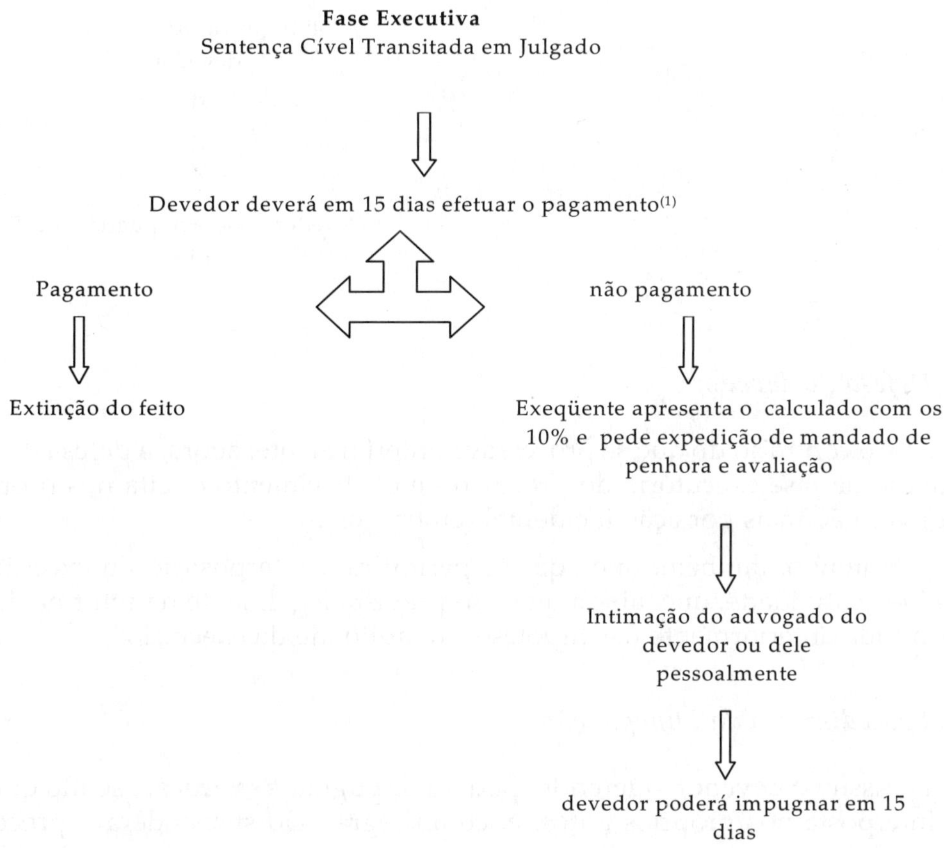

(1) Muitos doutrinadores como Talamine, Antonio Cláudio da Costa Machado entendem que aqui também deverá haver intimação na pessoa do advogado.

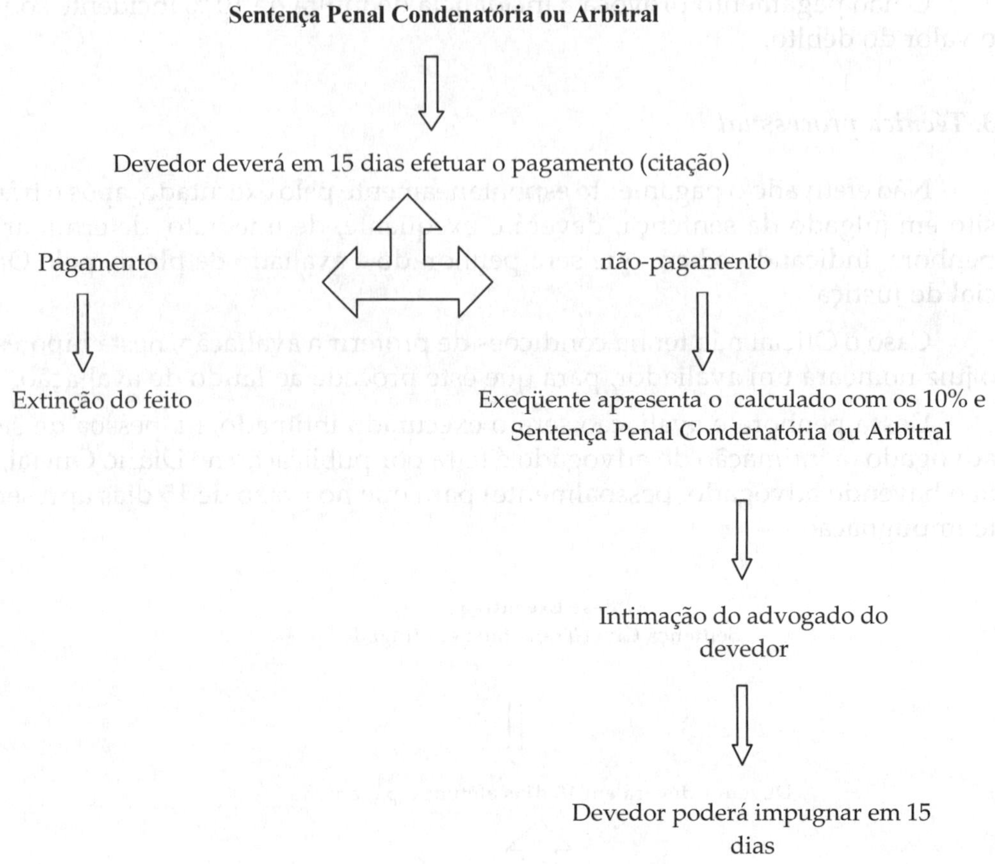

4. *Defesa do devedor*

Ao contrário do que se processava anteriormente, agora, a defesa do executado na fase executória do processo de conhecimento é feita nos próprios autos e não mais por ação incidental (embargos).

Entendo, também, que aqui se permitirá a interposição da exceção de pré-executividade, que, ainda que não prevista legalmente na reforma, já era admitida anteriormente nas hipóteses de nulidade da execução.

5. *Procedimento da impugnação*

Assim o devedor, querendo, poderá impugnar a execução, sendo que ela é interposta nos próprios autos, e, como regra, não suspenderá o processo, nessa fase executiva.

Na impugnação, o devedor poderá alegar em sua defesa somente os incidentes contidos no art. 475-L do CPC, ou seja:

I — falta ou nulidade da citação, se o processo correu à revelia; assim, qualquer nulidade de citação somente é possível ser argüida se o processo de conhecimento se deu por revelia;

II — inexigibilidade do título; ou seja, se o título não for líquido, certo e exigível, que são as condições para que se possa processar o seu recebimento;

III — penhora incorreta ou avaliação errônea; penhorou-se um bem de família, será uma penhora incorreta, ou ainda, se a penhora está em valor menor do que o devido;

IV — ilegitimidade das partes;

V — excesso de execução; nas hipóteses em que há erro nos valores executados;

VI — qualquer causa impeditiva, modificativa ou extintiva da obrigação, como pagamento, novação, compensação, transação ou prescrição, desde que superveniente à sentença.

6. *Títulos judiciais*

O rol dos títulos judiciais estão apresentados no art. 475 N do Código de Processo Civil, quais sejam:

> I — a sentença proferida no processo civil que reconheça a existência de obrigação de fazer, não fazer, entregar coisa ou pagar quantia; II — a sentença penal condenatória transitada em julgado; III — a sentença homologatória de conciliação ou de transação, ainda que inclua matéria não posta em juízo; IV — a sentença arbitral; V — o acordo extrajudicial, de qualquer natureza, homologado judicialmente; VI — a sentença estrangeira, homologada pelo Superior Tribunal de Justiça; VII — o formal e a certidão de partilha, exclusivamente em relação ao inventariante, aos herdeiros e aos sucessores a título singular ou universal.

Conforme devidamente elencado no § 1º, em se tratando de sentença penal; sentença estrangeira homologada pelo STJ ou formal de partilha, o mandado inicial poderá conter, se for o caso, citação do devedor para acompanhar a liquidação.

LI

Ação de Execução

1. Noções gerais do processo de execução. Natureza jurídica

O processo de conhecimento visa à declaração do direito, enquanto que, o processo de execução visa à atuação da norma jurídica concreta. Assim no processo de conhecimento, se discute a própria existência ou pertinência do direito, enquanto no processo de execução se pleiteia o que já se tem direito, porém, que ainda não se encontra satisfeito.

O processo de execução está atrelado a um título, que será extrajudicial. A ação de execução obedecerá às regras dos arts. 282 e 614 do CPC.

2. Conceito

Dinamarco[(1)] citando *Liebman* conceitua execução como sendo o:

> "conjunto de atos estatais através de que, com ou sem o concurso da vontade do devedor (e até contra ela), invade-se seu patrimônio para, à custa dele, realizar-se o resultado prático desejado concretamente pelo direito objetivo material".

O processo de execução é uma ação mista de cognição e execução, em que tiramos um bem do patrimônio do devedor para saldar a dívida do mesmo com seu credor.

3. Princípios

Já se viu que os princípios são norteadores do processo, todavia dentre todos os princípios processuais, alguns são mais reflexivos no processo de execução.

Passemos, pois a estudá-los:

Princípio da efetividade do processo executivo

É esse princípio processual também aplicável à execução, se resumiria a dar a quem tem determinado direito, exatamente aquilo que tenha direito

---

(1) LIEBMAN *apud* DINAMARCO, Candido Rangel. *Op. cit.*

a conseguir. Ou em outras palavras, consiste na obtenção pelo credor, do crédito, coisa ou direito a que tenha, em face do devedor.

Assim na execução por quantia certa, o processo de execução só terá efetividade se for capaz de assegurar ao titular exeqüente a soma de dinheiro a que faz jus. Na execução para entrega de coisa, a efetividade do processo depende de sua aptidão para garantir que o exeqüente receba a coisa que lhe é devida. Nas obrigações de fazer e de não fazer, a efetividade se resumiria na garantia no cumprimento ou não da prestação devida.

Princípio do menor sacrifício possível do executado

Ele representa uma evolução histórica, já que antigamente a dívida recaía sobre o próprio corpo do devedor. Hoje se apresentam limites à execução, como a impenhorabilidade dos bens de família.

A previsão legal inserta no art. 620 do CPC, prevê que quando por vários meios o credor puder promover a execução, o juiz mandará que se faça pelo modo menos gravoso para o devedor ainda vigia apesar de hoje o credor ter a opção da escolha do bem penhorado.

Princípio do contraditório

È discutível a existência deste princípio no processo de execução. *Humberto Theodoro Jr., Alfredo Buzaid,* entendem que não haverá contraditório no processo executivo, já que o executado somente se defenderá através de uma nova ação (embargos); já *Moacyr Amaral, Frederico Marques* argumentam que o princípio do contraditório no processo de execução é atenuado; entretanto, admitindo o contraditório até por previsão Constitucional (art. 5º, LV), temos *Dinamarco* que exemplifica dizendo que a citação para pagamento, sob pena de penhora, são característicos do contraditório.

Certo é, porém, que na execução o devedor não responde as alegações do credor nos autos da mesma ação, ao contrário, ajuíza uma ação incidental, cujo teor estará adstrito aos ditames legais.

Princípio do desfecho único

No processo executivo o único desfecho possível é o pagamento do crédito. A extinção da execução por falta de pressuposto processual é desfecho anômalo no processo. (Assim se no processo cognitivo para desistir da ação, após a citação, há necessidade da anuência do réu, na execução não será necessário, salvo se o executado tiver apresentado embargos, conforme disposto no art. 569(2) do CPC).

---

(2) Art. 569 — O credor tem a faculdade de desistir de toda a execução ou de apenas algumas medidas executivas.
Parágrafo único — Na desistência da execução, observar-se-á o seguinte:

4. *Competência*

O Código de Processo Civil em seus arts. 575 e seguintes tratam da competência do processo de execução e essa levará em conta, sempre, a natureza do crédito que originou o título, assim ela será:

A. funcional (art. 93 do CPC) — O art. 575 CPC[(3)] estabelece as hipóteses de ajuizamento da ação de execução e se fundamentará no critério funcional ou hierárquico;

B. material (art. 91 do CPC) — A competência da execução levará em conta a matéria que objetivou a execução, isto é, a natureza da alegação argüida no processo;

C. por valor (art. 91 do CPC) — que levará em consideração o valor pleiteado ao processo;

D. territorial (arts. 94 e ss. do CPC) — Se determina que nas execuções fiscais, se deverá levar em conta o foro e a comarca do devedor — art. 578[(4)] do CPC.

No cumprimento de sentença também a competência funcional, a princípio, será a mesma do processo de conhecimento que originou a sentença condenatória; todavia se os bens do executado não estiverem no local da execução a competência é cedida ao juízo deprecado (penhora, avaliação e alienação do bem). Essa regra vale também para execução baseada num título extrajudicial.

Todavia se for sentença penal condenatória, sentença estrangeira homologada ou adjudicação de quinhão hereditário se obedecerão as regras específicas e, assim, a sentença penal condenatória será executada no juízo civil competente (art. 575 do CPC); a sentença estrangeira homologada no Superior Tribunal de Justiça será executada em uma das varas federais (art. 109, X da CF); quanto à adjudicação de quinhão hereditário, será competente o juiz do inventário.

---

a) serão extintos os embargos que versarem apenas sobre questões processuais, pagando o credor as custas e os honorários advocatícios;

b) nos demais casos, a extinção dependerá da concordância do embargante.

(3) Art. 575 — A execução, fundada em título judicial, processar-se-á perante:

I — os tribunais superiores, nas causas de sua competência originária;

II — o juízo que decidiu a causa no primeiro grau de jurisdição;

III — (*Revogado pela Lei n. 10.358, de 27.12.2001*);

IV — o juízo cível competente, quando o título executivo for sentença penal condenatória ou sentença arbitral.

(4) Art. 578 — A execução fiscal (art. 585, VI) será proposta no foro do domicílio do réu; se não o tiver, no de sua residência ou no do lugar onde for encontrado.

Parágrafo único — Na execução fiscal, a Fazenda Pública poderá escolher o foro de qualquer um dos devedores, quando houver mais de um, ou o foro de qualquer dos domicílios do réu; a ação poderá ainda ser proposta no foro do lugar em que se praticou o ato ou ocorreu o fato que deu origem à dívida, embora nele não mais resida o réu, ou, ainda, no foro da situação dos bens, quando a dívida deles se originar.

Já quando o título for extrajudicial obedecerá às regras gerais de competência. Por exemplo, o lugar de residência do executado — arts. 88-90; 91-124 do CPC.

5. *Legitimidade*

A legitimidade no processo de execução vem disciplinada nos arts. 566 a 568 do CPC, ou seja, o credor a quem a lei confere o título executivo, o MP, o espólio, os herdeiros ou sucessores, o cessionário, o sub-rogado.

A legitimidade ordinária e comum é do credor que constar no título, entretanto se a obrigação for solidária, qualquer deles poderá ajuizar a execução, inclusive, sozinho.

No tocante à legitimidade passiva é daquele que constar no título, ou seja, o devedor (ou seus herdeiros e sucessores, cedentes).

6. *Pressupostos da execução*

Assim como o processo de conhecimento a execução apresenta pressupostos processuais gerais e específicos, como se verá detalhadamente dentro em breve, por hora é importante consignar que dentre os pressupostos específicos temos:

Título executivo — nulla executio sine *titulo*

Liquidez e exigibilidade

Descumprimento da obrigação por parte do obrigado, isto é, *inadimplemento* — art. 580.

7. *Espécies de execução*

A execução apresentará várias espécies, sempre atreladas a óticas diversas, desta forma poderemos dizer que:

Quanto à eficácia do título executivo pode ser execução definitiva — fundada em título extrajudicial ou em sentença transitada em julgado (arts. 467 e 587 do CPC) ou provisória, quando fundada em sentença, na qual paira recurso recebido apenas no efeito devolutivo. A execução provisória sujeita-se a algumas restrições de forma que o credor se responsabilizará pelo fornecimento da caução que garanta o devedor; não abrange os atos que importe em transferência de domínio; torna-se sem efeito quando houver modificação da sentença (art. 475-O do CPC).

Quanto à natureza executiva ou seu conteúdo, a execução pode ser:

Execução para entrega da coisa — art. 621 do CPC;

Execução de fazer ou não fazer — art. 632 do CPC;

Execução por quantia certa se divide em devedor solvente — art. 646 do CPC (Dentre os devedores solventes tem execução contra a Fazenda Pública e alimentícia) e

Execução contra devedor insolvente — art. 748 do CPC.

8. Títulos executivos

Como já visto anteriormente, os títulos executivos são:

Judiciais – art. 475 N do CPC;

Extrajudiciais — art. 585 do CPC.

LII

Requisitos do Processo de Execução

1. *Requisitos gerais do processo (pressupostos processuais e condições da ação)*

No processo de execução aplicam-se, a princípio, as regras gerais e pressupostos processuais do processo de conhecimento. Assim dever-se-ão cumprir as exigências previstas nos arts. 2º; 3º; 6º; 267 e 295 do CPC.

Desta forma, no processo executivo, deve-se buscar a jurisdição; as partes necessitam de capacidade postulatória, bem como necessário será que se façam representar por um advogado; deve ainda a ação ser interposta no juízo competente; bem como deve o julgador não estar impedido.

Como qualquer outra ação, a petição inicial, no processo de execução, deverá cumprir os requisitos previstos no art. 282 do CPC, afora, é claro, observada as condições gerais da ação (interesse; possibilidade jurídica do pedido e legitimidade).

2. *Requisitos específicos do processo de execução*

No processo de execução não se discute o direito, de forma que somente se verão as alegações do executado (pólo passivo) em ação incidente, isto é, nos embargos.

Como pressuposto processual do processo de execução, a existência de *título, extrajudicial*. Outro requisito específico é que esse título seja *líquido, certo e exigível.*

Por fim o requisito derradeiro é o *inadimplemento*, total ou parcial, por parte do executado. É certo que o inadimplemento está intimamente ligado à exigibilidade do título.

3. *Título executivo*

Já sabemos que o título executivo pode ser judicial ou extrajudicial. Porém o estudaremos mais atentamente no decorrer do trabalho sabendo-se que somente os títulos extrajudiciais ensejam ação da execução.

4. *Liquidez, certeza e exigibilidade*

São requisitos intrínsecos ao título a liquidez, a certeza e a exigibilidade.

A certeza está intimamente ligada ao próprio título e sua existência fazendo, pois, com que o processo de execução ou a fase executória do processo de conhecimento não traga em seu bojo qualquer discussão acerca da existência ou não da obrigação, ou do direito. De forma que eventual discussão já se desenvolveu no processo de conhecimento que a anteriorizou, ou se dará posteriormente nos embargos nos casos de processo executório. Vê-se, pois, que a certeza se refere ao título não ao direito. Pode-se, também, dizer que a certeza esta atrelada à própria cartularidade do título executivo.

Quanto à exigibilidade, outro requisito do título, ocorre quando houver clara determinação de que a obrigação já deveria ter sido cumprida. Está, pois, ligada ao adimplemento, à prescrição, dentre outras hipóteses. Desta feita não é exigível o título que, embora vencido, esteja prescrito.

A liquidez se refere à exata quantia devida ou, pode-se dizer, é a exata expressão do valor ou a individualização do bem que será objeto da execução.

É importante ressaltar que, conforme determina o art. 582[1] do CPC, não se poderá executar uma prestação se a mesma se der após o cumprimento de uma contraprestação da outra parte.

5. *Inadimplemento*

O *inadimplemento*, total ou parcial, por parte do executado está previsto nos arts. 580 e 581[2] do CPC. Sendo certo que o código considera inadimplente o devedor que não satisfaz, espontaneamente, o direito reconhecido pela sentença ou, ainda, a obrigação advinda de título executivo.

É, pois, o não-pagamento do *quantum debeatur.*

---

(1) Art. 582 — Em todos os casos em que é defeso a um contraente, antes de cumprida a sua obrigação, exigir o implemento da do outro, não se procederá à execução, se o devedor se propõe satisfazer a prestação, com meios considerados idôneos pelo juiz, mediante a execução da contraprestação pelo credor, e este, sem justo motivo, recusar a oferta.

Parágrafo único — O devedor poderá, entretanto, exonerar-se da obrigação, depositando em juízo a prestação ou a coisa; caso em que o juiz suspenderá a execução, não permitindo que o credor a receba, sem cumprir a contraprestação, que lhe tocar.

(2) Art. 580 — Verificado o inadimplemento do devedor, cabe ao credor promover a execução.

Art. 581 — O credor não poderá iniciar a execução, ou nela prosseguir, se o devedor cumprir a obrigação; mas poderá recusar o recebimento da prestação, estabelecida no título executivo, se ela não corresponder ao direito ou à obrigação; caso em que requererá ao juiz a execução, ressalvado ao devedor o direito de embargá-la.

LIII

Título Executivo

1. *Conceito*

O vocábulo título é amplo, não se relacionando diretamente às questões de direito processual ou à própria execução, sendo um conceito abrangente, que se refere a vários ramos do direito.

Titulo executivo "é cada um dos atos jurídicos que a lei reconhece como necessários e suficientes para legitimada a realização da execução, sem qualquer nova ou prévia indagação acerca da existência do crédito".[(1)]

Segundo *Eduardo J. Couture* "o título executivo é o ato jurídico que autoriza a promover a via executiva".[(2)]

Ou ainda, conforme ensinamento de *José Frederico Marques* "título executivo é a denominação dada à prestação típica provida de força executiva, quando certa, líquida e exigível".[(3)]

Em outras palavras, é o documento necessário, que, preenchendo os requisitos da lei, qual seja, certeza, liquidez e exigibilidade, garante a interposição da tutela jurisdicional executiva.

2. *Natureza jurídica*

Quanto à natureza jurídica, muito discutiram a respeito os processualistas italianos, discussão essa que acabou adentrando no nosso ordenamento jurídico.

Assim *Carnelutti,* defendendo a teoria documental, vê o título executivo como prova. Seus críticos não concordam porque no processo de execução a certeza do crédito é pressuposto.

Liebman vê no título a Teoria do Ato Jurídico em que o título seria o ato jurídico que se incorpora à sanção; tendo, portanto, eficácia constitutiva, de forma que origina a ação de execução.

Ítalo Andolina vê no título executivo tanto a natureza probatória, como a de ato jurídico.

---

(1) WAMBIER, Luis Rodrigues e outros. *Curso de processo civil avançado,* p. 46.

(2) COUTURE. *Fundamentos do direito processual civil,* p. 391.

(3) MARQUES, José Frederico. *Instituições de direito processual civil,* v. V, p. 17.

Vê-se, de certa forma, que a terceira corrente unifica as duas posições anteriores, o que parece mais acertado, já que além do título ser o ato jurídico que justifica e autoriza a execução, ele também é a prova essencial que a justifica.

3. *Forma de apresentação do título executivo*[4]

Se analisarmos a feição documental do título, podemos classificá-lo como sendo:

Original da sentença (é a própria sentença. Sempre quando se inicia a fase executiva da sentença condenatória);

Certidão da sentença (dá-se com a extração de certidão para que se execute em outros autos ou através de carta de sentença);

Documentos extrajudiciais (serão todos os documentos públicos ou particulares os quais terão força executiva por expressa previsão legal).

4. *Divisão do título*

4.1. Títulos executivos judiciais

Os títulos executivos judiciais estão elencados no art. 475-N do CPC em número *clausus* ou de forma taxativa, quais sejam:

I — a sentença proferida no processo civil que reconheça a existência de obrigação de fazer, não fazer, entregar coisa ou pagar quantia;

II — a sentença penal condenatória transitada em julgado;

III — a sentença homologatória de conciliação ou de transação, ainda que inclua matéria não posta em juízo;

IV — a sentença arbitral;

V — o acordo extrajudicial, de qualquer natureza, homologado judicialmente;

VI — a sentença estrangeira, homologada pelo Superior Tribunal de Justiça;

VII — o formal e a certidão de partilha, exclusivamente em relação ao inventariante, aos herdeiros e aos sucessores a título singular ou universal.

4.2. Títulos executivos extrajudiciais

Os títulos elencados no art. 585[5] do CPC podem ser classificados em particulares e públicos.

(4) SHIMURA, Sérgio. *Título executivo*, p. 134.

(5)*Art. 585, CPC* — São títulos executivos extrajudiciais:

I — a letra de câmbio, a nota promissória, a duplicata, a debênture e o cheque;

II — a escritura pública ou outro documento público assinado pelo devedor; o documento particular assinado pelo devedor e por duas testemunhas; o instrumento de transação referendado pelo Ministério Público, pela Defensoria Pública ou pelos advogados dos transatores;

Por particulares temos a letra de câmbio, nota promissória, a duplicata, o cheque; já são exemplos de documentos públicos a confissão de dívida por instrumento público, ou ainda a hipoteca, o penhor e a anticrese.

III — os contratos garantidos por hipoteca, penhor, anticrese e caução, bem como os de seguro de vida;
IV — o crédito decorrente de foro e laudêmio;
V — o crédito, documentalmente comprovado, decorrente de aluguel de imóvel, bem como de encargos acessórios, tais como taxas e despesas de condomínio;
VI — o crédito de serventuário de justiça, de perito, de intérprete, ou de tradutor, quando as custas, emolumentos ou honorários forem aprovados por decisão judicial;
VII — a certidão de dívida ativa da Fazenda Pública da União, dos Estados, do Distrito Federal, dos Territórios e dos Municípios, correspondente aos créditos inscritos na forma da lei;
VIII — todos os demais títulos a que, por disposição expressa, a lei atribuir força executiva.

LIV

Responsabilidade Patrimonial

1. Noções gerais

O direito do credor corresponde a obrigação do devedor em pagar, bem como uma responsabilidade incidente sobre o patrimônio do mesmo.

Por isso o art. 591 do CPC determina que o devedor responde, para o cumprimento de suas obrigações, com todos os seus bens, com as exceções previstas na lei, ou seja, o bem de família.

Isso quer dizer que a execução é uma responsabilidade patrimonial, de forma que ela não recai sobre a pessoa do devedor, mas sobre os bens que lhe pertençam.

> "Não obstante isso, a lei reconhece ao devedor plena liberdade de contratar e, por conseguinte, de alienar seus bens, com o único limite de não serem as alienações feitas com conhecimento do prejuízo que se vai causar aos credores por falta de outros bens capazes de garantir-lhes a satisfação de seus direitos. A lei desaprova a alienação feita nessas condições, pois a qualifica de fraudulenta."(1)

1.1. Bens não sujeitos à execução

Cabe aqui consignar que mesmo incidindo a execução sobre os bens do devedor, alguns deles não poderão ser penhorados.

Tais bens vêm elencados no art. 649(2) do CPC; os gravado com hipoteca; os bens de família, previstos na Lei n. 8.009/90 (a própria lei apresenta as exceções em seu art. 3º).

---

(1) LIEBMAN, Enrico Tullio. *Processo de execução.* São Paulo: Saraiva, n. 44, 1946. p. 76.

(2) São absolutamente impenhoráveis: I — os bens inalienáveis e os declarados, por ato voluntário, não sujeitos à execução; II — os móveis, pertences e utilidades domésticas que guarnecem a residência do executado, salvo os de elevado valor ou que ultrapassem as necessidades comuns correspondentes a um médio padrão de vida; III — os vestuários, bem como os pertences de uso pessoal do executado, salvo se de elevado valor; IV — os vencimentos, subsídios, soldos, salários, remunerações, proventos de aposentadoria, pensões, pecúlios e montepios; as quantias recebidas por liberalidade de terceiro e destinadas ao sustento do devedor e sua família, os ganhos de trabalhador autônomo e os honorários de profissional liberal, observado o disposto no § 3º deste artigo; V — os livros, as máquinas, as ferramentas, os utensílios, os instrumentos ou outros bens móveis necessários ou úteis ao exercício de qualquer profissão; VI — o seguro de vida; VII — os materiais necessários para obras em andamento, salvo se essas forem penhoradas; VIII — a pequena propriedade rural, assim definida em lei, desde que trabalhada pela família; IX — os recursos públicos recebidos

1.2. Bens de terceiros sujeitos à execução

O próprio Código de Processo Civil, em seu art. 592 CPC, elenca os bens que estão sujeitos à execução, ou seja, os bens do sucessor, do sócio do devedor, do cônjuge e os alienados ou gravados em fraude de execução. (é certo que nesta hipótese, como se verá adiante, ao terceiro lesado caberá interpor embargos de terceiro, sempre que for o caso).

2. *Conceito*

Cândido Rangel Dinamarco explica a responsabilidade civil como sendo a "situação meramente potencial, caracterizada pela sujeitabilidade do patrimônio de alguém às medidas executivas, à atuação da vontade concreta do direito material".[(3)]

Carnelutti define "a responsabilidade como sujeição aos atos que constituem a atuação das sanções jurídicas..."[(4)]

São portanto os bens do patrimônio do devedor que poderão vir a garantir um débito.

3. *Três espécies de fraude*

Alexandre Freitas Câmara divide a alienação fraudulenta praticada pelo devedor em três espécies, dando-lhe uma graduação de gravidade. De forma que a menos grave seria fraude contra credores e a mais grave a alienação do bem penhorado, ficando entre elas a fraude à execução.[(5)]

3.1. Fraudes contra credores

Fraude, também se denomina de fraude pauliana, ocorrerá sempre que o devedor, ciente do seu débito, alienando seus bens, chegando a completa insolvência.

Aqui ainda não existe a execução e o devedor que se sabe insolvente vende o seu patrimônio com o fim de lograr êxito e se eximir de pagamento de dívida, de forma que é necessário, nesta hipótese, a intenção de "dano" ao credor.

---

por instituições privadas para aplicação compulsória em educação, saúde ou assistência social; X — até o limite de 40 (quarenta) salários mínimos, a quantia depositada em caderneta de poupança; XI — os recursos públicos do fundo partidário recebidos, nos termos da lei, por partido político.

(3) DINAMARCO, Cândido Rangel. *Execução civil*. 5. ed. São Paulo: Malheiros, 1997.

(4) CARNELUTTI *apud* DINAMARCO, Cândido Rangel. *Execução civil*. 5. ed. São Paulo: Malheiros, 1997.

(5) CÂMARA, Alexandre Freitas. *Lições de direito processual civil*. 3. ed. Rio de Janeiro: Lumen Juris, 2000. v. II, p. 172.

3.2. Fraudes de execução

Peculiar do direito brasileiro, não encontrará semelhança no direito estrangeiro.

O art. 593, II[(6)] elenca as hipóteses de fraude à execução, ou seja, quando, ao tempo da alienação ou oneração do bem, havia uma ação que poderia tornar o devedor insolvente.

Há ainda a hipótese de onerar-se o bem sobre o qual pende-se ação real — art. 593, I[(7)] do CPC, está normalmente ligado à execução para entrega de coisa certa.

3.3. Alienação de bem penhorado

É essa a pior das fraudes, pois o devedor, depositário do bem, aliena o mesmo apesar de já ter sido o mesmo excutido de seu patrimônio.

Ou, podemos dizer que consiste em onerar o bem após o mesmo já estar servindo de garantia em um juízo executivo. A fraude existirá, ainda que o devedor tenha em seu patrimônio outros bens que garantam a execução.

É aqui que o depositário infiel, estará sujeito à prisão civil. Há neste ponto controvérsias, pois, sendo o Brasil subscritor do Pacto de São José da Costa Rica, não deveria prender o depositário infiel, pois o Pacto prevê a prisão civil, apenas nos casos de dívida alimentícia (no Brasil a prisão civil é pedida sempre que houver indícios de burla a lei, como por exemplo, quando o depositário ainda que não tenha onerado o bem, se oculta de uma intimação).

---

(6) Art. 593. ...
II — quando, ao tempo da alienação ou oneração, corria contra o devedor demanda capaz de reduzi-lo à insolvência;

(7) Art. 593, I ...
I — quando sobre eles pender ação fundada em direito real.

LV

Liquidação da Sentença

1. Noções gerais

A Lei n. 8.898, de 29.6.1994, alterou o dispositivo da liquidação de sentença, de forma que as espécies foram reduzidas, já que anteriormente sempre que se tivesse uma sentença pendente exclusivamente de cálculo, se determinava a liquidação por cálculo do contador.

Hoje, porém, isso foi abolido, assim cabe a própria parte, nos termos do disposto no art. 604 do CPC, apresentar o respectivo cálculo. Tal decisão visou principalmente à redução de empecilhos, de forma a prestigiar o princípio da celeridade e da economia processual.

2. Finalidade

A liquidação se dará em todos os processos em que a sentença proferida dá-se sobre pedido genérico (art. 286[1] do CPC), já que nessas hipóteses a sentença proferida não estará atrelada ao disposto no parágrafo único[2], do art. 459 do CPC.

A sentença ilíquida, necessita de ser liquidada e isso ocorrerá quando:

- a sentença condena ao pagamento de perdas e danos, sem, entretanto, fixar o valor especificamente;
- condena-se no pagamento da restituição de frutos;
- quando ao invés da coisa devida o credor prefere o valor correspondente ao mesmo. Ex.: obrigação de fazer quando se converte em perdas e danos.

---

(1) Art. 286 — O pedido deve ser certo ou determinado. É lícito, porém, formular pedido genérico:
I — nas ações universais, se não puder o autor individuar na petição os bens demandados;
II — quando não for possível determinar, de modo definitivo, as conseqüências do ato ou do fato ilícito;
III — quando a determinação do valor da condenação depender de ato que deva ser praticado pelo réu.

(2) Art. 459 — O juiz proferirá a sentença, acolhendo ou rejeitando, no todo ou em parte, o pedido formulado pelo autor. Nos casos de extinção do processo sem julgamento do mérito, o juiz decidirá em forma concisa.
Parágrafo único — Quando o autor tiver formulado pedido certo, é vedado ao juiz proferir sentença ilíquida.

3. *Natureza jurídica*

A liquidação é segundo *Amílcar Castro* "o processo preparatório em que se determina o objetivo da condenação, a fim de se dar ao vencido possibilidade de cumprir o julgado, e ao vencedor possibilidade de executá-lo depois de verificado o inadimplemento".[(3)]

Quanto à natureza jurídica do processo de liquidação pode-se asseverar que é um processo autônomo e preparatório, cujo objetivo é a apuração do valor a ser executado.

4. *Espécies de liquidação*

4.1. Liquidação por artigos — Arts. 475-A e 475-G do CPC

A liquidação se dará por artigos, sempre que houver necessidade do autor de alegar fato novo, ou quando o contraditório deve se dar de forma mais ampla. Assim por exemplo quando ajuizada a ação se pede indenização do pé, todavia posteriormente se verifica que o dano foi maior, e teve que se amputar a perna; tem se aqui um fato novo, superveniente à sentença, que necessitará de um contraditório mais amplo.

Também nas hipóteses de dano moral puro, se fará a liquidação por artigo, para que se propicie ao devedor uma ampla defesa. E certo, porém, que aqui também se poderá apurar a liquidação por arbitramento.

4.2. Liquidação por arbitramento — Arts. 475-C e D do CPC

Na liquidação por arbitramento o credor vem buscar o arbitramento, para que a sentença se torne exeqüível. Para tanto o juiz nomeará um perito, fixando-lhe prazo para entregar o laudo.

Após a entrega do laudo as partes se manifestarão em 10 dias, decorrido esse prazo o juiz proferira decisão ou designará audiência para melhor instruir a decisão.

Ambas as liquidações serão ações apêndices dentro do processo principal, com trâmite conforme se verificará dos organogramas anexos.

4.3. Liquidação por cálculo — Art. 475-B

Na liquidação por cálculo temos uma mera atualização monetária, em que a parte apresentará o memorial demonstrativo da conta.

(3) CASTRO, Amilcar de. *Comentários ao CPC*. São Paulo: Revista dos Tribunais, 1974..

Liquidação por Artigo — Organograma

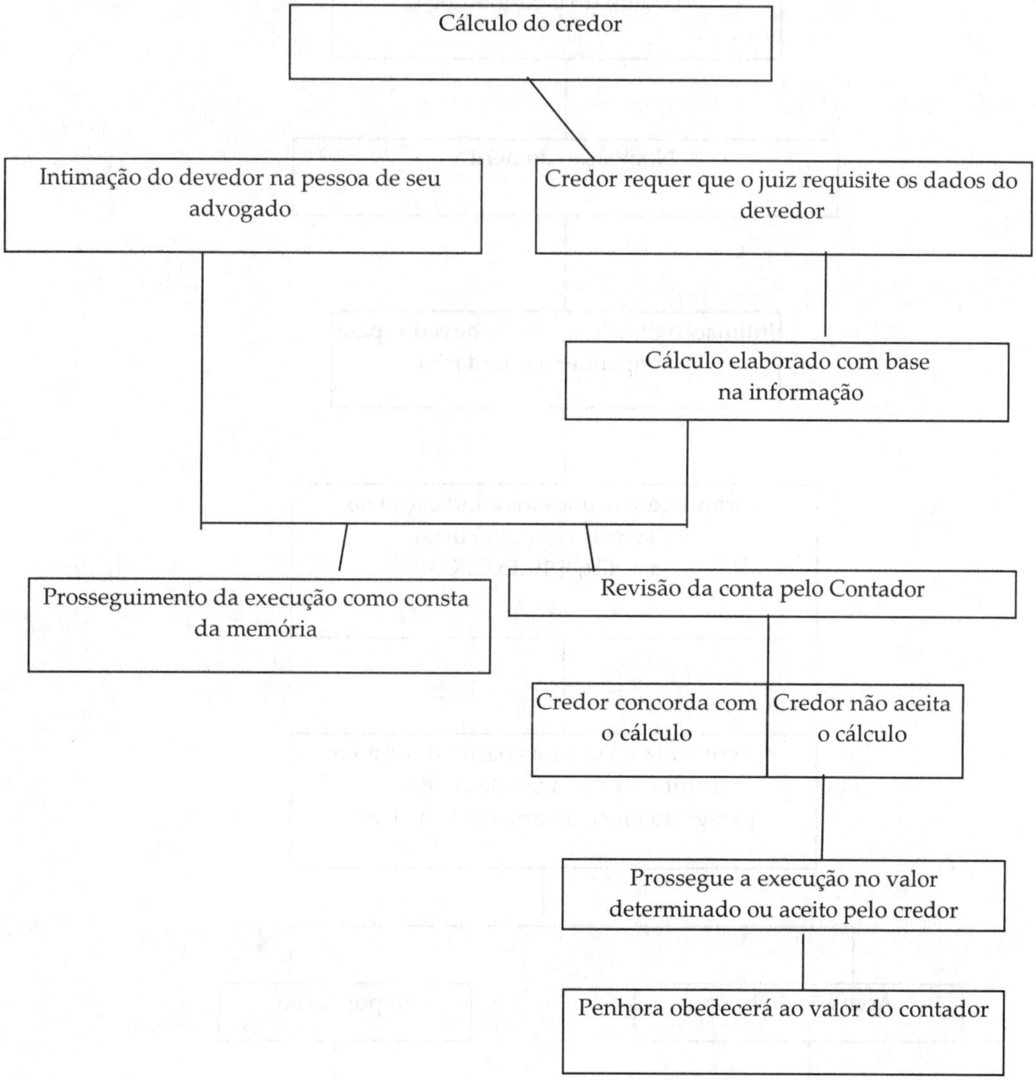

Liquidação por Arbitramento — Organograma

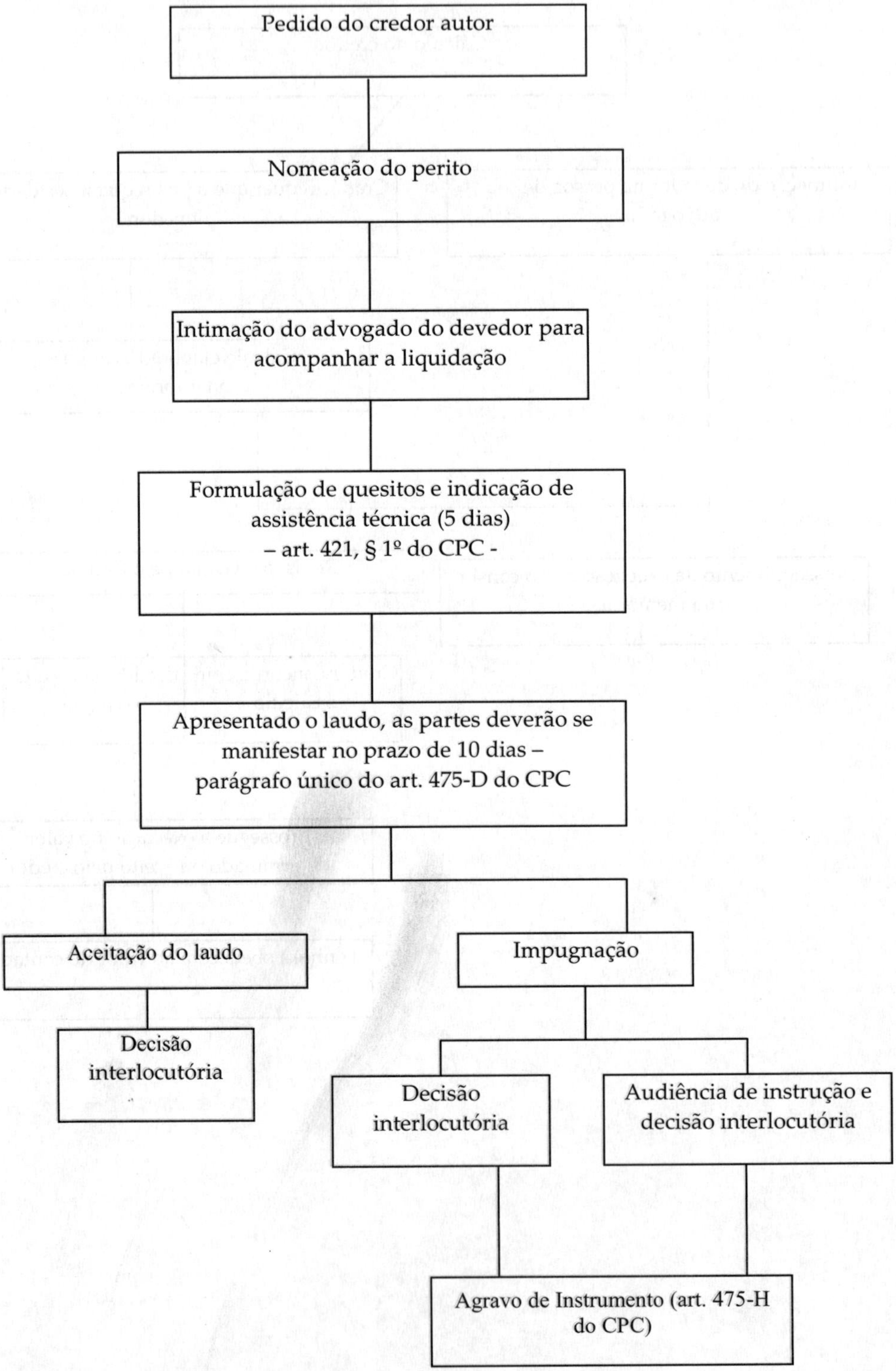

Liquidação por Artigo — Organograma

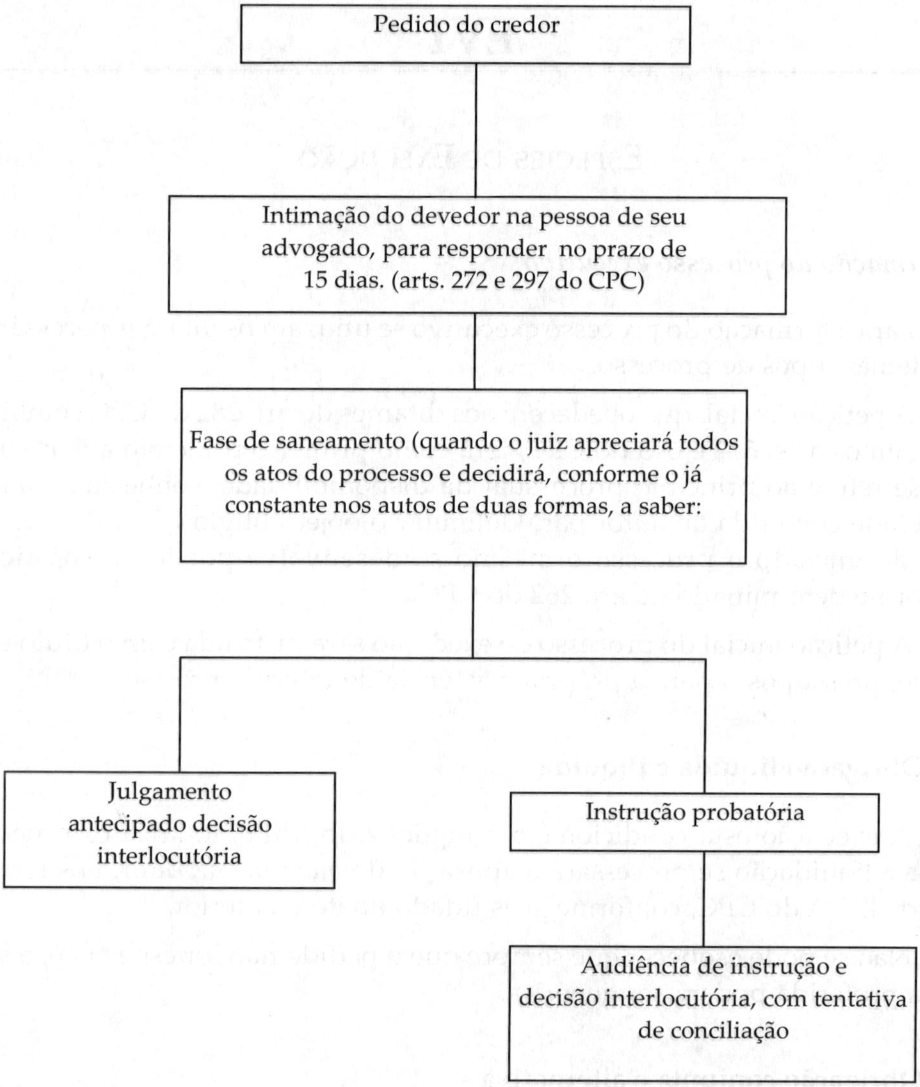

LVI

Espécies de Execução

1. Formação do processo executivo

Para a formação do processo executivo se utilizam os ditames necessários aos demais tipos de processo.

A petição inicial, que obedecerá aos ditames do art. 282 do CPC combinados com os arts. 614 e 615 do CPC, terá como primeiro princípio a demanda, que se refere ao princípio processual da disponibilidade, conhecido como a faculdade conferida ao autor para delimitar o objeto litigioso, sendo que depois de iniciado o processo o mesmo se desenvolve por impulso oficial, conforme determinado no art. 262 do CPC.

A petição inicial do processo de execução será instruída com o título executivo, pressuposto para a própria existência de referido processo.

1.1. Obrigação líquida e ilíquida

A execução está condicionada à liquidez do título, todavia caso não se tenha a liquidação se processará a apuração do *quantum debeatur*, nos termos do art. 475-A do CPC, conforme já estudado no item anterior.

Não se pode esquecer que sempre que o pedido não for específico, a sentença proferida poderá ser genérica.

1.2. Obrigação conjunta e alternativa

Pode-se também ter obrigações cujas prestações sejam múltiplas, isso é, num título tem-se a obrigação de fazer duas coisas distintas.

Sendo certo que na múltipla o adimplemento se dá com a execução das duas obrigações, enquanto na alternativa o adimplemento se dará com o cumprimento de uma obrigação.

O art. 571 prevê que nas obrigações alternativas, quando a escolha couber ao devedor, este será citado para exercer a opção e realizar a prestação dentro de 10 (dez) dias, se outro prazo não lhe foi determinado em lei, no contrato ou na sentença.

Nota-se que, nos termos do § 1º, se devolverá ao credor a opção, se o devedor não a exercitou no prazo marcado.

Todavia, se a escolha couber ao credor, este a indicará na petição inicial da execução (§ 2º do art. 571 do CPC).

1.3. Obrigação condicional ou a termo

Para esse tipo de obrigação, a execução, exige-se que seja cumprida a reserva para que então se possa proceder a execução.

Assim, se o título surge dessa obrigação, o pressuposto para a própria validade da ação é condicionado conforme o disposto no art. 572 do CPC.

1.4. Obrigação divisível e indivisível

A obrigação divisível é claramente explicada pela própria denominação, pois ela admite a separação do cumprimento da obrigação, enquanto a indivisível não poderá ser cindida, devendo, portanto, ser cumprida integralmente.

2. Execução por quantia

A execução por quantia é o mais comum dos procedimentos executivos, pois em geral o título executivo corresponde a um valor a ser recebido.

Várias vezes ainda outras espécies de execução acabam se tornando execuções de valores ou quantia.

Nos próximos itens se estudará essa espécie de execução com todas as suas características.

3. Execução de obrigação de fazer e não fazer

Execução advinda da obrigação de fazer ou de não fazer algo. Quando aquele, que se comprometeu por título executivo extrajudicial a fazer algo ou então a não fazer, descumpre o avençado, é passível de sofrer essa execução cuja complexidade do procedimento será estudado mais adiante.

4. Execução de obrigação de dar ou entregar

No tocante à obrigação de dar ou entregar coisa é possível que a mesma seja certa ou incerta.

Na obrigação de coisa certa a execução se baseia em algo determinado por gênero e espécie, restando pois a execução de bem individualizado; já na execução de obrigação de dar coisa incerta, não se tem o objeto individualizado, estando apenas contido o gênero, devendo haver a individualização no momento futuro.

5. *Especiais*

As execuções especiais terão rito diferenciado, e características próprias. Para tanto tem-se que estudar cada uma delas em itens autônomos.

5.1. Execução de alimentos — Arts. 732 a 735 do CPC e Lei n. 5.478/68

Classifica-se tal execução tomando-se como base o seu objeto, podendo ser:

- execução de sentença que condena a prestar alimentos, a fim de compor a indenização decorrente de ato ilícito; nesta hipótese, se terá como base ou uma sentença condenatória civil ou penal. Em sendo uma sentença condenatória expedida no juízo civil, a execução se dará na própria ação; já quanto à condenação penal a competência da execução será de um juízo civil.
- execução de sentença que condena a prestar alimentos, que não decorra de ato ilícito. Nesta hipótese, a possibilidade de execução estará fundada em sentença condenatória proferida em processo de conhecimento ou em cautelar (hipótese de alimentos provisórios). Entretanto, há de se aplicar em ambos os casos as regras de cumprimento da sentença, no tocante à citação para pagamento, todavia, somente se admitirá penhora e conseqüente embargos no tocante à execução de prestações vencidas; quanto as vincendas, o não-pagamento poderá provocar o pedido de prisão do executado se este não pagar nem justificar o motivo pelo qual não o fez no prazo de 3 dias. Como se verá melhor mais adiante.

5.2. Execução fiscal — Lei n. 6.830/80

Esta, prevista em lei especial, baseia-se na execução contra devedor solvente fundada em título executivo extrajudicial (certidão da inscrição na dívida ativa). Essa execução apresenta algumas características especiais como por exemplo os embargos poderem ser interpostos no prazo de 30 dias; na arrematação exige a lei a intimação pessoal da Fazenda, enquanto o executado será intimado por edital.

5.3. Execução contra a Fazenda Pública— Art. 730 do CPC e art. 100 da CF

As execuções contra a Fazenda Pública em geral serão fundadas em título judicial ou excepcionalmente em título extrajudicial.

Nas execuções contra a Fazenda a mesma pode opor embargos independentemente de penhora ou qualquer garantia da execução, sendo que o prazo de 10 dias e 30 dias quando conferido ao INSS.

Nessas execuções, o recebimento do crédito se dará através da expedição de precatórios, que como se verá, obedecerá à ordem cronológica de chegada, excepcionando-se os créditos alimentícios.

LVII

Execução para Entrega de Coisa

1. *Disposições gerais*

O art. 621 do CPC sofreu nova alteração de maneira que a execução para entrega de coisa certa, disposta no título extrajudicial, para entregar a coisa em 10 dias, ou apresentar embargos. É certo que, agora, deferiu-se ao juiz o direito de estipular multa por atraso.

1.1. Conceito

Moacyr Amaral Santos define-a como sendo correspondente às obrigações de dar em geral, sendo indiferente a natureza do direito a efetivar, que tanto pode ser real como pessoal.

Na obrigação de dar coisa certa, o objeto da prestação do sujeito passivo está individuado desde a sua constituição (*Fabio Ulhoa Coelho*: 2004. p. 42).

Assim nesta execução, o que se pretende é obter aquilo que está no patrimônio do devedor, mas que deveria ser transmitido ao credor, nos termos do pactuado no título, não podendo haver alteração dessa avença.

2. *Procedimento*

O devedor, uma vez citado, poderá agir de quatro formas distintas:

• Citado entrega a coisa sem opor qualquer resistência, no prazo de 10 dias. Se a execução se fundar apenas na entrega da coisa, extingue-se a mesma. Porém se ainda houver a cobrança de indenização pelos frutos ou por danos, prosseguirá a execução para recebimento de quantia certa.

• Citado, poderá então apresentar embargos, em 15 dias, contados da juntada aos autos do mandado citatório. A matéria dos embargos poderá ser o pedido de indenização por benfeitorias — art. 628 do CPC, cujo valor será apurado em liquidação, ou qualquer outro vício do título.

• Citado, o devedor permanece silente. Nesta hipótese se retira do patrimônio do devedor a coisa através de busca e apreensão ou imissão de posse conforme a natureza da coisa — art. 625 do CPC.

• Citado, não entrega a coisa por perecimento. Prossegue a execução por quantia certa contra devedor solvente, no preço mais perdas e danos.

Há ainda que se esclarecer que se a coisa for alienada, inclusive após litigiosa, ser-lhe-á tirada do patrimônio do terceiro, que somente poderá se manifestar após a entrega do bem — art. 626 do CPC.

2.1. Tutela específica

A tutela específica consiste na "tutela direta, aquela que busca proporcionar ao credor o mesmo resultado prático que ele obteria caso tivesse havido o adimplemento da obrigação..." (*Machado*: 2004. p. 620).

A tutela específica visa de forma inequívoca à garantia do princípio da efetividade do processo executivo, onde se tentará obter o direito sem grande delonga.

É exatamente isso que se visa obter com a tutela específica, e para isso faz-se necessária alguma ingerência, como por exemplo a própria concessão da tutela de forma antecipada.

LVIII

Execução para Entrega de Coisa Incerta

1. *Conceito*

A obrigação de dar coisa incerta "(também denominada obrigação genérica) a individuação do objeto da prestação tem lugar na execução" (*Fabio Ulhoa*: 2004. p. 50)

A coisa incerta está indeterminada, porém tem-se o gênero e quantidade a que pertence, faltando apenas a espécie desta forma a obrigação não está especificada.

É importante salientar que coisa incerta não é coisa fungível (caracterizada pela substitubilidade).

Assim a coisa incerta é, por exemplo, uma escultura de Michelangelo, porém não se menciona se será o Davi, o Moisés ou a Pietá. A incerteza surge porque Michelangelo esculpiu diversas esculturas, portanto falar em uma escultura é genérico.

A escolha obedecerá ao critério do Código Civil (art. 244 CC) ou de outra forma se assim se tiver convencionado no título que poderá atribuir a escolha ao credor ou ao devedor.

Será facultado à parte contrária preterida na escolha impugná-la no prazo de 48 horas.

2. *Procedimento*

A ação de execução para entrega de coisa incerta está disciplinada nos arts. 629 e 630 do CPC.

Essa execução difere da anterior por não ser o objeto individualizado, ou seja, está apenas determinada pelo gênero e pela espécie.

Nesta execução, o executado é citado para entregar a coisa que foi especificada pelo exeqüente, ou, quando a esse couber a escolha ao executado esse será citado para efetivar a escolha e entregar a coisa.

Nos termos do disposto no art. 630 do CPC, poderá impugnar a escolha, a outra parte, no prazo de 48 horas, cabendo ao juiz determinar sobre a escolha, ou caso entenda necessário, determinar a realização de perícia e decidir quanto à escolha.

Especificada a coisa, o procedimento passará a ser o mesmo da execução para entrega da coisa certa.

Ação de execução para entrega de coisa certa

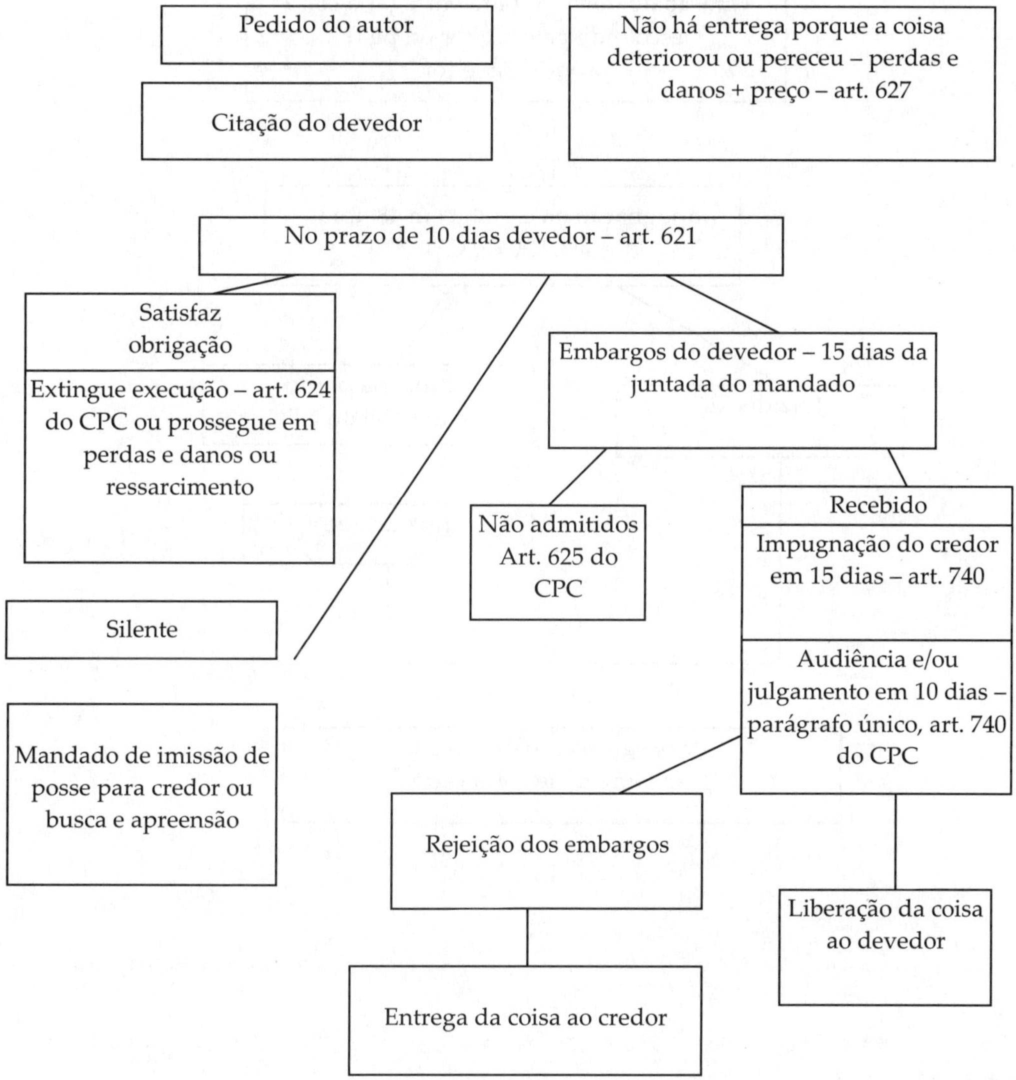

Ação de execução para entrega de coisa incerta

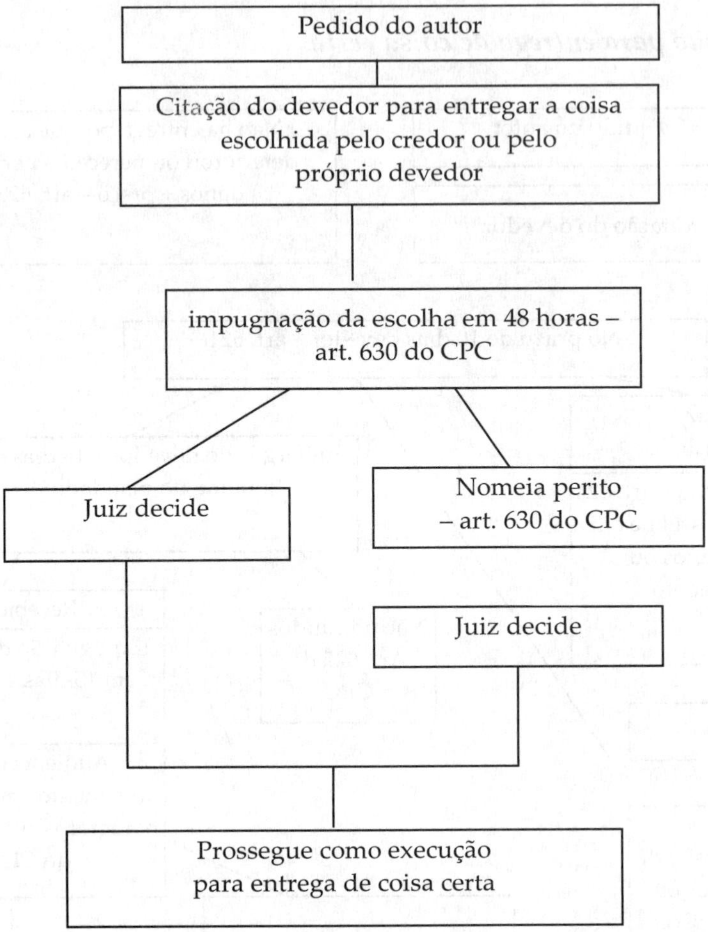

LIX

Execução das Obrigações de Fazer e Não Fazer

1. *Disposições gerais*

A obrigação de fazer está inserta no CPC nos arts. 632 até 638 do CPC.

Esta execução também sofreu modificação com o advento da Lei n. 11.382 de 6.12.2006, tornando-se mais simples com a retirada do processo licitatório.

1.1. Conceito

Segundo *Nelson Nery Jr.* e *Rosa Maria Andrade Nery* a obrigação de fazer é "um tipo de obrigação positiva que se caracteriza por ter como prestação um fazer do devedor".

"O objeto da obrigação de fazer não é uma coisa, mas um comportamento do sujeito passivo ... A conduta objeto da obrigação de fazer pode ser a prestação de serviços ou a prática de ato ou negócio jurídico." (*Fábio Ulhoa*: 2004. p. 60).

Assim, aqui se visa à busca de uma obrigação de fazer, que deverá ser cumprida pelo devedor (e somente por ele se personalíssima — coisa infungível), por um terceiro — coisa fungível —, quando possível ou revertida em perdas e danos.

1.2. Espécies

As obrigações de fazer classificam-se em fungíveis e infungíveis.

As obrigações de fazer fungíveis são aquelas que admitem a substituição do sujeito passivo responsável pela obrigação.

Desta forma se contrato alguém para reformar meu jardim, se o contratado não o fizer, poderei contratar outro para fazê-lo.

Por obrigação de fazer infungível deve-se entender como somente aquela que o próprio devedor deve cumprir. São as obrigações cuja natureza é *intuitu personae*

Podemos subdividir as obrigações infungíveis em juridicamente infungíveis, que consistem na obrigação de expedir determinada vontade; ou infungibilidade material, em que o devedor se obriga a executar algo. (*Fábio Ulhoa*: 2004. p. 64)

2. *Procedimento*

O devedor deverá peticionar atendendo aos arts. 614 e 615 do CPC e art. 282 do CPC no que couber.

Requer-se, então, a citação do devedor para executar a obrigação no prazo determinado pelo juiz, ou naquele estipulado no processo (art. 632 do CPC). Citado o devedor poderá:

- cumprir a obrigação, extinguindo o processo após satisfeitas as determinações judiciais (sucumbência). Não havendo o pagamento dessas verbas a execução prossegue na execução de quantia certa;
- embargar.

A terceira hipótese é uma vez citado o devedor esse nem cumpre a obrigação nem apresenta os embargos. Surge então a questão: se a coisa for infungível, ou seja, não podendo ser executada por terceiro, esta se converterá em indenização, devendo, nessa hipótese, as perdas e danos serem apuradas em liquidação, utilizando-se aqui o disposto no art. 475 letras C; D; E e F.

Todavia, se a execução for obrigação de fazer de coisa fungível, ou seja, puder ser prestada por terceiro, como por ex. a pintura de um muro; ou a colocação de um filtro na indústria, etc., requererá que o juiz assim determine a realização às expensas do devedor. Nesta hipótese determina o juiz, que o exeqüente (credor) apresente proposta de terceiros, hipótese em que determinará a realização da mesma, após oitiva das partes. É certo que aqui haverá o adiantamento do pagamento pelo exeqüente. Finalizada a obra ou serviço o juiz ouvirá as partes, em 10 dias, sendo que a não-manifestação implica em considerar cumprida a obrigação.

Caso o terceiro não o pratique no prazo, ou não o faça de forma completa ou eficiente, ao credor será facultado requerer ao juiz, no prazo de 10 dias, que o autorize a fazer a obra ou repará-la por conta do contratante. Nesta hipótese o terceiro se manifestará em 5 dias, devendo o juiz se manifestar sobre a divergência, podendo autorizar a conclusão ou determinar a apuração do prejuízo.

Poderá, ainda, o exeqüente, caso queira, executar a obrigação ou fazê-lo sob sua responsabilidade.

2.1. Tutela específica

A tutela da obrigação de fazer ou não fazer está inserta no art. 461 do CPC, que dispõe que na ação que tenha por objeto o cumprimento de obrigação de fazer ou não fazer, o juiz concederá a tutela específica da obrigação ou, se procedente o pedido, determinará providências que assegurem o resultado prático equivalente ao do adimplemento; assim tal dispositivo se caracteriza pelo fato de ter característica mista, ou seja, cognitiva e de execução.

A inovação prevê ainda que se estipulem perdas e danos (que não prejudica a estipulação da multa — § 2º do art. 461 do CPC) se o autor o requerer ou se impossível a tutela específica ou a obtenção do resultado prático correspondente.

Para caracterizar as inovações do Código de Processo, passou-se a admitir a antecipação de tutela em ações de obrigação de fazer ou não fazer, portanto sendo relevante o fundamento da demanda e havendo justificado receio de ineficácia do provimento final, é lícito ao juiz conceder a tutela liminarmente ou mediante justificação prévia, citado o réu. A medida liminar poderá ser revogada ou modificada, a qualquer tempo, em decisão fundamentada (§ 3º do art. 461 do CPC).

Quando isso ocorreria?

Nas ações em que se requer, por exemplo, que uma empresa deixe de poluir ou instale filtros. É certo que se a sentença sair apenas após dois anos ou mais, os danos já serão muito grandes, razão pela qual passa-se a admitir a antecipação de tutela.

A tutela concedida excluirá multa pelo descumprimento, cujo valor poderá ser impugnado através do recurso competente, ou seja, agravo de instrumento.

O resultado obtido terá caráter mandamental de ordem ao se determinar que pare de poluir, instalando os filtros, sendo que o desrespeito ao estipulado incorrerá em um ato executivo que será eventualmente a lacração do equipamento que esteja poluindo.

3. *Astreinte*

Pode-se conceituá-la como a multa arbitrada por dia de atraso no perfazimento da obrigação de fazer ou de não fazer.

Terá ela uma natureza coercitiva dentro do processo executivo.

A astreinte está prevista ano art. 645, quando prevê que na execução de obrigação de fazer ou não fazer, fundada em título extrajudicial, o juiz, ao despachar a inicial, fixará multa por dia de atraso no cumprimento da obrigação e a data a partir da qual será devida. E continua em seu parágrafo único, determinando que se o valor da multa estiver previsto no título, o juiz poderá reduzi-lo se excessivo.

4. Execução de obrigação de não fazer

É ela também fundada em título extrajudicial, e também aqui cumpridas as mesmas formalidades da obrigação de fazer, é facultado ao devedor atender ao requerido ou opor embargos e, por fim, se abster de desfazer a obrigação. Nesta hipótese se realizará o desfazimento às expensas do devedor, ou na impossibilidade do desfazimento, converter-se-á a ação em perdas e danos (arts. 642 e 643 do CPC).

5. *Organograma — Obrigação de fazer*

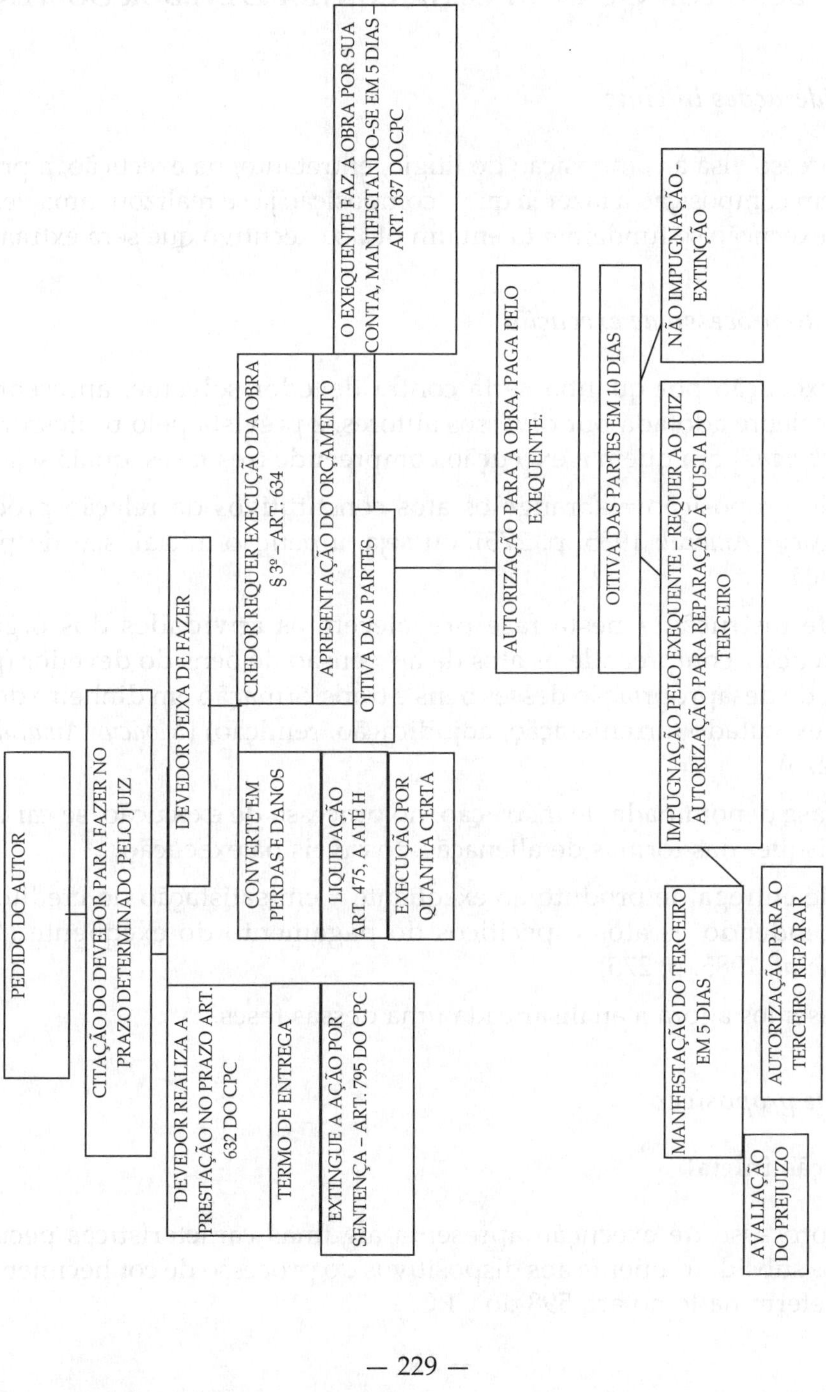

LX

Execução por Quantia certa contra Devedor Solvente

1. *Considerações iniciais*

Processo visa à composição do litígio, entretanto, na execução, a princípio não se tem composição a fazer já que a composição já se realizou, uma vez que a ação de execução se fundamenta em um título executivo que será extrajudicial.

2. *Fases do processo de execução*

A execução por quantia certa contra devedor solvente, apresenta uma divisão célebre adotada por diversos autores, e prevista pelo professor *Enrico Túlio Liebman,* para quem a execução compreende três fases, quais sejam:

- de proposição = abrange os atos constitutivos da relação processual (*Moacyr Amaral*: 1985. p. 275), ou seja, a petição inicial, seu despacho e citação.
- de instrução = nesta fase prevalecem as atividades dos órgãos de execução, compreende os atos de apreensão de bens do devedor (penhora), de desapropriação desses bens e transformação em dinheiro dos bens do executado (arrematação, adjudicação, remição) (*Moacyr Amaral*: 1985. p. 275)

A fase denominada de instrução, no processo de execução, se caracteriza por quaisquer das formas de alienação possíveis na execução.

- de entrega de produto ao exeqüente = em satisfação do crédito, compreendendo os atos específicos do pagamento do exeqüente (*Moacyr Amaral*: 1985. p. 275)

Passemos agora a analisar cada uma dessas fases.

3. *Fase de proposição*

3.1. Petição inicial

O processo de execução apresenta algumas características peculiares, adotadas subsidiariamente aos dispositivos do processo de conhecimento conforme determinado no art. 598 do CPC.

Assim, afora os requisitos do art. 282 do CPC, terá ainda a petição inicial do processo de execução que ter inclusas as contas do débito pormenorizadas em forma de planilha (arts. 283 e 614, II do CPC), bem como o próprio título de crédito (art. 614, I do CPC). O princípio da cartularidade do título é o motivo que condiciona a exigência de se ter de juntar o documento em original.

Poderá, ainda, o credor, na peça inicial, indicar os bens que deverão ser penhorados na hipótese de não-pagamento do executado.

É certo que o não-cumprimento, por parte do exequente de quaisquer dos requisitos da sentença, fazem com que o juiz determine o aditamento da mesma nos termos do disposto no art. 616 do CPC.

Atualmente permite-se extração de certidão para averbamento da distribuição da ação.

3.2. Despacho

O despacho do juiz na ação de execução antecede o primeiro ato de coação contra o devedor, sendo o primeiro ato o mandado de citação e penhora e avaliação, já que ele determinará que o devedor efetue o pagamento em 3 dias.

O juiz em seu despacho liminar determinará a verba honorária a ser paga pelo executado, sendo certo que o pagamento provocará a redução da verba pela metade.

Além disso, é certo que o despacho da execução interrompe a prescrição (art. 617 do CPC).

3.3. Citação

Hoje o mandado citatório será expedido em duas vias, assim o oficial de justiça, após a citação, devolve o mandado ao cartório, com a devida certidão, ficando com a segunda via do mesmo, que utilizará para proceder a penhora e avaliação do bem, que o credor indicou, na hipótese em que esse exerceu esse direito.

A citação também apresenta características subjetivas, como, por exemplo, a proibição da citação por carta (art. 222, *d,* do CPC) ou por edital (arts. 231 e 233 do CPC) ou por hora certa. Nas ações de execução as causas que ensejam a citação por hora certa do processo de conhecimento, ou não se encontrando o devedor, proceder-se-á ao arresto, previsto no art. 653 do CPC, sendo que, após o arresto, deverá o oficial de justiça, nos 10 dias seguintes, procurar o devedor, por 3 vezes em dias diferentes, para certificá-lo do arresto.

Nesta hipótese, posteriormente, se converterá o arresto em penhora nos termos do art. 654 do CPC, devendo o credor providenciar a citação por edital do devedor.

Não podemos esquecer que nas hipóteses de citação por edital, não havendo manifestação da parte citada, ser-lhe-á concedido um curador especial.

4. Fase de instrução

4.1. Penhora

A penhora é o "ato executivo material na apreensão de bens, ou em providências que os tirem do poder de disposição do executado. Ela afeta a esfera jurídica do devedor, como ato coercitivo, e de maneira particular modifica a situação jurídica dos bens em que recaia" (*Marques*: 2000).

É importante salientar que a penhora produz efeitos de diversas formas, ou seja, tanto em relação ao credor, ao devedor e a terceiros, uma vez que deixa o bem vinculado à execução, de forma que além da individualização do mesmo, ainda se consegue a preferência em relação ao bem penhorado.

Tem ainda, a penhora, em face da sua importância, que atender a algumas formalidades, como ser a mesma lavrada em um auto que deverá conter a indicação do dia, mês a e local; os nomes do devedor e credor; a descrição pormenorizada do bem penhorado e a nomeação do depositário, conforme elencado nos arts. 664 e 665 do CPC, sob pena de nulidade do ato.

Em se tratando de bem imóvel, a penhora deverá ser posteriormente averbada junto ao Registro de Imóveis, para ter efeito *erga omnes* — art. 659, § 4º do CPC, bem como deverá o cônjuge do executado ser intimado da penhora — § 2º do art. 655 do CPC.

Feita a penhora, será o devedor intimado na pessoa de seu advogado, ou pessoalmente, sendo certo que o juiz, caso verifique dificuldade na intimação, poderá dispensar a intimação — § 5º do art. 652 do CPC.

4.1.1. Bens penhoráveis

Os bens a serem penhorados obedecerão ao disposto no art. 655 do CPC, ou seja:

I — dinheiro, em espécie ou em depósito ou aplicação em instituição financeira;

II — veículos de via terrestre;

III — bens móveis em geral;

IV — bens imóveis;

V — navios e aeronaves;

VI — ações e quotas de sociedades empresárias;

VII — percentual do faturamento de empresa devedora;

VIII — pedras e metais preciosos;

IX — títulos da dívida pública da União, Estados e Distrito Federal com cotação em mercado;

X — títulos e valores mobiliários com cotação em mercado;

XI — outros direitos.

4.1.2. Bens impenhoráveis

Ainda quanto aos bens que podem ser objeto de penhora cumpre-se esclarecer que o art. 649 do CPC, elenca todos os bens que são absolutamente impenhoráveis.

Outros poderão ser penhorados na falta de outros bens mais adequados, como, por exemplo, os frutos e rendimentos dos bens inalienáveis, salvo se destinados à satisfação de prestação alimentícia.

Tem-se ainda a Lei n. 8.009/90 que especifica que não é possível a penhora do único bem do devedor. É o que se passou a denominar de impenhorabilidade do bem de família.

A própria lei excepciona as hipóteses em que a lei não se aplica, qual seja:

I — em razão dos créditos de trabalhadores da própria residência e das respectivas contribuições previdenciárias;

II — pelo titular do crédito decorrente do financiamento destinado à construção ou à aquisição do imóvel, no limite dos créditos e acréscimos constituídos em função do respectivo contrato;

III — pelo credor de pensão alimentícia;

IV — para cobrança de impostos, predial ou territorial, taxas e contribuições devidas em função do imóvel familiar;

V — para execução de hipoteca sobre o imóvel oferecido como garantia real pelo casal ou pela entidade familiar;

VI — por ter sido adquirido com produto de crime ou para execução de sentença penal condenatória a ressarcimento, indenização ou perdimento de bens.

4.2. Depósito

O art. 664, 1ª parte do Código de Processo Civil determina que a efetivação da penhora se dará mediante a apreensão e o depósito do bens.

Devendo-se entender que depósito é o ato que integra a penhora de forma a dar a quem se tornar responsável a guarda do bem. É certo que aquele que ficar com o bem zelará pela sua conservação, podendo ser considerado responsável pelo bem.

O depositário poderá ser o próprio devedor, sendo, porém, facultado ao credor impugnar essa nomeação, devendo entretanto o juiz, ao analisar a impugnação, verificar o disposto no art. 620 do CPC.

Em havendo impugnação, o juiz decidirá (decisão passível de agravo), pelo depositário dentre aqueles elencados no art. 666 do CPC ou seja: I —no

Banco do Brasil, na Caixa Econômica Federal, ou em um banco, de que o Estado-Membro da União possua mais de metade do capital social integralizado; ou, em falta de tais estabelecimentos de crédito ou agências suas no lugar, em qualquer estabelecimento de crédito, designado pelo juiz, as quantias em dinheiro, as pedras e os metais preciosos, bem como os papéis de crédito; II — em poder do depositário judicial, os móveis e os imóveis urbanos; ou III — em mãos de depositário particular, os demais bens. Poderá ainda ser denominado depositário o próprio credor.

Ao depositário incumbirá a guarda e conservação dos bens penhorados — art. 148 do CPC, sendo certo que pelo trabalho receberá uma remuneração — art. 149; sendo também, como já dito, responsabilizado por prejuízos causados ao bem — art. 150 do CPC.

Todavia, se a penhora recair em estabelecimento comercial, nomeará um depositário que deverá demonstrar a forma da administração em 10 (dez) dias — art. 677 do CPC.

Os parágrafos do art. 677 do CPC determinam quanto à nomeação de depositário do estabelecimento comercial.

Se todavia a empresa funcionar por concessão ou autorização, poder-se-á nomear como depositário um de seus diretores — art. 678 do CPC.

O depositário também está sujeito à prisão civil, apesar da discussão do Brasil ser subscritor do Pacto de São José da Costa Rica, que prevê a prisão civil apenas nos casos de dívida alimentícia.

4.3. Avaliação

A avaliação é o ato preparatório do próprio ato expropriatório.

Hoje o próprio oficial de justiça, nos termos do art. 680 do CPC, deverá fazer a avaliação. Todavia poderá o oficial não proceder a avaliação, nas hipóteses em que o próprio devedor atribuir o valor ao bem que substitui o penhorado originalmente; ou quando a avaliação depender de conhecimentos técnicos especializados, hipótese em que o juiz determinará uma perícia avaliatória.

O laudo de avaliação deverá conter os requisitos apresentados no art. 681 do CPC.

O art. 684 do CPC elenca as hipóteses em que estará dispensada a avaliação do bem.

Uma vez processada a avaliação, se ouvirão as partes, para assegurar o contraditório, nos termos do disposto no art. 685 do CPC.

Em geral a penhora não poderá ser alterada, sendo permitidas nas hipóteses previstas no art. 668 do CPC, bem como reduzida ou ampliada (art. 685, I e II do CPC).

4.4. Atos expropiatórios

A execução busca o recebimento do crédito, sendo hoje a principal deles a adjudicação, prevista no art. 685-A do CPC, que determina que é lícito ao exeqüente, oferecendo preço não inferior ao da avaliação, requerer lhe sejam adjudicados os bens penhorados.

Todavia, se o valor do crédito for inferior ao dos bens, o adjudicante depositará de imediato a diferença, ficando esta à disposição do executado; se superior, a execução prosseguirá pelo saldo remanescente.

Esse direito pode ser exercido, também, pelo credor com garantia real, pelos credores concorrentes que hajam penhorado o mesmo bem, pelo cônjuge, pelos descendentes ou ascendentes do executado, sendo certo que nas hipóteses em que mais de um pretende exercer o direito em condições iguais, dar-se-á preferência ao cônjuge, ao descendente ou ao ascendente.

Nas hipóteses de penhora de quota, procedida por exeqüente alheio à sociedade, esta será intimada, assegurando preferência aos sócios.

Efetuado o pedido de adjudicação, o juiz, decidindo questões incidentes, mandará lavrar o auto de adjudicação, que será considerado perfeito e acabado com a lavratura do juiz, pelo adjudicante, pelo escrivão e, se for presente, pelo executado, expedindo-se a respectiva carta, se bem imóvel, ou mandado de entrega ao adjudicante, se bem móvel.

Nas hipóteses da adjudicação referir-se a bens imóveis, a carta de adjudicação conterá a descrição do imóvel, com remissão a sua matrícula e registros, à cópia do auto de adjudicação e à prova de quitação do imposto de transmissão.

Surge agora o questionamento: Qual o prazo para a adjudicação?

A princípio a lei não previu uma data para tal, de forma que, salvo melhor juízo, a mesma poderá ser requerida por qualquer de seus legitimados, após a avaliação e antes da hasta pública.

Outra inovação foi a alienação particular, assim, não exercida a adjudicação, poderá o exeqüente requerer sejam os bens alienados por sua iniciativa, ou pela intervenção de um corretor devidamente credenciado perante a autoridade judicial.

Nesse caso o juiz fixará um prazo para que a mesma ocorra, fixando também a forma de publicidade as condições, o preço mínimo e, inclusive, a comissão.

A alienação será formalizada por termo nos autos, assinados pelo juiz, pelo exeqüente, pelo adquirente e, se for presente, pelo executado, expedindo-se carta de alienação do imóvel para o devido registro imobiliário, ou, se bem móvel, mandado de entrega ao adquirente (§ 2º do art. 685-C do CPC).

Quanto ao regramento desse novo método de alienação, nos termos do § 3º do art. 685-C do CPC, os Tribunais poderão expedir provimentos detalhando o procedimento da alienação prevista neste artigo, inclusive com o concurso de meios eletrônicos, e dispondo sobre o credenciamento dos corretores, os quais deverão estar em exercício profissional por não menos de 5 (cinco) anos.

Outra forma de expropriação será por hasta pública, cabível quando não se optar pelas anteriores; se expedirá o edital que conterá: I — a descrição do bem penhorado, com suas características e, tratando-se de imóvel, a situação e divisas, com remissão à matrícula e aos registros; II — o valor do bem; III — o lugar onde estiverem os móveis, veículos e semoventes; e, sendo direito e ação, os autos do processo, em que foram penhorados; IV — o dia e a hora de realização da praça, se bem imóvel, ou o local, dia e hora de realização do leilão, se bem móvel; V — menção da existência de ônus, recurso ou causa pendente sobre os bens a serem arrematados; VI — a comunicação de que, se o bem não alcançar lanço superior à importância da avaliação, seguir-se-á, em dia e hora que forem desde logo designados entre os dez e os vinte dias seguintes a sua alienação pelo maior lanço (art. 692).

A arrematação é realizada através de leilão (bens móveis) ou praça (bens imóveis), não tendo pois natureza contratual.

Esse edital será publicado, resumidamente, em um jornal com antecedência de 5 dias da data da hasta. Outra condição é a intimação do executado que poderá ser intimado na pessoa de seu advogado ou, não tendo advogado, será intimado por mandado, carta registrada, edital ou por qualquer meio idôneo.

Assim em síntese a arrematação prescinde de alguns atos preparatórios quais sejam:

- edital, sendo que o mesmo, nos termos do art. 686 do CPC, deverá conter a descrição pormenorizada do bem; seu valor; o local em que está o bem, quando se tratar de bem móvel; menção de existência de eventuais ônus; bem como a comunicação de que, se o bem não alcançar lanço superior à importância da avaliação, seguir-se-á, em dia e hora previamente determinados, alienação pelo maior lanço (o segundo leilão ou praça realizar-se-á no prazo de 10 a 20 dias seguintes à primeira data). O edital poderá ser dispensado se o valor do bem for inferior a 60 vezes o salário mínimo.
- intimação — O devedor porém deverá ser intimado por mandado ou carta com aviso de recebimento ou edital ou outro meio idôneo, do dia e local da alienação — § 5º do art. 687 do CPC.

Há de se esclarecer, ainda, que a praça se realizará no átrio do edifício do fórum, enquanto que o leilão no local em que estiverem os bens, ou onde determinado pelo juiz — § 2º do art. 686 do CPC; outra diferença é que no leilão, os bens são apregoados por leiloeiro público (que é responsável pelo valor da alienação e seu depósito em juízo — inciso. V e VI do art. 705 do CPC); por fim as despesas com a praça são de responsabilidade do devedor, enquanto que no leilão é do arrematante (inciso IV do art. 705 do CPC).

Se por justo motivo o leilão ou praça for adiado, a transferência deverá ser comunicada em órgão oficial — art. 688 do CPC.

A reforma passou a admitir que a hasta pública prevista nos arts. 686 a 689 poderá ser substituída, a requerimento do exeqüente, por alienação realizada por meio da rede mundial de computadores, com uso de páginas virtuais criadas pelos Tribunais ou por entidades públicas ou privadas em convênio com eles firmado.

Ainda quanto à arrematação, nos termos do disposto no art. 690-A, do CPC, é admitido a lançar todo aquele que estiver na livre administração de seus bens, com exceção dos tutores, curadores, testamenteiros, administradores, síndicos ou liquidantes, quanto aos bens confiados a sua guarda e responsabilidade; dos mandatários, quanto aos bens de cuja administração ou alienação estejam encarregados; do juiz, membro do Ministério Público e da Defensoria Pública, escrivão e demais servidores e auxiliares da Justiça.

Estabelece o parágrafo único desse artigo que o exeqüente poderá arrematar o bem, hipótese em que não estará obrigado a exibir o preço; mas, se o valor dos bens exceder o seu crédito, depositará, dentro de 3 (três) dias, a diferença, sob pena de ser tornada sem efeito a arrematação e, neste caso, os bens serão levados a nova praça ou leilão à custa do exeqüente.

Quanto à arrematação o laudo será lavrado de imediato — art. 693, assinado pelo juiz, pelo escrivão, pelo arrematante, pelo serventuário ou pelo leiloeiro, tornando-a perfeita e irretratável — art. 694 do CPC.

A arrematação somente poderá ser desfeita se houver algum vício,previsto no art. 694 do CPC, ou seja: I — por vício de nulidade; II — se não for pago o preço ou se não for prestada a caução; III — quando o arrematante provar, nos 5 (cinco) dias seguintes, a existência de ônus real ou de gravame (art. 686, inciso V) não mencionado no edital; IV — a requerimento do arrematante, na hipótese de embargos à arrematação (art. 746, §§ 1º e 2º); V — quando realizada por preço vil (art. 692); VI — nos casos previstos neste Código (art. 698).

A carta de arrematação conterá os requisitos do art. 703 do CPC, ou seja: a descrição do imóvel, com remissão à sua matrícula e registros; a cópia do auto de arrematação; e a prova de quitação do imposto de transmissão.

Serão efeitos da arrematação:

- a transferência do bem ao arrematante;
- transfere ao arrematante os frutos;
- torna o arrematante e o fiador devedores do preço;
- obriga o depositário, ou eventual devedor, a transferir ao arrematante a posse do bem;

- extingue as hipotecas inscritas sobre o imóvel;
- a penhora é substituída pelo dinheiro, que passa para o patrimônio do devedor, para em seguida ser distribuído aos credores.

4.5. *Remição*

A remição é o direito dado ao executado de, mediante o pagamento ou a consignação do valor devido, monetariamente corrigido, acrescido da verba honorária e das custas processuais, remir os bens penhorados (art. 651 do CPC).

LXI

Execução Contra Fazenda Pública

1. Disposições gerais

As execuções promovidas em face da Fazenda Pública terão por objeto tanto os títulos executivos judiciais, bem como títulos executivos extrajudiciais.

A previsão dessa execução judicial, nas hipóteses dos títulos extrajudiciais, tem posicionamento sumulado pelo Superior Tribunal de Justiça.[1]

Esse procedimento é cabível e pertinente sempre que se visa obter um crédito da Fazenda Pública.

Fazenda Pública, "que corresponde a conceito relativo às entidades de direito público interno (União, Estados, Municípios, Distrito Federal, Territórios, além das autarquias e fundações cujos bens estejam sujeitos ao regime de direito público), tanto como credora, como devedora". (*Wambier*: 2000. p. 369)

Na segunda hipótese, tem-se a previsão legal inserta no Código de Processo Civil nos arts. 730 e 731.

1.1. Peculiariedades

É interessante verificar que o art. 730 do CPC, sofreu alteração pela Lei n. 9.494/97, que em face do seu art. 1º B, introduzido pela Medida Provisória n. 2.180-35, datada de 24 de agosto de 2001, foi posteriormente declarada inconstitucional de forma que o prazo para interposição dos embargos será de 10 (dez) dias.

Todos os créditos, mesmo os locatícios, serão recebidos através de precatórios, conforme decisão do Supremo Tribunal Federal, no recurso extraordinário n. 199.589-1, que teve como relator o Ministro Marco Aurélio, em julgamento datado de 8 de agosto de 2000.

2. Procedimento

A Fazenda Pública ao ser citada, necessariamente através de oficial de justiça (art. 222, "c" e "d" CPC), nessa ação o é para que apresente embargos, isso porque, conforme disposto no art. 100 da Constituição Federal, se atribui

(1) Súmula n. 279 — É cabível execução por título extrajudicial contra a Fazenda Pública.

a impenhorabilidade de bens públicos, de forma que os créditos deverão ser obtidos através de expedição de cartas precatórias.

Não excepcionou o legislador, nem o judiciário[2] desse procedimento sequer os créditos alimentícios que também serão obtidos através da expedição de precatórios.

Assim nas execuções contra a Fazenda, a mesma pode opor embargos independentemente de penhora ou qualquer garantia da execução, sendo que o prazo de 10 dias será prorrogado para 30 se o executado for o INSS.

Há de se registrar que "o prazo de 30 dias não estará sujeito à regra do art. 188 do CPC, porque não tem natureza jurídica de ação". (*Scarpinella*: 2004. p. 2.039. *In: Código de processo civil interpretado*).

Recebidos os embargos dando-se vista à impugnação, em se tratando de matéria de direito, é proferida a sentença.

Surge aqui discussão quanto à necessidade do reexame necessário, previsto no art. 475 do CPC, e de que o mesmo somente se aplicaria aos processos de conhecimento.

Nessa divergência o STJ, no Recurso Especial n. 270.679, que teve como Relator n. 270.679 o Ministro *Carlos Alberto Menezes Direito*, em julgado datado de 20.8.2001 prolatou-se quanto à necessidade do reexame, na ementa a saber:

> Apelação. Embargos à execução de sentença ajuizados pelo Município. Arts. 475, II, e 520, V, do Código de Processo Civil. Precedentes.
>
> 1. Embora predominante a jurisprudência que entende não se aplicar o art. 475 do Código de Processo Civil na fase de execução de sentença, prevalecendo a regra do art. 520, V, o certo é que o primeiro dispositivo não distingue a fase em que prolatada a sentença, com o que deve incidir se os embargos interpostos pelos entes públicos que menciona são liminarmente rejeitados.
>
> *Recurso especial conhecido e desprovido*

No mesmo sentido tem-se o REsp n. 224.532, que teve como relator o Ministro Garcia Vieira, julgado em 7.10.1999.

Transitada em julgado a ação, o recebimento do crédito se dará através da expedição de precatórios, que deverão sempre respeitar a ordem de chegada, de forma que eventual desrespeito a tal dispositivo é hoje considerado crime de responsabilidade por dispositivo do § 5º do art. 100 da CF.

Todavia, como já visto, eventual crédito advindo de alimentos (art. 100, § 1º da CF) a ser pago por precatório deverá ser pago preferencialmente, obedecendo, entretanto, à ordem de chegada destes.[3]

---

(2) Enunciado n. 144 do STJ.
Os créditos de natureza alimentícia gozam de preferência, desvinculados os precatórios da ordem cronológica dos créditos de natureza diversas.
(3) Súmula n. 655 do STF.
A exceção prevista no art. 100, *caput*, da Constituição, em favor dos créditos de natureza alimentícia, não dispensa a expedição de precatório, limitando-se a isentá-los da observância da ordem cronológica dos precatórios decorrentes de condenações de outra natureza.

Quanto aos precatórios eles serão pagos no orçamento do ano seguinte sempre que apresentados até o dia 1º de julho.

Organograma — Execução contra Fazenda

Pedido do exequente
↓
citação por oficial de justiça
↓
10 dias para embargar
30 para o INSS (contados da juntada da citação)
↓
embargos
↓
impugnação
?

acolhimento	não acolhimento
↓	↓
extingue execução	prossegue execução
	↓

Envio do precatório ao presidente do tribunal
(arts. 730, I, CPC e 100, § 3º da CF)
↓
Determinação do pagamento por ordem cronológica de chegada (pensão alimentícia – privilegiado)

LXII

Execução de Prestação Alimentícia — Arts. 732 a 735 do CPC

1. Disposições gerais

A ação de execução de prestação alimentícia é outra espécie de execução que possui características especiais por se tratar de direito indisponível.

Sua especificidade é de tal ordem que é a única espécie de dívida cujo pagamento enseja desobediência, passível de prisão.

Essa punição é admissível internacionalmente, tanto que no Pacto de San José da Costa Rica se prevê em seu art. 7º, n. 7, que ninguém será detido por dívida. Esse princípio não limita os mandados de autoridade judiciária competente expedidos em virtude de inadimplemento de obrigação alimentar.

Essa admissibilidade da prisão civil também está inserta nos preceitos constitucionais, mais especificamente no art. 5º, inciso LXVII, que estabelece que não haverá prisão por dívida, salvo a do responsável pelo inadimplemento voluntário e inescusável de obrigação alimentícia e a do depositário infiel.

Percebe-se a importância que se atribui a esse tema que no tocante aos alimentos vencidos obedecerá às regras da execução por quantia certa contra devedor solvente, nos exatos termos do disposto no art. 732 do CPC.

1.1. Peculiariedades

Discute-se a que tipo de execução de alimentos estaria referida no art. 732 do Código de Processo Civil.

A problemática surgiu quanto ao art. 732 do CPC, que, não sendo alterado, remete a execução de título extrajudicial. Claro que não é assim de forma que os alimentos vencidos constantes da ação, sejam cobrados como cumprimento de sentença nos termos do art. 475-J do CPC. No tocante aos artigos pertinentes à execução de alimentos inserto no art. 733 e incisos se referem, especificamente, à execução de alimentos provisórios, tanto que o inadimplemento dessa obrigação ocasiona prisão de um a três meses.

No entanto, se a execução estiver se referindo aos alimentos já estabelecidos definitivamente, o prazo prisional mudará para até no máximo sessenta dias, nos termos do disposto no art. 19 da Lei n. 5.478/68.

2. *Distinção quanto ao fato gerador da execução*

Como já visto a execução de alimentos com esse procedimento especial é pertinente sempre que o exeqüente assim optar pelo procedimento especial de maior efetividade do que o previsto nas vias comuns do processo de execução contra devedor solvente.

Portanto, sempre que se quiser executar o devedor de alimentos pelos alimentos pode-se optar pela citação para pagamento com cominação de prisão (art. 733 do CPC) ou ainda para pagamento em 5 dias nos termos do disposto nos arts. 732, 735 do CPC.

Vê-se que ao exeqüente é facultado optar pelo procedimento mais específico dos alimentos, ou a regra geral do cumprimento da sentença.

3. *Procedimento*

A execução de alimentos terá dispositivo diferenciado, conforme a origem dos alimentos que deverão ser pagos e o momento do pagamento.

Assim pode-se dizer que a execução deles classifica-se, dependendo dos objetos, isto é:

a) execução de sentença que condena a prestar alimentos, a fim de compor a indenização decorrente de ato ilícito

Esse tipo de execução se baseará em alimentos obtidos devido à pratica de um ato ilícito e, nesta hipótese, se terá como base ou uma sentença condenatória civil ou penal.

Em sendo uma sentença condenatória expedida no juízo civil, a execução se dará na própria ação; já quanto à condenação penal, a competência da execução será de um juízo civil.

Em ambas, essa hipótese à execução dos alimentos se requererá através do pedido de cumprimento em 15 dias, devendo, pois, dita execução seguir o trâmite do cumprimento de sentença, sendo, porém, que aqui, se a penhora recair sobre quantia em dinheiro, poderá o exeqüente abater de tal quantia o necessário para sua subsistência.

Quanto ao restante, dita execução obedece às regras gerais.

b) execução de sentença que condena a prestar alimentos, que não decorram de ato ilícito

Nesta hipótese tem-se a possibilidade de execução que estará fundada em sentença.

Nos termos do disposto no art. 732 do CPC, aplicam-se as regras gerais do cumprimento da sentença, no tocante aos alimentos considerados vencidos.

Todavia, no que concerne aos alimentos vincendos, assim considerados os três últimos, deve-se, sempre que possível, adotar o débito em folha de pagamento.

Para tanto é necessário oficiar ao empregador para que esse assuma a responsabilidade do desconto na própria folha de pagamento. (art. 734 do CPC).

Os alimentos provisionais, autorizam a parte credora a requerer a citação do devedor, para pagamento em 3 dias, ou justificar o porquê não o fez, sob pena do não-pagamento provocar o pedido de prisão do executado, que deverá ainda efetuar o pagamento para poder ser libertado (art. 732 do CPC).

Organograma de execução de alimentos

Pedido do exeqüente

- pagamento 15 dias
  - penhora
    - dinheiro
- desconto em folha
  - ofício – art. 734
- pagto em 3 dias
  - sob pena prisão
    - pagamento suspende prisão – art. 732, parágrafo único

os embargos nestas hipóteses não suspendem a execução

LXIII

Execução Fiscal — Lei n. 6.830/80

1. Disposições gerais

A execução fiscal se caracteriza como o tipo de ação onde se tem um órgão público no pólo ativo da demanda.

A mesma está prevista na Lei n. 6.830, datada de 22 de setembro de 1980 e passou a ser denominada Lei das Execuções Fiscais (LEF).

Essa lei em seu art. 1º estabelece que a execução judicial para cobrança da dívida ativa da União, dos Estados, do Distrito Federal, dos Municípios e respectivas autarquias será regida por esta lei e, subsidiariamente, pelo Código de Processo Civil.

Cabe aqui entendermos o que vem a ser dívida ativa, sendo seu conceito inserto no § 2º do art. 39 da Lei n. 4.320, datada de 17 de março de 1964, de forma que devemos entender como dívida ativa tributária como sendo o crédito da Fazenda Pública dessa natureza, proveniente de obrigação legal relativa a tributos e respectivos adicionais e multas, e dívida ativa não tributária são os demais créditos da Fazenda Pública, tais como os provenientes de empréstimos compulsórios, contribuições estabelecidas em lei, multa de qualquer origem ou natureza, exceto as tributárias, foros, laudêmios, aluguéis ou taxas de ocupação, custas processuais, preços de serviços prestados por estabelecimentos públicos, indenizações, reposições, restituições, alcances dos responsáveis definitivamente julgados, bem assim os créditos decorrentes de obrigações em moeda estrangeira, de sub-rogação de hipoteca, fiança, aval ou outra garantia, de contratos em geral ou de outras obrigações legais. Este parágrafo foi incluído pelo Decreto Lei n. 1.735, de 20 de dezembro de 1979.

1.1. Legitimidade passiva

Essa ação fundada em título da dívida ativa será ajuizada contra quaisquer daqueles que estejam contidos no art. 4º daquele diploma legal, quais sejam:

a) o devedor;

b) o fiador;

c) o espólio;

d) a massa;

e) o responsável, nos termos da lei, por dívidas, tributárias ou não, de pessoas físicas ou pessoas jurídicas de direito privado; e

f) os sucessores a qualquer título.

Estão ainda legitimados nas hipóteses de processos de falência, concordata, liquidação, inventário, arrolamento ou concurso de credores, o síndico, o comissário, o liquidante, o inventariante e o administrador, nos casos de falência, concordata, liquidação, inventário, insolvência ou concurso de credores, se, antes de garantidos os créditos da Fazenda Pública, alienarem ou derem em garantia quaisquer dos bens administrados, respondem, solidariamente, pelo valor desses bens.

Assim quaisquer deles estão legitimados, por lei, para integralizarem o pólo passivo da demanda.

2. *Procedimento*

O procedimento dessa ação de execução apresenta características próprias, a começar pelo próprio título executivo.

Desta feita a execução contra devedor solvente principia-se com o título executivo extrajudicial (certidão da inscrição na dívida ativa) que, fazendo parte integrante da petição inicial, permite que a mesma seja sucinta e contenha, exclusivamente, o Juiz a quem é dirigida, o pedido e o requerimento para a citação (art. 6º da LEF), sendo atribuída à causa o valor da dívida inscrita.

Essa execução apresenta ainda, outras peculiaridades, como por exemplo, a citação, que será pelo correio (art. 8º, I da LEF), para o pagamento no prazo de 5 dias (art. 8º), contados da data da entrega da citação, ou 10 dias se não constar a data da entrega da citação pelo correio.

Cabe-nos, ainda consignar que se o aviso de recebimento do correio não retornar no prazo de 15 (quinze) dias da entrega da carta à agência postal, a citação será feita por oficial de Justiça ou por edital.

Na hipótese de citação por edital o mesmo será afixado na sede do Juízo, publicado uma só vez no órgão oficial, gratuitamente, como expediente judiciário, com o prazo de 30 (trinta) dias, e conterá, apenas, a indicação da exeqüente, o nome do devedor e dos co-responsáveis, a quantia devida, a natureza da dívida, a data e o número da inscrição no Registro da Dívida Ativa, o prazo e o endereço da sede do Juízo.

Será ainda citado por edital, porém com prazo de 60 (sessenta) dias, o devedor que estiver ausente do país.

Os embargos à execução poderão ser interpostos no prazo de 30 dias, após a penhora, que deverá obedecer ao critério dos seguintes bens: dinheiro; título da dívida pública, bem como título de crédito, que tenha cotação em bolsa; pedras e metais preciosos; imóveis; navios e aeronaves; veículos; móveis ou semoventes; e direitos e ações.

Após os embargos, o juiz determinará a apresentação de impugnação que será apresentada também no prazo de 30 dias (art. 17 da LEF).

Após, o juiz designará audiência, quando não se tratar os embargos de matéria de direito, ou proferirá a decisão em outros 30 dias.

Nesta espécie de execução, permite-se ao terceiro remir os bens antes da alienação, quando o bem é de terceiro e desde que apresente a garantia real.

Nessa espécie de execução, admite-se a adjudicação que poderá se dar, anteriormente (sendo que nessa hipótese se o valor do bem for superior ao da dívida, a Fazenda deverá depositar a diferença em 30 dias), o que já diferencia dita execução da regra geral.

Aqui, também, se deverá na arrematação, por exigência da Lei, intimar pessoalmente a Fazenda enquanto que o executado será intimado por edital.

Por fim há de se consignar que, se o montante da dívida for inferior a 50 OTN's ou o correspondente, não haverá apelação, mas embargos infringentes, além, é claro, da possibilidade de embargos de declaração.

Na hipótese retro, os embargos infringentes por sua natureza funcionam como apelação.

Outra peculiaridade do processo executivo diz respeito ao reexame necessário, de forma que o mesmo somente será cabível nos executivos de sucumbência promovidos pelas autarquias e que sejam julgados improcedentes.(1)

3. *Disposições finais*

Nos processos de execução fiscal, se se provar que o crédito foi aproveitado pelo casal, não poderá o cônjuge não devedor impugnar o montante do débito, nos termos do disposto na Súmula n. 251 do STJ.(2)

Não podemos olvidar também que nessas ações, havendo desistência após a interposição dos embargos não elide o pagamento da verba de sucumbência.(3)

---

(1) Enunciado da Súmula n. 620
A sentença proferida contra autarquias não está sujeita a reexame necessário, salvo quando sucumbente em execução de dívida ativa.

(2) Súmula n. 251 do STJ
A meação só responde pelo ato ilícito quando o credor, na execução fiscal, provar que o enriquecimento dele resultante aproveitou ao casal.

(3) Súmula n. 153 do STJ
A desistência da execução fiscal, após o oferecimento dos embargos, não exime o exeqüente dos encargos da sucumbência.

Execução fiscal — Organograma

Petição inicial

citação pelo correio

penhora

nomeação de bens | fiança bancária

embargos (30 dias) contados da juntada do comprovante ou da intimação da penhora

impugnação (30 dias)
decisão em audiência ou em 30 dias

embargos rejeitados

avaliação

intimação para remição – 15 dias

edital – art. 22

arrematação – art. 22

A Fazenda pode adjudicar antes do leilão ou findo o leilão – art. 24 LEF.

LXIV

Dos Embargos do Devedor

1. Disposições gerais

Como visto anteriormente, no processo de execução não pode o devedor contestar; qualquer defesa ou, um contra ataque, deverá ser apresentado em processo autônomo excetuando-se, é claro, a exceção da pré-executividade.

Quanto aos embargos, já de plano se discute a sua própria denominação onde alguns autores falam em embargos à execução, outros em embargos do devedor (terminologia da própria lei). Os embargos existem em vários outros ordenamentos jurídicos, sendo certo que, dentre nós, ele terá uma divisão ou poderia se dizer, diversas espécies, que dependerão do momento ou do tipo de título que o enseja.

No CPC os embargos vêm ilustrados nos arts. 736 e seguintes, sendo que a própria legislação ilustra a matéria que ensejará os embargos quando a execução contra a Fazenda Pública (art. 741 do CPC) ou quando for fundada em título executivo extrajudicial (art. 745 do CPC).

No tocante ao momento processual, teremos embargos à execução; embargos a adjudicação; embargos à arrematação.

Poder-se-á ainda haver a interposição de embargos por terceiro (art. 1.046 do CPC), cujo bem veio a ser expropriado.

2. Conceito

Segundo *Vicente Grecco* "os embargos do devedor são os meios de defesa do devedor" (*Grecco*: 1997. p. 106).

> "Os embargos, tal como indica o léxico, são obstáculos ou impedimentos que o devedor procura antepor à execução proposta pelo credor" (*Theodoro*: 2000. p. 248).

São pois os embargos a forma de o devedor se opor à execução contra-atacando-a.

Os argumentos que o ensejarão, serão aqueles constantes no art. 745 do CPC.

3. *Natureza jurídica*

Segundo *Enrico Tullio Liebman* os embargos é uma "ação prejudicial inerente à oposição tem natureza constitutiva, e é precisamente uma ação de impugnação"(*Liebman*: 1952, p. 197)

Nelson e *Rosa Nery* vêem nos embargos um "misto de ação de defesa, os embargos inauguram outra seleção jurídica processual...." (*Nery*: 2001, p. 1.189).

Quanto à natureza jurídica é uma ação autônoma, porém subordinada à existência de uma outra ação, qual seja, a ação de execução.

4. *Procedimento*

Os embargos, por ser uma ação independente, distribuída por dependência, e autuada em apartado com cópias dos documentos relevantes para a decisão, nos termos do disposto no art. 736 e parágrafo único do CPC.

Todavia nas hipóteses em que a citação se der através de Carta Precatória, os embargos poderão ser oferecidos tanto no juízo deprecante como no deprecado, sendo certo que a decisão será proferida pelo juízo deprecante exceto quando as alegações dos embargos versarem sobre a penhora ou a avaliação— art. 747 do CPC.

Os embargos, que deverão ser interpostos com a atenção ao disposto no art. 282 do CPC, serão oferecidos no prazo de 15 dias contados da juntada do mandato citatório.

Assim como uma ação qualquer, também os embargos poderão ser rejeitados liminarmente pelo juiz quando apresentados fora do prazo de 15 dias; se desconsiderarem a restrição das alegações a ele imposta; quando houver ocorrido inépcia, ilegitimidade, carência, decadência ou prescrição (art. 295 do CPC).

Como já dito, a matéria deverá estar atrelada aos dispositivos legais; assim, se a execução for contra a Fazenda Pública pode-se argüir a falta ou nulidade da citação, se o processo se deu à revelia; inexigibilidade do título; ilegitimidade; cumulação indevida de execuções; excesso de execução, conforme disposto no art. 743 do CPC.

Ao executado, na execução o devedor poderá argüir, tudo o previsto no art. 745, ou seja: I — nulidade da execução, por não ser executivo o título apresentado; II — penhora incorreta ou avaliação errônea; III — excesso de execução ou cumulação indevida de execuções; IV — retenção por benfeitorias necessárias ou úteis, nos casos de título para entrega de coisa certa (art. 621); V — qualquer matéria que lhe seria lícito deduzir como defesa em processo de conhecimento.

Uma vez interpostos os embargos,consubstanciados devidamente, o juiz os receberá, dando aos mesmos efeito suspensivo, somente se, requerido pelo executado, argüir grave dano de difícil ou incerta reparação, e desde que a execução já esteja garantida por penhora, depósito ou caução suficientes, nos termos do disposto no art. 739-A e § 1º do CPC.

Dará então, o juiz, vista à parte contrária para impugná-lo em 15 dias, devendo o juiz, se a matéria for exclusivamente de direito, proferir sentença em outros 10 dias — art. 740 CPC.

4.1. Legitimidade

Estarão legitimados a interporem embargos do devedor, aqueles ilustrados como legitimados a sofrerem a ação de execução (art. 568 do CPC) ou seja, além do próprio devedor, o espólio, os herdeiros ou sucessores, o sub-rogado, os fiadores, sempre que esses forem atingidos pela execução.

Se todavia o terceiro for atingido exclusivamente pela penhora, que recaia sobre bem que esteja em seu patrimônio, ele interporá embargos de terceiro, já que ainda que tenha sofrido expropriação, não está ligado à execução, mas as suas conseqüências.

Controvérsia pode haver com a figura da esposa ou concubina que poderá interpor embargos do devedor ou embargos de terceiro, dependendo da execução.

4.2. Parcelamento

Um ponto bastante inovador da reforma, diz respeito ao disposto no art. 745-A do CPC, que passou a admitir que no prazo para embargos, reconhecendo o crédito do exeqüente e comprovando o depósito de 30% (trinta por cento) do valor em execução, inclusive custas e honorários de advogado, poderá o executado requerer seja admitido a pagar o restante em até 6 (seis) parcelas mensais, acrescidas de correção monetária e juros de 1% (um por cento) ao mês.

Requerendo o parcelamento, o devedor aguardará que a proposta seja deferida pelo juiz, hipótese em que o exeqüente levantará a quantia depositada e serão suspensos os atos executivos; caso indeferida, seguir-se-ão os atos executivos, mantido o depósito.

Estabelece ainda o dispositivo legal que o não-pagamento de qualquer das prestações implicará, de pleno direito, o vencimento das subseqüentes e o prosseguimento do processo, com o imediato início dos atos executivos, imposta ao executado multa de 10% (dez por cento) sobre o valor das prestações não pagas e vedada a oposição de embargos.

Organograma embargos

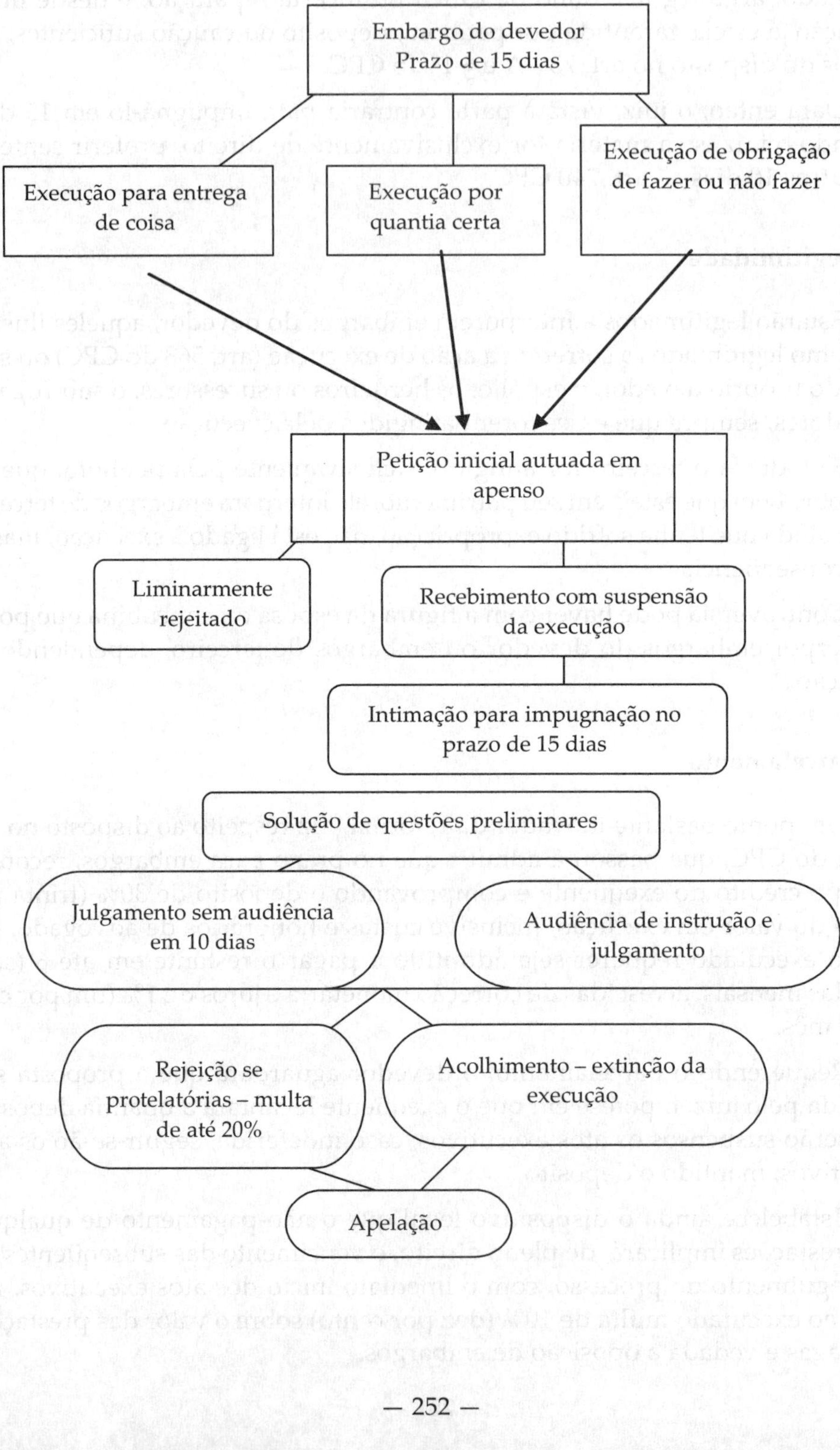

LXV

Embargos de Terceiros

1. Considerações iniciais

Os embargos de terceiros é a medida de defesa do patrimônio do terceiro que teve seu bem expropriado.

Como já vimos, a execução persegue o bem do devedor ainda que esse já tenha sido alienado, desde que essa alienação tenha tornado o devedor inadimplente, e, conforme já visto, essa responsabilidade patrimonial desconsidere alienações que podem, conforme o caso, ser fraude contra credores; fraude à execução ou ainda alienação do bem penhorado.

É certo que o credor pode exigir a penhora do bem alienado, facultando-se ao terceiro promover sua defesa.

Como, obviamente, ele não é parte na execução, o meio jurídico aqui possível será embargos de terceiro.

1.1. Conceito

Embargos de terceiro é o meio de defesa utilizado pelo terceiro que vier a ter o seu bem injustamente apreendido. (*Liebman*: 1963, p. 69).

Ou ainda "são uma acção de intervenção, formada por um terceiro, que não foi parte na causa, em defesa de seus bens contra execuções alheias" (*F. Oliveira Conde apud Paula Baptista:* 1925, p. 18).

1.2. Natureza jurídica

Nos dizeres de *Paula Baptista* "é uma acção de intervenção, formada por terceiro, que não foi parte na causa". (*F. Oliveira Conde apud Paula Batista*: 1925, p. 5)

Nelson e Rosa Nery vêem os embargos como sendo uma ação de conhecimento, constitutiva negativa, cujo objetivo é a liberação do bem penhorado. (*Nery*: 2001, p. 1.355).

2. Legitimidade

Obviamente que como legitimado ativo nos embargos de terceiros temos o terceiro que teve seu bem objeto da expropriação — art. 1.046 do CPC.

Problema surge com relação a esse terceiro, que tanto poderá ser o mero adquirente do bem, como pode ser um condômino ou o cônjuge do devedor.

Desta feita, muitas vezes é o cônjuge que teve seu bem penhorado, será terceiro na relação jurídica, desde que não tenha ele onerado a sua parte na dívida — art. 1.046, § 3º do CPC.

O sujeito passivo será o credor da execução se esse que determinou a penhora, e se o bem tiver sido indicado pelo devedor, ter-se-á uma hipótese de litisconsórcio passivo necessário.

3. *Quando e como se processaram*

Haverá possibilidade de interposição de embargos de terceiro nas ações de execução, nos processos de falência e nos executivos fiscais.

A ação pode ser proposta a qualquer tempo, enquanto não transitada em julgado a sentença. Todavia nos processos de execução devem os embargos de terceiros ser interpostos em até cinco dias depois da alienação do bem penhorado — art. 1.048 do CPC.

Os embargos de terceiros são interpostos através de petição escrita, com os fundamentos do art. 282 do CPC (art. 1.050 do CPC), por dependência, no juízo que determinou a apreensão — art. 1.049 do CPC.

Após o ajuizamento da ação, o juiz poderá deferir liminarmente os embargos (art. 1.051 do CPC), sendo certo que se ele versar sobre todos os bens, se suspenderá a execução, e determinará a citação do embargado que deverá impugnar no prazo de 10 (dez) dias.

A impugnação se limitará na alegação de insolvência do devedor, e de que o título de alienação do bem é nulo — art. 1.054 do CPC.

Organograma — Embargos de terceiro

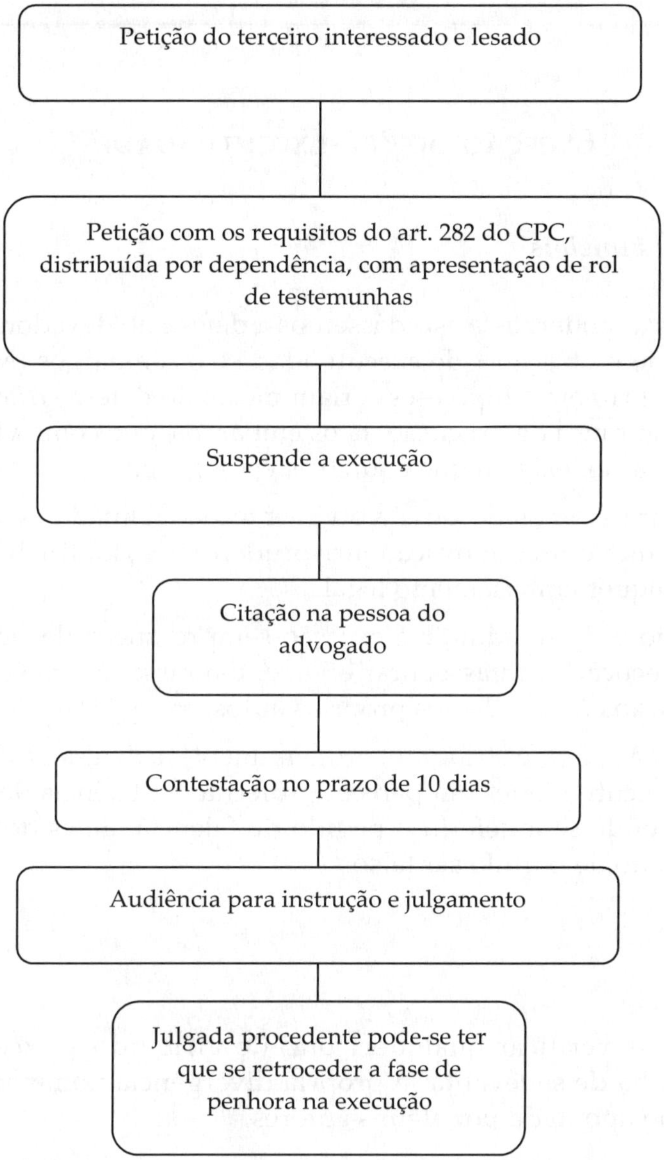

LXVI

Exceção de Pré-Executividade

1. *Considerações iniciais*

Na doutrina moderna-se estudássemos a defesa do devedor, nela elencaríamos a exceção e objeção[1] de executividade e os embargos (*Nery*: 2001, p. 1.187). As duas primeiras hipóteses seriam meios de defesa *strito sensu* e dispensariam a segurança da execução. Já os embargos, que como vimos são um instrumento de ação, exigem que o juízo esteja seguro.

Por hora, trataremos do desenvolvimento da chamada exceção de pré-executividade, que é uma inovação jurisprudencial e doutrinária que ainda não possui qualquer embasamento legal.

A princípio é de se admitir a exceção sempre que o devedor pretenda responder à execução, sem assegurar o juízo, para isso, ao invés de ele apresentar os embargos responde nos próprios autos.

A *Pontes de Miranda* é atribuído, primeiramente, a defesa da chamada "exceção de pré-executividade" em parecer proferido na falência da Companhia Mannesmann, onde se indeferiu o pedido de falência, antes do depósito ou penhora, pelo fato de o título ser falso.

2. *Conceito*

Antes de se verificar qualquer conceito atribuído à exceção de pré-executividade, há de se levantar a própria divergência nominativa aduzida pelo tema como apontado por alguns autores.

Desta forma, não é ela uma exceção de pré-executividade mas uma exceção de executividade, pois é o primeiro instrumento de defesa de que se valerá o devedor, quando já proposta a execução, este quiser demonstrar a sua desobrigação.

---

(1) Na objeção se argúem questões relacionadas ao desenvolvimento válido do processo e das condições da ação, já na exceção, argüi-se questões de prescrição, extinção da obrigação pelo pagamento ou por compensação, novação, remissão, dação, etc.

2.1. Natureza jurídica

Apesar de todas as divergências parece ser indiscutível a natureza jurídica da exceção de pré-executividade, já que a mesma, diferente das demais exceções tem uma natureza de defesa do executado.

3. *Apresentação*

Não existe, ainda, uma forma determinada de apresentação da exceção, devendo a mesma ser argüida através de petição com as alegações que a substanciam.

4. *Matéria abordada*

Os doutrinadores, que defendem a possibilidade da exceção de executividade, são unânimes em asseverar ser ela possível sempre que houver matéria de ordem pública ou qualquer das nulidades do art. 618 do CPC. Assim se o juiz puder sustar a execução de ofício, não será justo que o devedor tenha que assegurar o juízo para poder emanar a sua defesa.

Além das questões de ordem pública admitir-se-á a exceção quando houver, na execução, questões que ilidem o direito de credor.

O Superior Tribunal de Justiça, no recurso especial n. 640941-RS, que teve como relator o Ministro José Delgado, julgada em 28 de setembro de 2004, assevera:

> Tibutário. Embargos à execução. Prescrição. Exame da matéria em sede de exceção de pré-executividade. Cabimento. Precedentes.
>
> Imposto de renda de pessoa jurídica. Reconhecimento de alegada prescrição. Hipótese não evidenciada no caso concreto. Acórdão recorrido em sintonia com o entendimento deste Superior Tribunal de Justiça. Decisão fulcrada nos elementos de prova. Aplicação do verbete n. 7 da Súmula do STJ.
>
> 1. Trata-se de recurso especial fundado na alínea "c" do permissivo constitucional apresentado por Begê Restaurantes de Coletividade Ltda. e outros, em sede de agravo de instrumento interposto em *ação de execução* fiscal movida pela Fazenda Nacional. Em juízo de primeiro grau o pleito restou denegado, havendo o Tribunal *a quo* mantido esse mesmo entendimento ao julgar o recurso de apelação, também desprovido.
>
> Pela via especial se pretende ver reconhecida a inexigibilidade dos valores excutidos, em razão de defeitos na Certidão de Dívida Ativa, bem como a possibilidade de alegação de prescrição em sede de exceção de pré-executividade. Desprovido o pedido em primeiro grau, em juízo de apelação o acórdão recorrido entendeu não ser possível o exame de prescrição em exceção de pré-executividade, bem assim, considerou plenamente exigíveis os créditos tributários em discussão, afastando eventual decadência ou prescrição desses valores.

2. No que se refere à possibilidade de exame de prescrição em exceção de pré-executividade, verifica-se que realmente o acórdão recorrido esposa tese de direito contrária ao entendimento adotado por este Superior Tribunal de Justiça, que tem admitido a utilização dessa via processual para o tratamento legal da prescrição de créditos tributários. Precedentes.

3. Não se reconhece, na hipótese dos autos, a pretendida prescrição dos créditos exigidos pela Fazenda, uma vez que, tratando-se de tributo sujeito a lançamento por homologação — imposto de renda de pessoa jurídica — os procedimentos fiscais foram realizados tempestivamente, a partir da ocorrência do fato gerador.

4. Com efeito, o fato gerador ocorreu em 1993, caracterizando-se o lançamento pela Fazenda, mediante a inscrição em dívida ativa em 1997. Em 2001, portanto em momento já posterior ao ajuizamento de execução pela Fazenda, procedeu-se à citação da empresa. Não foi ultrapassado, assim, o lapso qüinqüenal que operaria o lançamento tácito, ou mesmo a inobservância quanto ao prazo destinado à cobrança executiva. Ao revés, houve inequívoca manifestação da Fazenda quanto à constituição do crédito tributário, mediante a inscrição em dívida ativa, e tempestiva cobrança dos valores tributados, consoante as informações produzidas pelo Tribunal *a quo*.

5. Evidenciado que o acórdão recorrido decidiu a controvérsia, também, com fundamento em conteúdo probatório — regularidade documental e da Certidão de Dívida Ativa — não se conhece, no particular, do recurso especial, vez que o reexame das provas coligidas aos autos encontra vedação no verbete número 7 da Súmula deste Superior Tribunal de Justiça.

6. Recurso especial parcialmente conhecido e, nessa parte, desprovido.

LXVII

Execução por Quantia Certa contra Devedor Insolvente

1. Disposições iniciais

Primeiramente deve-se entender o que vem a ser insolvente.

A insolvência dá-se sempre que as dívidas do devedor forem superior aos bens deste, conforme determinado no art. 748 do Código de Processo Civil.

Tem, pois, assim a legislação a intenção de assemelhar o devedor civil ao devedor comercial. Há de se considerar que se o devedor for casado, ambos serão considerados insolventes.

Procedimento típico do processo de execução se caracteriza por apresentar uma natureza coletiva e universal decorrente do fenômeno jurídico da insolvabilidade que atinja qualquer devedor não comerciante. (*Machado*: 2004. p. 1.135)

A natureza coletiva da ação de execução surge em face da necessidade de nessa ação serem considerados todos; os credores são chamados a participarem e integralizarem o processo de execução.

A outra característica diz respeito à universalidade, isso porque todo o patrimônio do devedor se submeterá à ação de execução.

2. Questões processuais

Como já vimos o processo de execução contra devedor insolvente apresenta diversas peculiaridades, as quais estudaremos a seguir.

2.1. Legitimidade

Quanto à legitimidade ativa será a do próprio devedor ou seu espólio[1] — art. 753 do CPC —, ou ainda quaisquer dos credores desde que quirografários.

Não se admite, entretanto, que o juiz declare a insolvência de ofício.

(1) Desde que o espólio não seja representado por inventariante dativo.

2.2. Competência

A princípio, a competência da execução por quantia certa contra devedor insolvente segue as regras gerais da competência na execução; entretanto em face da similaridade à falência, a ela se exclui a competência da Justiça Federal — art. 109, I da CF.

Deve-se pois ajuizar a ação na comarca do domicílio do devedor — art. 760 do CPC.

2.3. Requerimento

O requerimento de insolvência será, como já visto, interposto no juízo em que residir o devedor, através de petição que conterá os nomes dos credores, a importância e a natureza do crédito, além da individualização dos bens e respectivos valores, bem com um relatório do patrimônio.

3. Declaração de insolvência

O juiz, observado os preceitos da petição de requisição da insolvência (art. 760 do CPC), nomeará o administrador da massa, e determinará a expedição de edital, para que todos os credores se apresentem, acompanhados de seus títulos executivos.

O administrador dentre outras atividades (art. 766 do CPC) determinará a arrematação dos bens efetuando o pagamento dos credores que formaram um quadro, obedecida a ordem de chegada, que será desconsiderado se houver credores quirografários.

Efetuado o pagamento dos credores, havendo saldo, o devedor permanecerá responsável por ele até cinco anos após o trânsito em julgado do encerramento do processo de declaração de insolvência — art. 778 do CPC —

3.1. Efeitos

A declaração da insolvência provoca o vencimento antecipado de todas as dívidas do devedor insolvente (art. 751 do CPC); sua retirada da administração de seus bens (art. 752 c/c 782 do CPC); arrecadação de todos os bens, mesmo os adquiridos no trâmite do processo (art. 751, II do CPC); instauração de concurso de credores (art. 751, III c/c art. 762 CPC).

Organograma — Execução por quantia certa contra devedor insolvente

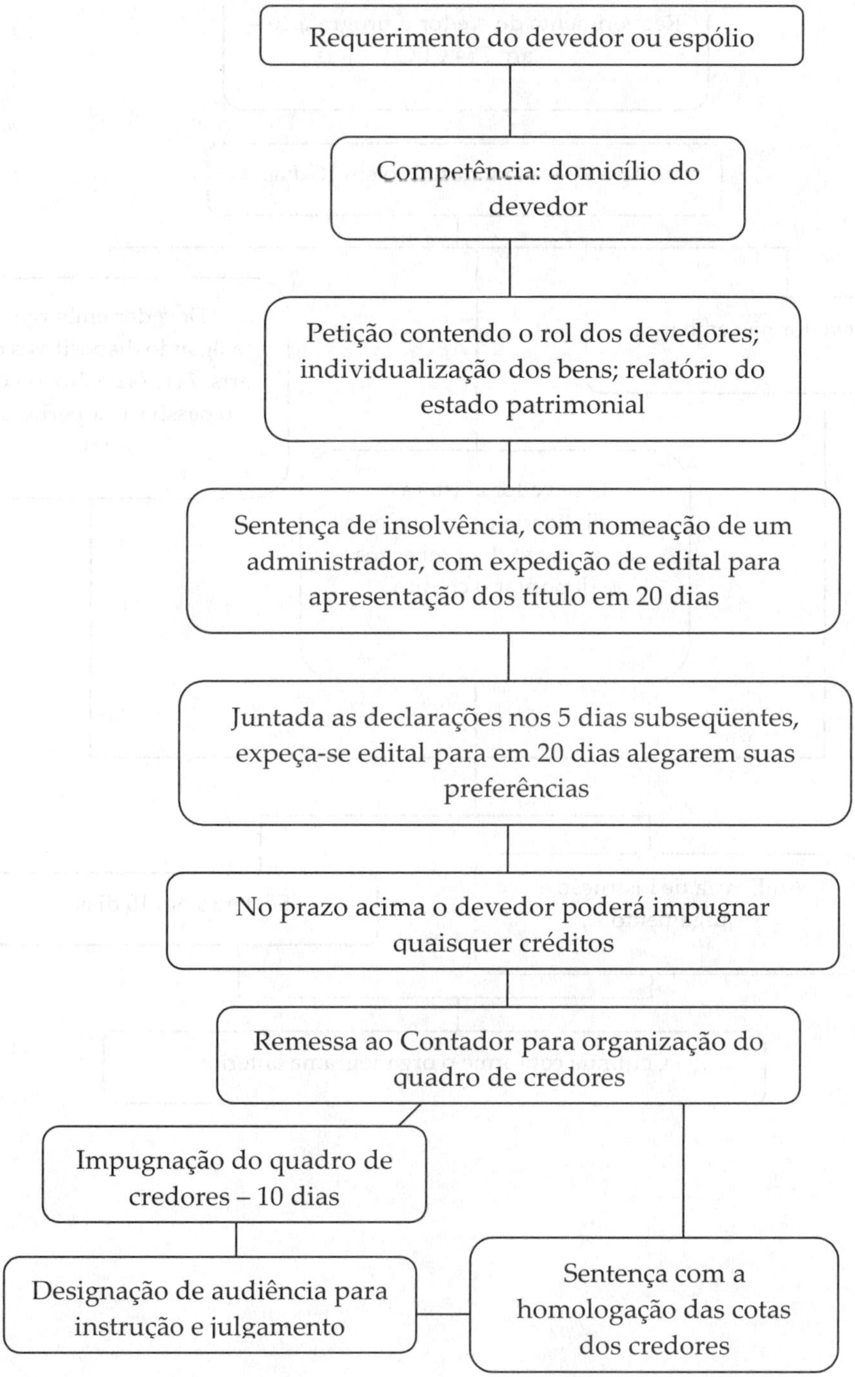

Organograma — Execução por quantia certa contra devedor insolvente

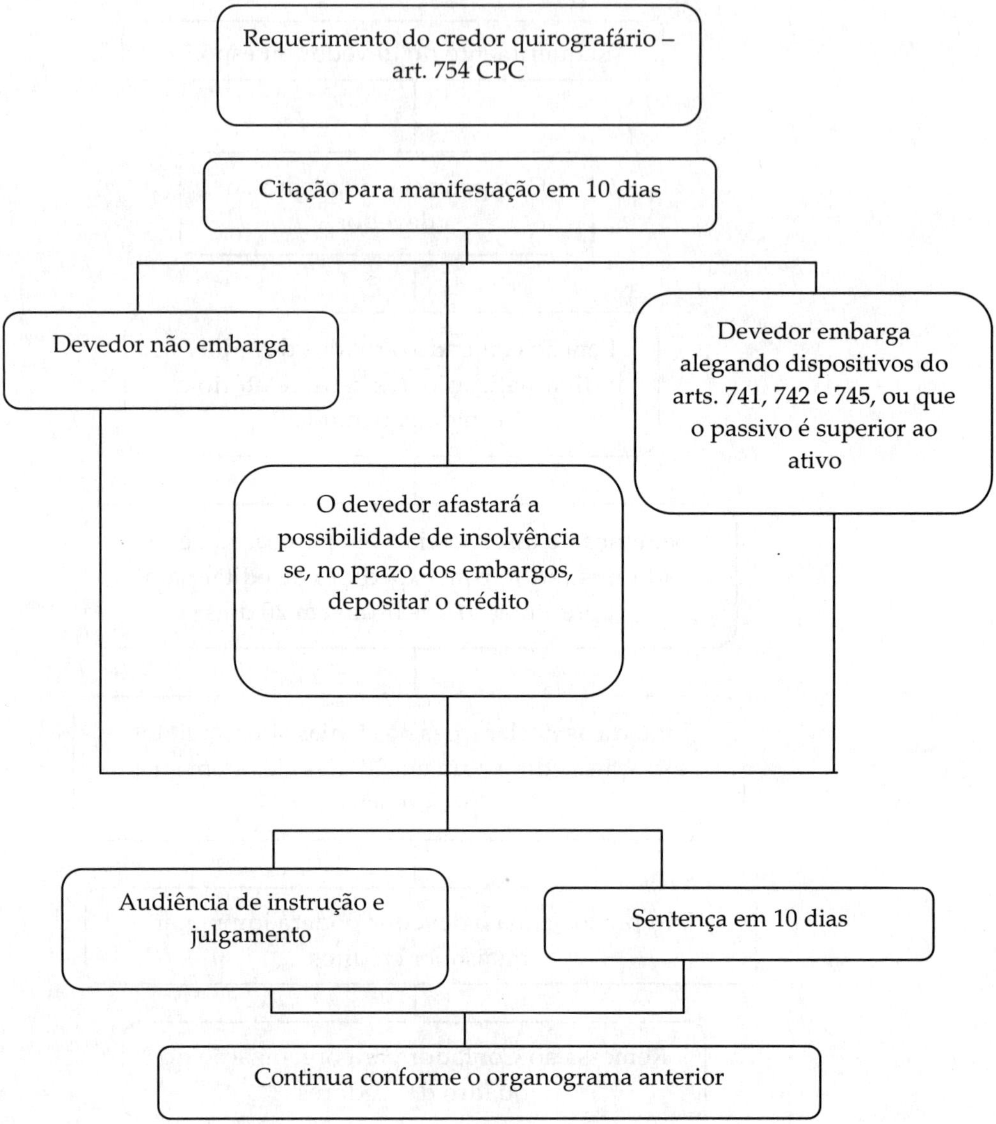

LXVIII

Processo Cautelar — Questões Introdutórias

1. *Disposições iniciais*

Críticas existem quanto ao fato do Código de Processo Civil vigente dar aos processos cautelares, tratamento idêntico dos processos de conhecimento e de execução, isso porque difere dos instrumentos inspiradores, isto é, do direito italiano, do português e do anglo-saxônico.

Todavia, há de se admitir que ao seguir esse método, o Código de Processo Civil Brasileiro se pôs na vanguarda dos ordenamentos jurídicos, reconhecendo, na cautela, uma espécie de função jurisdicional.(1)

Já se estudou o processo de conhecimento, no qual o autor busca a tutela jurisdicional de forma ampla, dando-se as partes um contraditório exauriente; o processo de execução, cuja característica básica é a expropriação do bem do patrimônio do devedor e solvência de sua dívida perante o credor.

Agora estudar-se-á o processo cautelar que na verdade é o meio assecuratório do direito que será discutido no processo de conhecimento ou no processo de execução.

É característica desse processo que se, tenha indícios de seu direito, e ainda que o autor tenha um risco mediato da demora da concessão da tutela jurisdicional, chamados de *fumus boni juris* e *periculum in mora*, respectivamente.

Assim pode-se dizer que no processo cautelar se visa elidir os efeitos da *dilatio temporis;* assim estará ligado à preservação de bens e direitos envolvidos no processo, afastando-os de eventual situação de risco para sua integridade, a fim de que eles possam ser submetidos à satisfação do direito determinada pela sentença.(2)

1.1. Conceito

Primeiramente há de se esclarecer o que vem a ser a tutela cautelar que é o "conjunto de medidas de ordem processual destinadas a garantir o resultado

(1) LACERDA, Galeno. *Comentários ao Codigo de Processo Civil.* 8. ed. Rio de Janeiro: Forense, 1999. tomo I., v. VIII, p. 1-2.

(2) BEDAQUE, José Roberto dos Santos. *Tutela cautelar e tutela antecipada*: tutelas sumárias e de urgência (tentativa de sistematização). 2. ed. São Paulo: Malheiros, p. 121.

final do processo de conhecimento, ou do processo executivo". É ela a modalidade jurisdicional, que vem a ser exercida através do processo de igual nome, isto é, do processo cautelar.(3)

O processo cautelar é a busca da jurisdição que apresentará como característica peculiar a provisoriedade, que visará garantir a efetividade do processo principal, razão pela qual nele não haverá discussão de mérito.

2. *Requisitos para a concessão da cautela*

A obtenção da cautela antecipada exige como requisito o risco de um dano emergencial, que poderá provocar a iniqüidade do processo principal; é esse risco denominado de *periculum in mora*. Além desse requisito, é necessário que a parte demonstre uma existência de seu direito material. denominado de *fumus boni juris*.

• *Fumus boni juris*

A "fumaça do bom direito" há de ser demonstrada inicialmente para que possa o autor ter direito à tutela jurisdicional provisória.

A aparência do direito postulado que garante a concessão da cognição cautelar se fundamenta em um juízo de probabilidade e de verossimilhança.(4)

Assim deve a parte aparentar que tem o direito (que não esqueçamos, será discutido no processo principal), de forma que a tutela lhe será concedida através de um cálculo de probabilidade. Isso ocorre porque no processo cautelar não se faz a busca profunda do direito, que será exaustivamente discutido no processo principal, nele se baseará na aparência e na probabilidade do direito pleiteado.

Há de se esclarecer que a tutela jurisdicional definitiva, que será concedida no processo principal, não será, exatamente pelo fato da cautelar ter sido concedida, fundamentada num direito aparente, meramente convalidatória, ao contrário, apesar de concedida a tutela cautelar, pode-se ao final do processo principal ter-se uma sentença desfavorável que, dependendo da espécie de cautelar, tornar-se-á inócua.

• *Periculum in mora*

Outro requisito do processo cautelar é o perigo existente na demora da concessão da tutela jurisdicional pleiteada, assim necessita-se que seja concedida uma cautela liminar, pois não pode o autor aguardar a cognição exauriente do processo principal.

Pode-se ver na urgência uma garantia para posteriormente poder se discutir amplamente o direito pleiteado.

---

(3) MARQUES, José Frederico. *Op. cit.*, p. 423.

(4) CALAMANDREI, Piero. *Introdução ao estudo sistemático dos procedimentos cautelares.* Traduzido da edição italiana de 1936 por Carla Roberta Andreasi Bassi. Campinas: Servanda, 2000. p. 99-100.

A justificação do perigo deve ser fundada; relacionada a um dano próximo e devendo ser grave e difícil a reparação, conforme determinado no art. 798, *in fine*[5] do Código de Processo Civil.

De forma que não poderá o autor, que pleiteia a tutela jurisdicional cautelar, aguardar o trâmite de uma ação principal, com uma cognição exauriente.

3. *Poder geral de cautela*

Foi instituído pela Constituição Federal de forma que se passou a admitir que o próprio juiz conceda medida cautelar, mesmo que essa não tenha sido requerida pela parte.

Tal concessão baseia-se no instituto denominado *Contempt of Court* comum ao direito americano. Este instituto está previsto no art. 797 do CPC que prevê que o juiz concederá medida cautelar sem oitivas das partes

4. *Distinção em tutela cautelar e tutela antecipada*

Com a alteração introduzida pela Lei n. 8.952, de 13.12.1994, o art. 273[6], do Código de Processo Civil passou a admitir a chamada tutela antecipada.

Assim o art. 273 antigo virou, na reforma, o parágrafo único do art. 272, para que nesse se introduzisse essa inovação anteriormente não prevista.

A tutela antecipada difere da tutela cautelar, primeiramente, porque aquela se requer nos autos do processo de conhecimento, devendo ser apreciada pelo juiz a qualquer tempo, sendo certo que ela representa uma antecipação da pretensão requerida pelo autor, enquanto que na tutela cautelar, se busca uma tutela provisória, cujo mérito se discutirá em ação principal própria; além do fato de que a tutela cautelar sempre prescindirá da de uma ação autônoma.

Em síntese pode-se distinguir da forma a seguir:

Tutela antecipada

1) Art. 273 do CPC.

---

(5) Art. 798. ... quando houver fundado receio de que uma parte, antes do julgamento da lide, cause ao direito da outra lesão grave e de difícil reparação.

(6) Art. 273. O juiz poderá, a requerimento da parte, antecipar, total ou parcialmente, os efeitos da tutela pretendida no pedido inicial, desde que, existindo prova inequívoca, se convença da verossimilhança da alegação e: (Redação dada pela Lei n. 8.952, de 13.12.1994)

I — haja fundado receio de dano irreparável ou de difícil reparação; II — fique caracterizado o abuso de direito de defesa ou o manifesto propósito protelatório do réu.

§ 1º Na decisão que antecipar a tutela, o juiz indicará, de modo claro e preciso, as razões do seu convencimento.

§ 2º Não se concederá a antecipação da tutela quando houver perigo de irreversibilidade do provimento antecipado.

§ 3º A execução da tutela antecipada observará, no que couber, o disposto nos incisos II e III do art. 588.

§ 4º A tutela antecipada poderá ser revogada ou modificada a qualquer tempo, em decisão fundamentada.

§ 5º Concedida ou não a antecipação da tutela, prosseguirá o processo até final julgamento.

2) Natureza — mandamental.

3) Pedido incidental nos autos da ação.

4) Antecipação dos efeitos da sentença de mérito, de forma a antecipar a sua execução.

5) É admitida em todas espècies de ações de conhecimento.

Tutela cautelar

1) Art. 796 e ss. CPC.

2) Natureza — cautelar — satisfativa.

3) Ação acessória (preparatória ou incidental).

4) Assegurar resultado útil do processo de conhecimento ou execução.

5) Interposição da principal em 30 dias — art. 806 CPC.

LXIX

Do Procedimento Cautelar

1. *Conceito de ação cautelar*

A ação cautelar é o provimento jurisdicional pelo qual se visa à obtenção da efetividade do processo principal. Pode-se dizer que a ação cautelar é uma ação eminentemente processual, já que se constitui em um instrumento do instrumento (ação principal).[(1)]

Cumpre aqui esclarecer que o Código de Processo Civil diverge na apresentação do conceito de ação cautelar, já que existem várias espécies de ações cautelares, cada qual com suas peculiaridades. Assim, para melhor atender ao disposto legalmente, o legislador utiliza-se da terminologia "procedimento" ao invés de "ação".

2. *Condições da ação*

O procedimento cautelar poderá ser instaurado antes (preparatória) ou no curso do processo principal (incidental), conforme disposto no art. 796[(2)] do Código de Processo Civil.

As condições da ação no processo cautelar, obedece a todas as regras do processo de conhecimento, acrescida algumas outras características da ação cautelar, como se verá a seguir.

2.1. Possibilidade jurídica do pedido

Como se sabe a possibilidade jurídica do pedido consiste na admissibilidade jurídica da tutela pleiteada, isso no processo cautelar significa, por exemplo, que não se poderá requerer o seqüestro de um bem impenhorável ou alimentos de um terceiro qualquer.

2.2. Legitimidade

A legitimidade dependerá de cada espécie de tutela, pois cada uma delas ensejará uma legitimidade diferente. Assim, por exemplo, se ajuizarmos uma

(1) SHIMURA, Sergio Seiji. *Arresto cautelar*. 2. ed. São Paulo: Revista dos Tribunais, 1997. p. 35.

(2) Art. 796. O procedimento cautelar pode ser instaurado antes ou no curso do processo principal e deste é sempre dependente.

ação declaratória, e no decorrer da mesma se necessitar da antecipação de provas, obviamente que a legitimidade, em regra, será das partes da ação principal.

Haverá, outrossim, ações cuja legitimidade caberá também ao Ministério Público, como por exemplo, nas hipóteses elencadas nos incisos III a V e VII do art. 888(3) do CPC.

2.3. Interesse de agir

Aqui a ação cautelar apresenta, a meu ver, sua maior diferenciação, vez que o interesse estará intimamente ligado a uma presunção do direito pleiteado, bem como um justo e fundado receio de que o mesmo, se não tutelado imediatamente, venha a ser irrecuperável.

3. Competência

A ação cautelar obedecerá as regras de competência do processo principal, pois é a mesma uma ação acessória.

Desta forma se determina que a ação cautelar siga a regra do art. 108(4) do Código de Processo Civil, para determinar a sua competência.

Também o art. 800(5) do CPC dispõe quanto à competência da ação cautelar.

4. Instrumentalização

A ação cautelar se instrumentalizará com o disposto no art. 801 do CPC, que determina ser a medida pleiteada por petição escrita que indicará a autoridade a quem é dirigida; o nome e qualificação das partes; a lide e fundamento; e a exposição do direito ameaçado; bem como as provas que serão produzidas.

Vê-se que as características são as mesmas do art. 282(6) do CPC, excetuando-se a ameaça ao direito e o justo receio de ver seu direito perder-se.

---

(3) Art. 888. O juiz poderá ordenar ou autorizar, na pendência da ação principal ou antes de sua propositura:
...
III — a posse provisória dos filhos, nos casos de separação judicial ou anulação de casamento;
IV — o afastamento do menor autorizado a contrair casamento contra a vontade dos pais;
V — o depósito de menores ou incapazes castigados imoderadamente por seus pais, tutores ou curadores, ou por eles induzidos à prática de atos contrários à lei ou à moral;
...
VII — a guarda e a educação dos filhos, regulado o direito de visita;

(4) Art. 108. A ação acessória será proposta perante o juiz competente para a ação principal.

(5) Art. 800. As medidas cautelares serão requeridas ao juiz da causa; e, quando preparatórias, ao juiz competente para conhecer da ação principal.

(6) Art. 282. A petição inicial indicará: I — o juiz ou tribunal, a que é dirigida; II — os nomes, prenomes, estado civil, profissão, domicílio e residência do autor e do réu; III — o fato e os fundamentos jurídicos do pedido; IV — o pedido, com as suas especificações; V — o valor da causa; VI — as provas com que o autor pretende demonstrar a verdade dos fatos alegados; VII — o requerimento para a citação do réu.

Interposta a ação é o réu citado para contestar no prazo de 5 dias (art. 802 do CPC). Havendo revelia o juiz decidirá em 5 dias (art. 803 do CPC).

Na hipótese de contestação o juiz designará audiência.

5. *Contraditório*

O contraditório no processo cautelar é diferenciado, pois se pode conceder a tutela *inaudita altera pars*, isto é, sem a oitiva da parte contrária.

Entretanto, tal concessão de direito não implica em uma afronta ao princípio do contraditório, principalmente porque depois de concedida a liminar, dá-se à parte o direito de se manifestar sobre a causa, podendo o juiz, até, eventualmente, cassar uma liminar já outorgada.

Há de se considerar que a contestação do requerido será ofertada no prazo de 5 (cinco) dias, indicando as provas que se pretende produzir — art. 802 do CPC — (claro que a contestação está atrelada aos procedimentos cautelares contenciosos, já que nos voluntários, como não há divergência, também não haverá contestação.

É importante consignar que a concessão da medida *inaudita altera pars* é a exceção[7] e visa à própria efetividade do processo cautelar, posto que se o réu for cientificado da medida, tornar-se-á ineficaz, como por exemplo, na busca e apreensão em que o réu poderá sumir com a coisa.

6. *Peculiaridades*

O processo cautelar por sua natureza acessória, quando preparatório exige a interposição do processo cautelar em 30 dias contados da efetivação da medida liminar. Esse prazo é peremptório, assim se transcorrer sem ajuizamento da ação principal a cautelar perde seu efeito.

Outro ponto importante é que o juiz poderá condicionar a concessão da cautela a apresentação de garantia real ou fidejussória (art. 804 do CPC).

Por fim, cessará a efetividade da liminar, quando a ação principal não for interposta no prazo, ou a liminar não se efetiva em 30 dias ou quando extinto o processo principal.

7. *Fase final do processo cautelar*

No processo cautelar feita a citação, não se manifestando o requerido, aplicar-se-ão as regras da revelia, ou ainda quando contestado o feito, se for

---

(7) Art. 797. Só em casos excepcionais, expressamente autorizados por lei, determinará o juiz medidas cautelares sem a audiência das partes.

possível ao juiz se faculta o julgamento da lide no estado em que está (é a hipótese de julgamento antecipado da lide) — art. 803 do CPC.

Não há previsão expressa de cognição no processo cautelar, porém, em sendo necessário, dever-se-ão aplicar as regras do processo de conhecimento.

No tocante à sentença ela obedecerá às regras do art. 458[8] do CPC, o mesmo se dizendo quanto à sucumbência que se dará sempre que no processo houver lide instaurada.

(8) Art. 458. São requisitos essenciais da sentença: I — o relatório, que conterá os nomes das partes, a suma do pedido e da resposta do réu, bem como o registro das principais ocorrências havidas no andamento do processo; II — os fundamentos, em que o juiz analisará as questões de fato e de direito; III — o dispositivo, em que o juiz resolverá as questões, que as partes lhe submeterem.

LXX

Arresto

1. *Disposições gerais*

A cautelar de arresto está inserta nos arts. 813 a 821 do CPC. Há de se considerar que indubitavelmente é uma cautelar típica.

Difere do arresto do art. 653 do CPC[1], que não tem característica de cautelar, sendo um ato preparatório da expropriação.

2. *Conceito e natureza jurídica*

Arresto cautelar é a medida de apreensão de bens destinada a assegurar a efetividade de um processo de execução por quantia certa contra devedor solvente.[2]

A natureza jurídica é de cautelar nominada típica.

3. *Procedimento*

Esse procedimento se dará sempre que se der as hipóteses do art. 813 do CPC, todavia há de se considerar que tais exigências são meramente exemplificativas.

Assim o arresto terá lugar, nas hipóteses em que:

— quando o devedor sem domicílio certo intenta ausentar-se ou alienar os bens que possui, ou deixa de pagar a obrigação no prazo estipulado;

— quando o devedor, que tem domicílio, se ausenta ou tenta ausentar-se furtivamente; ou caindo em insolvência, aliena ou tenta alienar bens que possui; contrai ou tenta contrair dívidas extraordinárias; põe ou tenta pôr os seus bens em nome de terceiros; ou comete outro qualquer artifício fraudulento, a fim de frustrar a execução ou lesar credores;

---

(1) Art. 653. O oficial de justiça, não encontrando o devedor, arrestar-lhe-á tantos bens quantos bastem para garantir a execução.

Parágrafo único. Nos 10 (dez) dias seguintes à efetivação do arresto, o oficial de justiça procurará o devedor três vezes em dias distintos; não o encontrando, certificará o ocorrido.

(2) SHIMURA, Sérgio Seiji. *Arresto cautelar.* São Paulo: Saraiva, 1997. p. 66.

— quando o devedor, que possui bens de raiz, intenta aliená-los, hipotecá-los ou dá-los em anticrese, sem ficar com algum ou alguns, livres e desembargados, equivalentes às dívidas;

— nos demais casos expressos em lei.

Exigir-se-á todavia, como pressuposto para sua concessão a prova literal da dívida, e o documento que a justifica — art. 814 do CPC.

É importante relembrarmos que eventualmente, caso ache necessário, o juiz designará justificaçãoprévia, para oitiva de testemunhas e avaliação da concessão requerida.

LXXI

Seqüestro

1. *Disposições gerais*

Instituto antigo já era conhecido no direito romano. Apresenta semelhança ao arresto, porém dele difere por se transformar em depósito, enquanto que o arresto se transforma em penhora.

Tem como requisito a dúvida sobre o direito e o perigo do perecimento ou dano da coisa.

Está esse instituto inserto nos arts. 822 à 825 do CPC.

2. *Conceito e natureza jurídica*

Cautelar nominada típica é a medida cautelar "capaz de garantir futura execução para entrega de coisa, com a apreensão de bem determinado, objeto do litígio, com a finalidade de assegurar a sua entrega, em bom estado, ao vencedor da causa".[1]

Simplificando, como já mencionado o seqüestro visa garantir a efetividade da execução para entrega de coisa certa.

3. *Cabimento*

O cabimento do seqüestro está explicado no art. 822 do CPC, que assevera que o juiz, a requerimento da parte, pode decretar o seqüestro de bens móveis, semoventes ou imóveis, quando lhes for disputada a propriedade ou a posse, havendo fundado receio de rixas ou danificações; ou dos frutos e rendimentos do imóvel reivindicando, se o réu, depois de condenado por sentença ainda sujeita a recurso, os dissipar; ou ainda dos bens do casal, nas ações de desquite e de anulação de casamento, se o cônjuge os estiver dilapidando; ou ainda nos demais casos expressos em lei (temos aqui a Lei n. 8.929, de 22.8.94 — Institui a Cédula de Produto Rural, e dá outras providências).

Há de se esclarecer que, quanto ao desquite, deve-se interpretar como sendo separação judicial.

---

(1) MARQUES, José Frederico. *Op. cit.*, 2000. p. 506.

4. *Procedimento*

O procedimento seguirá, no que for pertinente, as regras do arresto — art. 823 do CPC, sendo certo porém que ao juiz incumbirá nomear o depositário dos bens seqüestrados. A escolha poderá, todavia, recair: em pessoa indicada, de comum acordo, pelas partes; em uma das partes, desde que ofereça maiores garantias e preste caução idônea, nos termos do disposto no art. 824 do CPC.

Escolhido aquele que ficará como depositário a entrega dos bens ao depositário far-se-á logo depois que este assinar o compromisso — art. 825 do CPC

Se houver resistência, o depositário solicitará ao juiz a requisição de força policial — parágrafo único do art. 825 do CPC.

Em síntese pode-se distinguir um instituto do outro da seguinte forma

ARRESTO	SEQÜESTRO
penhora	depósito
efetividade execução por quantia certa, busca bens indeterminados.	execução para entrega de coisa, busca bens determinados.

LXXII

Caução

1. *Considerações gerais*

A caução não é uma medida cautelar pura, já que nem toda caução terá essa característica cautelar.

Na parte cautelar ela está prevista nos arts. 826 a 834 do CPC.

Pode ela ser real, sempre que estabelecida por uma garantia de direito real (hipoteca; penhor; depósito ou títulos) ou fidejussória, que é a caução dada por fiança de terceiro — art. 826 do CPC.

2. *Conceito e natureza jurídica*

A expressão "caução vem do latim *cautio* (ação de se acautelar, precaução), de modo geral, quer expressar, precisamente, a cautela que se tem ou se toma, em virtude da qual certa pessoa oferece a outrem a garantia ou segurança para o cumprimento de alguma obrigação.

Como se vê, é tomado em sentido genérico, para indicar as várias modalidades de garantias que possam ser dadas pelo devedor ou exigidas pelo credor, para fiel cumprimento da obrigação assumida, em virtude de contrato, decorrente de algum ato a praticar, ou que tenha sido já praticado por quem está obrigado a ela.

A função jurídica da caução é, precipuamente, a de assegurar a solvabilidade do devedor.

E, sob o ponto de vista obrigacional, apresenta-se como o contrato ou obrigação acessória, de modo que, em regra, se firma na existência de contrato ou de obrigação principal. Por esta razão, não devem os encargos que dela decorrem exceder a responsabilidade da obrigação principal nem suas condições devem ser mais onerosas que as estipuladas para a dívida ou obrigação principal.

Na prática forense, "a caução, seja voluntária ou necessária, prestada como medida cautelar, pode ser efetivada preventivamente (medida preventiva), ou como preparatória da ação (medida preparatória)".[1]

---

(1) SILVA, De Plácido e. *Vocabulário jurídico.* Rio de Janeiro: Forense, 1999.

A natureza jurídica da caução é discutida, pois para alguns autores ela não será sempre cautelar.[2]

3. *Cabimento*

No tocante ao cabimento a caução pode ser prestada pelo interessado ou por terceiro. — art. 828 do CPC, seguindo o rito do disposto no art. 829 do CPC, que diz, *in verbis:*

Art. 829. Aquele que for obrigado a dar caução requererá a citação da pessoa a favor de quem tiver de ser prestada, indicando na petição inicial:

I — o valor a caucionar;

II — o modo pelo qual a caução vai ser prestada;

III — a estimativa dos bens;

IV — a prova da suficiência da caução ou da idoneidade do fiador.

Outra característica aqui estabelecida é a de que a parte será citada para aceitar a caução ou contestá-la no prazo de 5 dias.[3]

Após esse prazo, dando continuidade ao procedimento, o juiz proferirá sentença nos termos do art. 832 do CPC.[4]

Julgando procedente o pedido, o juiz determinará a caução e assinará o prazo em que deve ser prestada, cumprindo-se as diligências que forem determinadas. Se o requerido não cumprir a sentença no prazo estabelecido, o juiz declarará: no caso do art. 829, não prestada a caução; no caso do art. 830, efetivada a sanção que cominou — art. 834 do CPC.

---

(2) WAMBIER, Luiz Rodrigues. *Op. cit.*, 2000. p. 69.

(3) Art. 831. O requerido será citado para, no prazo de 5 (cinco) dias, aceitar a caução (art. 829), prestá-la (art. 830), ou contestar o pedido.

(4) Art. 832. O juiz proferirá imediatamente a sentença: I — se o requerido não contestar; II — se a caução oferecida ou prestada for aceita; III — se a matéria for somente de direito ou, sendo de direito e de fato, já não houver necessidade de outra prova.

LXXIII

Busca e Apreensão

1. *Considerações introdutórias*

A busca e apreensão possui institutos homônimos que lhes guardam semelhanças, porém com eles não se confundem. Assim, ela é distinta da busca e apreensão do art. 625[1] do CPC (meio executivo) ou ainda da incidente que visa garantir a efetividade de outra cautelar como o seqüestro ou arresto. Está ela, ainda, tratada como processo principal no art. 3º do Decreto-lei n. 911/69.

A ação de busca e apreensão com natureza cautelar está inserta no Código de Processo Civil, arts. 839 a 843.

2. *Conceito e natureza jurídica*

É a diligência policial ou judicial que tem por fim procurar coisa ou pessoa que se deseja encontrar, para trazê-la à presença da autoridade que a determinou. A busca e apreensão se faz para ir procurar e trazer a coisa litigiosa, a pedido de uma das partes, para procurar e apreender a coisa roubada ou sonegada.[2]

A natureza jurídica é totalmente discutida pois autores há que na busca e apreensão encontram natureza cautelar[3], outros porém vêem uma natureza satisfativa, pelo menos em alguns casos[4] (seria satisfativa a busca e apreensão de menor que já está com o pai, que não detém o pátrio poder).

3. *Procedimento*

A busca e apreensão, que poderá ser de pessoas ou coisas, obedecerá ao requisito previsto no art. 840 do CPC, que determina que na petição inicial exporá o requerente as razões justificativas da medida e da ciência de estar a pessoa ou a coisa no lugar designado.

---

(1) Art. 625. Não sendo a coisa entregue ou depositada, nem admitidos embargos suspensivos da execução, expedir-se-á, em favor do credor, mandado de imissão na posse ou de busca e apreensão, conforme se tratar de imóvel ou de móvel. (Redação dada pela Lei n. 5.925, de 1º.10.1973)

(2) SILVA, De Plácido e. *Vocabulário jurídico.* Rio de Janeiro: Forense, 1999.

(3) THEODORO JR, Humberto. *Curso de direito processual civil.* Rio de Janeiro: Forense, 2006. v. II, p. 577.

(4) WAMBIER, Luiz Rodrigues. *Curso avançado de processo civil.* 3. ed. São Paulo: Revista dos Tribunais, 2000. v. 3, p. 74.

O juiz poderá requerer a justificação prévia, sendo certo que posteriormente se determina que dois oficiais cumpram mandado que conterá a indicação da casa ou do lugar em que deve efetuar-se a diligência; a descrição da pessoa ou da coisa procurada e o destino a lhe dar; e a assinatura do juiz, de quem emanar a ordem — arts. 841 a 843 do CPC.

LXXIV

Ação de Exibição

1. Considerações iniciais

A ação de exibição se apresentará, no Código de Processo Civil, em duas partes distintas. Nos arts. 844 e 845 ela estará elencada dentre as cautelares, que como veremos será anterior à demanda principal, ou satisfativa (autônoma).

É o tema tratado ainda nos arts. 355 até 363 e 381 e 382. Aqui, ter-se-ia, a chamada ação incidental, com característica probatória

A finalidade do processo de exibição é a apresentação de documento ou coisa ao juízo. Isso não significa que o mesmo deverá ser apreendido, até porque a mera apresentação talvez baste para garantir o conhecimento do conteúdo da coisa ou documento.

É diferente da ação de busca e apreensão, porque nessa se apreende a coisa, enquanto que na ação de exibição basta a apresentação em juízo da coisa.

2. Conceito e natureza jurídica

Segundo *De Plácido e Silva*, exibição vem do "latim *exhibitio* (exibição, mostra, apresentação), indica-se todo ato pelo que se mostra, se expõe ou se apresenta alguma coisa para ser vista ou examinada"[1].

Quanto à natureza jurídica da ação de exibição deve-se considerá-la cautelar, pelo fato de que terá ela por fim garantir a eficácia do processo principal.[2]

3. Procedimento

Quanto ao procedimento, a cautelar de exibição poderá ser ação autônoma, nas hipóteses em que o requerente visa exclusivamente à exibição do documento, ou preparatória, quando ensejará a interposição de processo principal, posteriormente.

---

(1) SILVA, De Plácido e. *Vocabulário jurídico*. Rio de Janeiro: Forense, 1999.

(2) Dentre os doutrinadores que consideram a natureza de cautelar a ação de exibição temos WAMBIER (*Curso avançado de processo civil*, v. 3, p. 80; THEODORO JR, Humberto (*Curso de direito processual civil*, v. 2, p. 477).

O procedimento obedecerá ao preconizado nos arts. 355 a 363 e 381/382 do CPC, conforme o disposto no próprio art. 845 do CPC.(3)

O cabimento da ação esta inserto no art. 844 do CPC, que *in verbis* determina:

> Art. 844. Tem lugar, como procedimento preparatório, a exibição judicial:
>
> I — de coisa móvel em poder de outrem e que o requerente repute sua ou tenha interesse em conhecer;
>
> II — de documento próprio ou comum, em poder de co-interessado, sócio, condômino, credor ou devedor; ou em poder de terceiro que o tenha em sua guarda, como inventariante, testamenteiro, depositário ou administrador de bens alheios;
>
> III — da escrituração comercial por inteiro, balanços e documentos de arquivo, nos casos expressos em lei.

Exemplificando, pode-se ajuizar a ação cautelar de exibição nas hipóteses da administradora de consórcio se recusar a exibir ao consorciado os documentos de sua gestão. Neste exemplo a exibição poderá ser uma ação autônoma, razão pela qual os doutrinadores entendem que essa cautelar não está atrelada ao disposto no inciso III do art. 801(4), isso em face do caráter satisfativo da medida.

Quanto à legitimidade para interpor a ação de exibição o que possuir interesse, ou seja, a parte ou um assistente, e será interposta contra a própria parte ou um terceiro que detenha a coisa ou documento, sendo que, como já visto o prazo para a contestação será diferente em se tratando o réu de parte da ação (cinco dias) ou terceiro (10 dias).

4. *Peculiariedades*

Como já vimos no item anterior, essa cautelar dispensa a justificação da lide e fundamento do pedido, outra característica é que a mesma dispensa a interposição da ação principal no prazo de 30 dias (art. 806 do CPC), por não gerar qualquer constrição.(5)

---

(3) "Art. 845. Observar-se-á, quanto ao procedimento, no que couber, o disposto nos arts. 355 a 363, e 381 e 382". "Art. 355. O juiz pode ordenar que a parte exiba documento ou coisa, que se ache em seu poder."
"Art. 381. O juiz pode ordenar, a requerimento da parte, a exibição integral dos livros comerciais e dos documentos do arquivo: I — na liquidação de sociedade; II — na sucessão por morte de sócio; III — quando e como determinar a lei."
"Art. 382. O juiz pode, de ofício, ordenar à parte a exibição parcial dos livros e documentos, extraindo-se deles a suma que interessar ao litígio, bem como reproduções autenticadas."

(4) Art. 801. O requerente pleiteará a medida cautelar em petição escrita, que indicará:
...
III — a lide e seu fundamento;
IV — ...
V — ...
Parágrafo único. Não se exigirá o requisito do n. III senão quando a medida cautelar for requerida em procedimento preparatório.

(5) WAMBIER, Luiz Rodrigues. *Curso de processo civil avançado*, v. 3, p. 80.

LXXV

Produção Antecipada de Provas

1. Disposições gerais

Novamente estamos diante de uma cautelar com características próprias, vez que essa modifica o trâmite normal do processo de conhecimento por razões assecuratórias, tendo, por isso, um procedimento diferente, pois não se busca aqui uma liminar, mas, sim, uma antecipação probatória, por receio de que se a mesma se der no momento determinado no processo de conhecimento, a prova poderá perecer.

Essa cautelar esta inserta no Código de Processo Civil nos arts. 846 a 851.

2. Natureza jurídica

Também aqui a natureza jurídica é discutível, já que segundo alguns autores se a produção de provas for incidente terá caráter satisfativo.(1) Todavia para outros doutrinadores(2) a natureza é cautelar posto que visa assegurar o direito.

Quer me parecer que em face da natureza cautelar assecuratória, a mesma deve ser considerada uma cautelar, de forma incontroversa.

3. Cabimento e procedimento

Primeiramente há de se verificar as hipóteses em que são cabíveis a produção antecipada de provas, e elas estão insertas no art. 846 do CPC que determina a produção antecipada da prova que poderá consistir em interrogatório da parte, inquirição de testemunhas e exame pericial.

Esta cautelar possui características próprias, como o fato de que o contraditório é formado de início(3), e o requerente não busca uma liminar, mais sim um procedimento preparatório, como, aliás já visto.

---

(1) MARQUES, José Frederico. *Instituições de direito processual civil,* v. V, p. 525.

(2) WAMBIER, Luiz Rodrigues. *Curso avançado de direito processual,* v. 3, p. 87.

(3) Há de se esclarecer que excepcionalmente diante do risco do perecimento ela poderá ser concedida *inaudita altera pars.* (MARQUES, José Frederico. *Op. cit.*, p. 525).

Ademais a ação de produção antecipada de provas poderá ser cautelar, preparatória ou incidental.

A inicial obedecerá à regra geral do art. 282 do CPC c/c o art. 848[4] do CPC, devendo ser proposta tanto pelo autor como pelo réu, assegurando-se, ainda, legitimidade aos terceiros que participem da demanda.

4. *Peculiariedade*

Na produção antecipada de prova também não se exige o cumprimento do disposto no art. 806 do CPC, ou seja, o ajuizamento da ação principal no prazo de 30 dias, também por não se tratar de medida constritiva.

(4) Art. 848. O requerente justificará sumariamente a necessidade da antecipação e mencionará com precisão os fatos sobre que há de recair a prova.
Parágrafo único. Tratando-se de inquirição de testemunha, serão intimados os interessados a comparecer à audiência em que prestará o depoimento.

LXXVI

Alimentos Provisionais

1. *Considerações iniciais*

O tema de alimentos provisórios esta inserto nos arts. 852 a 854 do CPC. A ação de alimentos poderá ser ajuizada como cautelar preparatória ou incidental.

1.1. Conceito

Alimentos segundo *Nelson Nery Jr.* caracteriza tudo aquilo de que alguém necessita para sobreviver, exteriorizado em prestações que o alimentante deve ao alimentado com a finalidade precípua de garantir-lhe sobrevivência.[(1)]

A ação de alimentos segundo *De Plácido e Silva*[(2)] é a "ação que gera o direito de exigir alimentos, diante do qual a pessoa se vê na obrigação de prestá-los, consoante determinação da própria lei. A ação de alimentos, segundo sua oportunidade, isto é, sob o ponto de vista processual, mostra-se ação de alimentos vitalícios ou ação de alimentos provisionais".

Claro está pois que os alimentos provisionais serão aqueles obtidos ainda não em caráter definitivo.

1.2. Natureza jurídica

A natureza jurídica é discutida, de forma que alguns doutrinadores entendem que a natureza cautelar é certa dentre eles *Humberto Theodoro Jr.*[(3)], entretanto outros entendem que não terá a ação de alimentos provisionais natureza cautelar, posto que a mesma não garante a efetividade do processo principal, ao contrário, garante a sobrevivência daquele que a pleiteia, portanto sua natureza seria satisfativa.[(4)]

---

(1) NERY JR, Nelson. e NERY, Rosa. *Op. cit.*, 2001. p. 1.254.

(2) SILVA, De Plácido e. *Op. cit.*

(3) THEODORO JÚNIOR, Humberto. *Curso de direito processual*, v. II, p. 498.

(4) Aqui temos — WAMBIER, Luiz Rodrigues. *Curso avançado de processo civil*, v. 3, p. 93; CÂMARA, Alexandre. *Lições de direito processual civil*, v. 3, p. 174.

2. *Cabimento*

Os alimentos provisionais serão pertinentes nas hipóteses elencadas no art. 852 do CPC, que prevê ser lícito pedir alimentos provisionais: nas ações de desquite (hoje separação judicial ou extrajudicial e de anulação de casamento, desde que estejam separados os cônjuges. Pode ainda se requerer os alimentos provisionais nas ações de alimentos, desde o despacho da petição inicial e ainda nos demais casos expressos em lei[5].

É importante esclarecer que na hipótese de alimentos provisórios advindos de ação de separação ou anulação do casamentos a prestação alimentícia devida ao requerente abrange, além do que necessitar para sustento, habitação e vestuário, as despesas para custear a demanda (parágrafo único do art. 852 do CPC).

3. *Procedimento*

No tocante ao procedimento há de se esclarecer que terá legitimidade para ajuizar dita ação aquele que puder constar no processo principal.

A competência será do juízo de primeira instância,mesmo que a ação esteja no tribunal, nos termos do disposto no art. 853 do CPC.

Por fim na petição inicial, exporá o requerente as suas necessidades e as possibilidades do alimentante, podendo requerer a concessão dos alimentos *inaudita altera pars*, nos termos do parágrafo único do art. 854 do CPC.

(5) Lei n. 8.560, de 29.12.92 — Regula a investigação de paternidade dos filhos havidos fora do casamento e dá outras providências.

LXXVII

Arrolamento de Bens

1. *Considerações iniciais e natureza jurídica*

Novamente temos uma ação cautelar que possui homônimo dentro do próprio ordenamento jurídico.

Assim não se deve confundir os arrolamento de bens cautelar, inserto nos arts. 855 a 860 do CPC, que tem função assecuratória, pois visa evitar a dilapidação do patrimônio, com o arrolamento como uma forma simplificada de inventário, que se encontra dentre os procedimentos de rito especial.

Também aqui não se pode confundir com outros institutos cautelares, mas o arrolamento busca listar todos os bens com a intenção futura de garantir-se o cumprimento de uma obrigação.

O arrolamento proceder-se-á sempre que houver fundado receio de extravio ou de dissipação de bens — art. 855 do CPC.

Vê-se pois que o *fumus boni iuris* e o *periculum in mora* estarão presentes nessa ação cuja natureza cautelar é inconteste.

2. *Conceito*

A ação de arrolamento é aquela que visa buscar o " rol de várias coisas, assinalando-as ou as descrevendo por sua qualidade, números, e demais características que as distinguem entre si e de outras coisas".[1]

3. *Cabimento*

Essa ação será cabível sempre que se tiver interesse na conservação dos bens, sendo certo que esse interesse poderá resultar de direito já constituído ou que deva ser declarado em ação própria.

Na ação cautelar de arrolamento se terá a necessidade de ajuizar a ação principal no prazo de 30 dias, nos termos do art. 806 do CPC, sob pena dessa medida constritiva perder sua eficácia.

(1) SILVA, De Plácido e. *Vocabulário jurídico*, 1999. p. 83.

É possível tal ação como preparatória de dissolução de sociedade de fato sempre que a partes temerem a dilapidação do patrimônio do "casal" ou nos autos de inventário.

4. *Processamento*

Terá legitimidade para ajuizar dita ação os credores de herança jacente — art. 856, § 2º do CPC ou ainda aquele que já teve seu direito declarado em ação própria — § 1º do art. 856 do CPC.

A petição inicial além dos requisitos gerais dos arts. 282 c/c 801(2) do CPC atenderá também ao disposto no art. 857, de forma que conterá o seu direito aos bens e os fatos em que funda o receio de extravio ou de dissipação dos bens.

O procedimento atenderá ao disposto nos artigos do processo cautelar 802(3) e 812(4) do CPC

Poderá o juiz, se achar necessário, designar audiência de justificação, sendo certo que poderá ouvir o requerido, ou não, dependendo do receio da perda do bem.

Deferida a medida, o depositário lavrará auto, descrevendo, minuciosamente, todos os bens e registrando quaisquer ocorrências que tenham interesse para sua conservação — art. 859 do CPC.

---

(2) Art. 801. O requerente pleiteará a medida cautelar em petição escrita, que indicará: I — a autoridade judiciária, a que for dirigida; II — o nome, o estado civil, a profissão e a residência do requerente e do requerido; III — a lide e seu fundamento; IV — a exposição sumária do direito ameaçado e o receio da lesão; V — as provas que serão produzidas.

Parágrafo único. Não se exigirá o requisito do n. III senão quando a medida cautelar for requerida em procedimento preparatório.

(3) Art. 802. O requerido será citado, qualquer que seja o procedimento cautelar, para, no prazo de cinco (5) dias, contestar o pedido, indicando as provas que pretende produzir.

Parágrafo único. Conta-se o prazo, da juntada aos autos do mandado:

I — de citação devidamente cumprido;

II — da execução da medida cautelar, quando concedida liminarmente ou após justificação prévia.

(4) Art. 812. Aos procedimentos cautelares específicos, regulados no Capítulo seguinte, aplicam-se as disposições gerais deste Capítulo.

LXXVIII

Justificação

1. *Consideração gerais*

O tema está inserto nos arts. 861 a 866 do Código de Processo Civil. Esta ação possui característica peculiar já que se trata de jurisdição voluntária, não tendo, pois, por via de conseqüência o contraditório.

É importante se consignar que a ação de justificação não exige o *fumus boni iuris*, pois a parte a requer independentemente do risco eminente ou de urgência.

Essa ação não se confunde com a produção antecipada de provas, pois enquanto a produção antecipada de provas (prevista no CPC no art. 846) busca assegurar a produção de uma prova que, pode desaparecer, nesta o que o interessado quer é meramente a formação da prova para futuro processo ou mera constatação.

Essa ação consiste na oitiva de testemunhas sobre fatos alegados, facultando-se ao requerente juntar documentos — art. 863 do CPC.

2. *Cabimento*

O cabimento da ação de justificação está previsto no art. 861 do CPC, que argúi ser a mesma cabível para comprovar a existência de algum fato ou relação jurídica, seja para simples documento e sem caráter contencioso, seja para servir de prova em processo regular.

No Superior Tribunal de Justiça se encontra Súmula que leva o n. 32[1], que determina o processamento de justificação contra entidades cuja competência lhe é atribuída.

Exemplificando, há de se ajuizar essa ação quando quer-se a declaração da morte de alguém, para emissão de atestado de óbito, isso em casos de catástrofe, por exemplo.

(1) Súmula n. 32 do STJ: "Compete à Justiça Federal processar justificações judiciais destinadas a instruir pedidos perante entidades que nela têm exclusividade de foro, ressalvada a aplicação do art. 15, II, da Lei n. 5.010/66".

3. *Procedimento*

A ação será interposta no juízo em que se processar a ação principal, sendo que o requerente exporá em petição circunstanciada, a sua intenção (art. 861, *in fine* CPC).

Aquele, a quem possa interessar a prova, será citado para acompanhar a ação, sendo lhe vedado a interposição de contestação ou recursos (art. 865 do CPC). Entretanto se o interessado não for encontrado, ao MP caberá intervir no processo (parágrafo único, art. 862 do CPC).

O requerido poderá participar da ação cabendo-lhe reinquirir as testemunhas ou ainda, se manifestar sobre os documentos, pelo prazo de 24 horas — art. 864 do CPC.

Derradeiramente, há de se considerar que o juiz ao sentenciar o processo apenas homologará a decisão, sem apreciar o mérito, que é então entregue ao requerente — art. 866 do CPC.

LXXIX

Protesto, Notificação e Interpelações

1. *Disposições gerais*

O protesto, notificação e interpelação são procedimentos insertos no Código de Processo Civil nos arts. 867 a 873, caracterizados como processos de jurisdição voluntária, além de não conter, em seu cumprimento, qualquer medida constritiva de direito, o que descaracteriza a natureza cautelar.

O protesto visa prevenir responsabilidade, prover a conservação e ressalva de seus direitos ou manifestar qualquer intenção de modo formal, poderá fazer por escrito o seu protesto, em petição dirigida ao juiz, e requerer que do mesmo se intime a quem de direito (art. 867 do CPC).

Pode-se considerar a notificação e a interpelação como espécies do protesto (art. 873 do CPC).(1)

A notificação, a interpelação podem ser feitas por via extrajudicial, quando a lei não prevê expressamente a judicial.

Admite-se a validade da interpelação ou a notificação quando a carta, apesar de não entregue em mãos do destinatário, tiver chegado ao seu conhecimento.

É importante salientar que o protesto também tem a função de interromper a prescrição — art. 172(2), II do CC.

2. *Conceito*

Segundo *De Plácido e Silva* "protestar, é o vocábulo tomado no mesmo significado de protestação: é a ação de protestar ou a declaração acerca de certo fato, cuja autenticidade se afirma ou a qual se assegura, exprimindo também a contrariedade ou a contestação ao que se tem feito ou se quer fazer".

No sentido jurídico, porém, protesto exprime a declaração feita por alguém, segundo as fórmulas de direito, perante uma autoridade administrativa

---

(1) MARQUES, José Frederico. *Instituições de direito processual civil*. 1. ed. Campinas: Millennium, 2000.

(2) Art. 172. A prescrição interrompe-se: I — pela citação pessoal feita ao devedor, ainda que ordenada por juiz incompetente; II — pelo protesto, nas condições do número anterior; III — pela apresentação do título de crédito em juízo de inventário, ou em concurso de credores; IV — por qualquer ato judicial que constitua em mora o devedor; V — por qualquer ato inequívoco, ainda que extrajudicial, que importe reconhecimento do direito pelo devedor.

ou judiciária, de fato, cuja verdade afirma e cuja autenticidade, em defesa de direitos, pretende assegurar.

Notificar, é o ato pelo qual se dá conhecimento a uma pessoa de alguma coisa, ou de algum fato, que também é de seu interesse, a fim de que possa usar das medidas legais ou das prerrogativas, que lhe sejam asseguradas por lei, sob pena de não o fazendo sofrer determinada cominação legal.

Assim por exemplo é necessário a notificação ao credor hipotecário, para noticiar a penhora feita no bem hipotecado; ou ainda locatário pelo locador[(3)], quando não quer continuar o contrato de locação, etc.

Já na interpelação visa-se ao cumprimento de determinado ato sob pena de ser constituído em mora. Como exemplo temos o disposto no art. 127 do CC.[(4)]

3. *Cabimento*

O cabimento está ligado à necessidade de se assegurar um direito conforme já especificado nas considerações gerais.

4. *Procedimento*

A petição inicial deverá expor os fatos e fundamentos, podendo o juiz indeferir o pedido, quando o requerente não houver demonstrado legítimo interesse e o protesto, dando causa a dúvidas e incertezas, possa impedir a formação de contrato ou a realização de negócio lícito — art. 869 do CPC.

A lei admite a intimação por editais, nos termos previsto no art. 870 do CPC, se o protesto for para conhecimento do público em geral, nos casos previstos em lei, ou quando a publicidade seja essencial para que o protesto, notificação ou interpelação atinja seus fins; ou se o citando for desconhecido, incerto ou estiver em lugar ignorado ou de difícil acesso; ou ainda se a demora da intimação pessoal puder prejudicar os efeitos da interpelação ou do protesto.

É facultado ainda, nas hipóteses em que se tratar de protesto contra a alienação de bens, ao juiz ouvir, em três (3) dias, aquele contra quem foi dirigido, desde que lhe pareça haver no pedido ato emulativo, tentativa de extorsão, ou qualquer outro fim ilícito, decidindo em seguida sobre o pedido de publicação de editais.

---

(3) Art. 4º Durante o prazo estipulado para a duração do contrato, não poderá o locador reaver o imóvel alugado. O locatário, todavia, poderá devolvê-lo, pagando a multa pactuada, segundo a proporção prevista no art. 924 do Código Civil [5ª] e, na sua falta, a que for judicialmente estipulada.
Parágrafo único. O locatário ficará dispensado da multa se a devolução do imóvel decorrer de transferência, pelo seu empregador, privado ou público, para prestar serviços em localidades diversas daquela do início do contrato, e se notificar, por escrito, o locador com prazo de, no mínimo, trinta dias de antecedência.

(4) Art. 127. Se for resolutiva a condição, enquanto esta não se realizar, vigorará o ato jurídico, podendo exercer-se desde o momento deste a concludente o direito por ele estabelecido.

5. *Peculiaridades*

Em quaisquer dessas ações não se admitirá defesa, sendo que os autos, após o cumprimento da intimação, notificação, é retirado pelas partes.

Derradeiramente há de se considerar que nesta hipótese não se aplica o disposto no art. 806 do CPC, por não ser a medida cautelar constritiva.

LXXX

Da Homologação do Penhor Legal

1. *Considerações gerais e cabimento*

A homologação do penhor legal está inserta nos arts. 874 a 876 do CPC, e terá no trâmite processual no art. 776[1] do CC.

2. *Conceito e natureza jurídica*

O credor, na hipótese prevista na lei, poderá exigir a homologação do penhor, sendo pois ele a garantia concedida por lei a certos credores, no pressuposto de uma obrigação certa e precisa, relativamente aos bens móveis do devedor.

A natureza jurídica sob a ótica do direito civil é direito real de garantia

3. *Procedimento*

Nos termos do disposto no art. 874 do CPC, tomado o penhor legal nos casos previstos em lei, requererá o credor, ato contínuo, a homologação. Na petição inicial, instruída com a conta pormenorizada das despesas, a tabela dos preços e a relação dos objetos retidos, pedirá a citação do devedor para, em vinte e quatro (24) horas, pagar ou alegar defesa.

Ainda deferido ao juiz homologar de plano o penhor legal sempre que achar suficientemente provado o pedido nos termos deste artigo, o juiz poderá homologar de plano o penhor legal.[2]

Esse procedimento cautelar deverá ser contestado, sendo que na hipótese do juiz concedê-lo *inaudita altera pars*, o contraditório estará apenas postergado.

A defesa do requerido, nos termos do disposto no art. 875 do CPC, só pode consistir em nulidade do processo; extinção da obrigação; ou ainda não

---

(1) Art. 776. São credores pignoratícios, independentemente de convenção: I — os hospedeiros, estalajadeiros ou fornecedores de pousada ou alimento, sobre as bagagens, móveis, jóias ou dinheiro que os seus consumidores ou fregueses tiverem consigo nas respectivas casas ou estabelecimentos, pelas despesas ou consumo que ali tiverem feito; II — o dono do prédio rústico ou urbano, sobre os bens móveis que o rendeiro ou inquilino tiver guarnecendo o mesmo prédio, pelos alugueres ou rendas.

(2) Para Humberto Theodoro Jr. a homologação deverá se dar antes da citação do réu.

estar a dívida compreendida entre as previstas em lei ou não estarem os bens sujeitos a penhor legal.

Em seguida o processo é remetido ao juiz competindo-lhe nos termos do disposto no art. 876 do CPC, homologar o penhor, hipótese em que serão os autos entregues ao requerente quarenta e oito (48) horas depois, independentemente de traslado, salvo se, dentro desse prazo, a parte houver pedido certidão; não sendo homologado, o objeto será entregue ao réu, ressalvado ao autor o direito de cobrar a conta por ação ordinária.

LXXXI

Da Posse em Nome do Nascituro

1. *Considerações iniciais*

Essa cautelar esta inserta nos arts. 877 e 878 do Código de Processo Civil, e visa proteger o direito dos nascituros.

2. *Natureza jurídica*

Humberto Theodoro Jr. determina que a natureza jurídica da ação de posse de nascituro é declaratória.(1) Neste mesmo sentido temos *Luiz Rodrigues Wambier*.(2)

3. *Cabimento e procedimento*

O cabimento desta ação vem inserto no art. 877(3) do Código de Processo Civil, tendo como legitimado a mulher que, para garantia dos direitos do filho nascituro, quiser provar seu estado de gravidez, requererá ao juiz que, ouvido o órgão do Ministério Público, mande examiná-la por um médico de sua nomeação. Essa ação será instruída com a certidão de óbito da pessoa, de quem o nascituro é sucessor.

Porém o exame poderá ser dispensado, nos termos do § 2º, se os herdeiros do falecido aceitarem a declaração da requerente, entretanto em hipótese alguma falta do exame prejudicará os direitos do nascituro.

Feito o laudo que reconheça a gravidez, o juiz, por sentença, declarará a requerente investida na posse dos direitos que assistam ao nascituro. Se à requerente não couber o exercício do pátrio poder, o juiz nomeará curador ao nascituro — art. 878 do CPC.

---

(1) THEODORO JR, Humberto. *Op. cit.*, p. 530.
(2) WAMBIER, Luiz Rodrigues. *Op. cit.*, p. 118.
(3) Art. 877. A mulher que, para garantia dos direitos do filho nascituro, quiser provar seu estado de gravidez, requererá ao juiz que, ouvido o órgão do Ministério Público, mande examiná-la por um médico de sua nomeação.
§ 1º O requerimento será instruído com a certidão de óbito da pessoa, de quem o nascituro é sucessor.
§ 2º Será dispensado o exame se os herdeiros do falecido aceitarem a declaração da requerente.
§ 3º Em caso algum a falta do exame prejudicará os direitos do nascituro.

LXXXII

Do Atentado

1. *Considerações iniciais*

Essa ação esta inserta nos arts. 879 ao 881 do Código de Processo Civil. Ela visa elidir a ocorrência de um ato modificativo do direito, sendo peculiar do direito pátrio.

Assim nos termos do art. 879 do CPC comete atentado a parte que no curso do processo viola penhora, arresto, seqüestro ou imissão na posse; ou prossegue em obra embargada; ou pratica outra qualquer inovação ilegal no estado de fato.

Essa ação é pertinente em qualquer processo, todavia há de se esclarecer que não se entende como atentado a fruição normal da coisa ou a continuação de atos anteriores à lide, porque *qui continuat non attentat*.

É importante salientar que o atentado somente ocorre quando a inovação prejudica a apuração da verdade, tal conceito não prevalece quando a alteração visa a tornar inexeqüível ou dificilmente exeqüível a sentença que a final se proferir, porque, nesta hipótese, também se configura o atentado.

2. *Conceito e natureza jurídica*

Atentado é o fato de uma parte que fere o interesse da parte contrária.(1)

A natureza jurídica da ação cautelar suscita controvérsias, tanto que para *Humberto Theodoro* a natureza é cautelar(2), pelo fato de que a ação de atentado visa assegurar o desenvolvimento de um processo já instaurado.

Alexandre Câmara sustenta que a natureza é cognitiva.(3)

3. *Procedimento*

Somente quem é parte no processo pode cometer atentado, sendo apenas a ela conferida a legitimidade do processo, assim sendo, não há atentado

(1) THEODORO, Humberto. *Curso de direito processual civil.* 30. ed. Rio de Janeiro: Forense, 2000. v. II, p. 488.

(2) *Op. cit.*, p. 488.

(3) CÂMARA, Alexandre. *Lições de direito processual civil*, v. III, p. 230 — Ele cita também Ovídio Baptista da Silva, como também defensor dessa natureza jurídica e este se baseia em Pontes de Miranda (MARQUES, José Frederico. *Op. cit.*, p. 552).

enquanto não houver réu no processo, o que somente ocorre com a citação.[4]

Segundo o art. 880 do Código de Processo Civil, a petição inicial será autuada em separado, observando-se, quanto ao procedimento, o disposto nos arts. 802 e 803. No parágrafo único, se estabelece que a ação de atentado será processada e julgada pelo juiz que conheceu originariamente da causa principal, ainda que esta se encontre no tribunal.

A sentença, na hipótese de julgar procedente a ação, ordenará o restabelecimento do estado anterior, a suspensão da causa principal e a proibição de o réu falar nos autos até a purgação do atentado: poderá a sentença, ainda, condenar o réu a ressarcir à parte lesada as perdas e danos que sofreu em conseqüência do atentado, tudo conforme o disposto no art. 881 do CPC.

Há de se considerar que tais reprimendas são sérias, tanto que se não for permitido à parte falar nos autos, essa será impedida inclusive de recorrer, até nos autos principais.

4. *Peculiaridade*

Será característica do atentado, o fato dele ser interposto sempre de forma incidental, isso porque baseado no descumprimento de uma ordem processual.[5][6]

(4) THEODORO JR, Humberto. citando Pontes de Miranda legitima na ação qualquer pessoa cuja eficácia da sentença possa prejudicar, assim deve-se acrescentar aos legitimados os terceiros interessados. (*Curso de direito processual civil,* p. 491)

(5) MARQUES, José Frederico. *Op. cit.*, 2000. p. 552.

(6) Também Theotônio Negrão. Art. 880. Nota 1 — No atentado, não cabe medida liminar (RT 526/105, em., 574/193, 629/154, RJTJESP 135/284, JTA 109/183). Contra: JTAERGS 76/176, RT 557/211.

LXXXIII

Protesto e Apreensão de Títulos

1. Protesto

1.1. Disposições gerais

Primeiramente há de se distinguir os dois temas ora abordados: o protesto e a apreensão de títulos. Primeiramente verificar-se-á o protesto, que está inserto nos arts. 882 a 884 do CPC.

Todavia o protesto, e em que pese estar no livro sobre cautelares, é ato administrativo extrajudicial, cuja finalidade é consignar o não pagamento.

O protesto nos termos do disposto no art. 882 do CPC far-se-á nos casos e com observância da lei especial.(1)

A fim de evitar o protesto, a parte poderá ajuizar uma cautelar inominada denominada sustação de protesto, que está inserta no art. 798(2) do CPC.

1.2. Conceito

O protesto de títulos e contas judiciais é o ato extrajudicial administrativo, que se processará no Cartório competente, dispensando-se a presença do advogado.

1.3. Procedimento

O protesto se fará nos termos do disposto no art. 883 do CPC, devendo o oficial intimar do protesto o devedor, por carta registrada ou entregando-lhe em mãos o aviso. Far-se-á, todavia, por edital a intimação, se o devedor não for encontrado na comarca; ou ainda quando se tratar de pessoa desconhecida ou incerta.

O procedimento administrativo terá intervenção judicial, se o oficial opuser dúvidas ou dificuldades à tomada do protesto ou à entrega do respectivo

(1) Lei de Falência, arts. 10 e 11.

(2) Art. 798. Além dos procedimentos cautelares específicos, que este Código regula no Capítulo II deste Livro, poderá o juiz determinar as medidas provisórias que julgar adequadas, quando houver fundado receio de que uma parte, antes do julgamento da lide, cause ao direito da outra lesão grave e de difícil reparação.

instrumento, poderá a parte reclamar ao juiz. Ouvido o oficial, o juiz proferirá sentença, que será transcrita no instrumento — art. 884 do CPC.

2. *Apreensão de títulos*

2.1. Disposições gerais

A apreensão está inserta nos arts. 885 a 887 do CPC, tem ela uma caráter eminentemente processual.

2.2. Conceito

A apreensão de títulos consiste na ação de busca, com o objetivo de garantir a execução ou cobrança de créditos futuros. É pois uma ação cautelar preparatória.

2.3. Procedimento

O procedimento da apreensão do título obedecerá ao disposto em termos gerais no processo cautelar, de forma que apresentada a petição inicial nos termos do disposto nos arts. 282 e 801 do CPC, o juiz deverá processar de plano o pedido, ouvirá depoimentos se for necessário e, estando provada a alegação, ordenará apreensão de título não restituído ou sonegado pelo emitente, sacado ou aceitante; mas só decretará a prisão de quem o recebeu para firmar aceite ou efetuar pagamento, se o portador provar, com justificação ou por documento, a entrega do título e a recusa da devolução.

Há de se considerar aqui que toda a parte do CPC, que determina a prisão daquele que não entregou o título, não foi recepcionada pelo dispositivo Constitucional vigente (art. 5º, LXVII).

Terá legitimidade para requerer a apreensão o emitente, o sacado ou o aceitante.

Derradeiramente há de se considerar que havendo contestação do crédito, o depósito das importâncias referido no artigo precedente não será levantado antes de passada em julgado a sentença — art. 887 do CPC.

LXXXIV

Outras Medidas Provisionais

1. *Considerações gerais*

O art. 888 do CPC elenca outras oito espécies de cautelares, que basicamente obedeceram ao disposto na regra geral das cautelares, ainda que algumas delas não tenham a natureza jurídica de cautelar.

Todavia segundo o art. 889, nelas observar-se-á o procedimento estabelecido nos arts. 801 a 803, podendo, também, serem concedidas *inaudita altera pars.*

As oito medidas estão vinculadas ao processo principal e sua eficácia atenderá ao disposto no art. 806 do CPC.

Essas cautelares poderão ser preparatórias ou incidentes.

2. *Relação de medidas*

As medidas cautelares no art. 888 elencadas, são:

I — obras de conservação em coisa litigiosa ou judicialmente apreendida;

II — a entrega de bens de uso pessoal do cônjuge e dos filhos;

III — a posse provisória dos filhos, nos casos de desquite ou anulação de casamento;

IV — o afastamento do menor autorizado a contrair casamento contra a vontade dos pais;

V — o depósito de menores ou incapazes castigados imoderadamente por seus pais, tutores ou curadores, ou por eles induzidos à prática de atos contrários à lei ou à moral;

VI — o afastamento temporário de um dos cônjuges da morada do casal;

VII — a guarda e a educação dos filhos, regulado o direito de visita;

VIII — a interdição ou a demolição de prédio para resguardar a saúde, a segurança ou outro interesse público.

3. *Características*

Essas medidas terão como principal característica o poder geral de cautela, que, originário da Constituição Federal, consiste no fato de ser conferidas ao juiz providências de índole cautelar.

Esse poder é divergente quanto à amplitude, pois estaria adstrito a medidas cautelares que visassem obstar um perigo eminente.

LXXXV

Teoria Geral dos Procedimentos Especiais

1. *Questões introdutórias*

Os procedimentos especiais terão um trâmite que poderá ser sumário, ordinário e no geral apresentarão características específicas de sua natureza.

Assim os procedimentos especiais poderão ter jurisdição voluntária ou contenciosa, que em síntese se diferem na forma a seguir:

Jurisdição Contenciosa	Jurisdição Voluntária
atividade jurisdicional	atividade administrativa ou jurisdicional
existência da lide	negócio ou ato jurídico
partes	interessados
ação	requerimento – não é contra ninguém
mediante processo	mediante procedimento administrativo
faz coisa julgada material	não faz coisa julgada material
julga-se conforme a legalidade	não há necessidade de agir conforme a legalidade vale-se da eqüidade

Os procedimentos especiais de jurisdição contenciosa estão insertos no CPC, arts. 890 a 1.102; e os de jurisdição voluntária, nos arts. 1.103 a 1.210 do CPC.

Basicamente, os procedimentos especiais, se justificam pela necessidade de determinadas ações terem uma instrumentalidade diferenciada, conforme a necessidade da ação, que precisarão de uma adequação do rito.

2. *Características*

Segundo *Antônio Carlos Marcato,* dever-se-ia caracterizar os procedimentos especiais, conforme a seguir elencado:

1. Em geral altera os prazos que serão reduzidos, por se ter suprimidos atos ou termos; assim, por exemplo nas regras gerais conforme disposto no art. 1.106, que determina que o prazo para responder é de dez (10) dias.

2. Legitimação de terceiros. Haverá alteração da legitimidade, tanto que se exige, na ação de usucapião, a citação dos confrontantes.

3. Atividade *ex officio*, o juiz poderá requerer determinados procedimentos, como ocorre no inventário.

4. Caráter dúplice (consistente no fato de que a natureza do direito material que se discute a afirmação do autor, resultará na negação do direito do réu — ex.: renovatória).

5. Competência diferenciada, como por exemplo, no inventário com testamento a competência será do foro central; assim como na ação de usucapião que será nas Varas de Registro Públicos.

6. Regras especiais de citação e finalidade. Nas ação de procedimentos especiais, ter-se-á regras específicas tanto quanto à forma como no caso do § 1º[(1)] do art. 999 do CPC, ou quanto à finalidade como no caso da ação de consignação, em que a parte é citada para o levantamento.[(2)]

7. Possibilidade de alteração do pedido.

8. Derrogação do princípio da legalidade. Conforme claramente disposto no art. 1.109 do CPC, o juiz decidirá o pedido no prazo de dez (10) dias; não é, porém, obrigado a observar critério de legalidade estrita, podendo adotar em cada caso a solução que reputar mais conveniente ou oportuna.

9. Fusão de providências cognitivas, cautelares e executivas. Assim nos procedimentos especiais se terá uma medida mista, como por exemplo nas possessórias, que têm natureza cautelar, inclusive com a concessão de liminares.

10. Concessão de medidas *inaudita altera pars*. Relacionada com a característica anterior é certo que o juiz pode conceder medida liminar, *inaudita altera pars*, como por exemplo na nas ações possessórias — art. 928 do CPC.

11. Limitações e condicionalmente ao direito de defesa. Segundo o professor *Antônio Carlos Marcato*[(3)] essa restrição resta expressa no art. 896[(4)] do CPC.

---

(1) Art. 999. Feitas as primeiras declarações, o juiz mandará citar, para os termos do inventário e partilha, o cônjuge, os herdeiros, os legatários, a Fazenda Pública, o Ministério Público, se houver herdeiro incapaz ou ausente e o testamenteiro, se o finado deixou testamento.

§ 1º Citar-se-ão, conforme o disposto nos arts. 224 a 230, somente as pessoas domiciliadas na comarca por onde corre o inventário ou que aí foram encontradas; e por edital, com o prazo de vinte (20) a sessenta (60) dias, todas as demais, residentes, assim no Brasil como no estrangeiro.

(2) Art. 893. O autor, na petição inicial, requererá: I — o depósito da quantia ou da coisa devida, a ser efetivado no prazo de cinco dias contado do deferimento, ressalvada a hipótese do § 3º do art. 890; II — a citação do réu para levantar o depósito ou oferecer resposta.

(3) MARACATO, Antonio Carlos. *Procedimentos especiais*. 7. ed. São Paulo: Malheiros, 1997. p . 43.

(4) Art. 896. Na contestação, o réu poderá alegar que: I — não houve recusa ou mora em receber a quantia ou coisa devida; II — foi justa a recusa; III — o depósito não se efetuou no prazo ou no lugar do pagamento; IV — o depósito não é integral. Parágrafo único. No caso do inciso IV, a alegação será admissível se o réu indicar o montante que entende devido.

3. *Procedimentos especiais regulados no CPC*

No livro IV do CPC, se elenca o rol de procedimentos especiais que estão elencados nos Código de Processo Civil, dos quais temos: Procedimentos Especiais de Jurisdição Contenciosa, por exemplo, da ação de consignação em pagamento — arts. 890 a 900; da ação de depósito — arts. 901 a 906; da ação de anulação e substituição de Títulos ao portador — arts. 907 a 913; da ação de prestação de contas — arts. 914 a 919; das ações possessórias — arts. 920 a 933; da ação de nunciação de obra nova — arts. 934 a 940; da ação de usucapião de terras particulares — arts. 941 a 945; da ação de divisão e da demarcação de terras particulares — arts. 946 a 981; do inventário e da partilha — arts. 982 a 1.045; dos embargos de terceiro — arts. 1.046 a 1.054; da habilitação — arts. 1.055 a 1.062; da restauração de autos — arts. 1.063 a 1.069; das vendas a crédito com reserva de domínio — arts. 1.070 a 1.071; do juízo arbitral — arts. 1.072 a 1.102; da ação monitória — arts. 1.102a a 1.102c. Há ainda no Código de Processo Civil, os procedimentos especiais de jurisdição voluntária (arts. 1.103 a 1.210), como por exemplo: das alienações judiciais — arts. 1.113 a 1.119; da separação consensual — arts. 1.120 a 1.124; dos testamentos e codicilos — arts. 1.125 a 1.141; da herança jacente — arts. 1.142 a 1.158; dos bens dos ausentes — arts. 1.159 a 1.169; das coisas vagas — arts. 1.170 a 1.176; da curatela dos interditos — arts. 1.177 a 1.186; das disposições comuns à tutela e à curatela — arts. 1.187 a 1.198; da organização e da fiscalização das fundações — arts. 1.199 a 1.204; da especialização da hipoteca legal — arts. 1.205 a 1.210.

4. *Procedimentos especiais não regulados no CPC*

Outros procedimentos especiais não regulamentados no Código de Processo civil; temos os procedimentos em matéria de locação; a busca e apreensão em alienação fiduciária; ação de alimentos; mandado de segurança; ação popular; ação civil pública; juizados especiais cíveis; arbitragem; ação de desapropriação; procedimentos falimentares.

LXXXVI

Dos Procedimentos Especiais de Jurisdição Contenciosa
Ação de Consignação em Pagamento

1. *Aspectos gerais*

A ação de consignação em pagamento prevista no Código de Processo Civil é diferente da prevista na lei de locação, visto que esta se refere exclusivamente aos atos jurisdicionais advindos de uma relação locatícia.

O procedimento da ação consignatória sofreu alterações em 1994, quando da reforma do CPC, visando a uma maior efetividade e rapidez do procedimento, inclusive com a implantação da possibilidade da consignação extrajudicial, na qual se prevê o depósito da quantia consignada diretamente no agente bancário.

Esta ação é pertinente sempre que alguém estiver interessado em se desonerar da obrigação financeira, conforme expressamente previsto no art. 304 do Código Civil Brasileiro.

2. *Conceito*

"Consignação é o ato de pôr em depósito, público ou particular, qualquer coisa para algum fim determinado." (*Freitas*: 1883. p. 40).

Assim a ação de consignação em pagamento visa ao depósito da quantia devida em juízo com o fim de desobrigar o devedor, e garantir que o mesmo não se torne inadimplente.

a) Natureza jurídica

"A ação consignatória tem natureza meramente declaratória, pois mediante seu exercício pretende o autor um provimento jurisdicional declaratório da idoneidade e suficiência do depósito por ele realizado" (*Marcato*: 2004. p. 2.354)

3. *Procedimento*

O autor ao interpor a ação de consignação, em petição inicial que conterá os requisitos previstos no art. 282 do CPC, incluirá o pedido para o depósito da quantia ou da coisa, no prazo de 5 dias, bem como, a citação será para o levantamento da quantia ou da coisa, ou ainda contestar.

O art. 895 do CPC prevê que quando a parte tiver dúvida quanto à legitimidade passiva da ação, deverá requerer a citação daqueles que pretendem a quantia ou depósito, desde que comprovem sua legitimidade.

Nesta hipótese, a função da ação é dirimir as dúvidas no tocante à legitimidade (OAB/SP 122).

Citado, o réu poderá contestar, no prazo de 15 dias (a alteração sofrida nesse procedimento omitiu qualquer questionamento a respeito do prazo, razão pela qual passamos a entender que ao mesmo se aplica a regra geral, prevista no art. 297 do CPC), devendo o instrumento de contestação estar adstrito ao que prevê o art. 896 do CPC, ou seja:

I — não houve recusa ou mora em receber a quantia ou coisa devida;

II — foi justa a recusa;

III — o depósito não se efetuou no prazo ou no lugar do pagamento;

IV — o depósito não é integral.

Se ao contestar o réu divergir do montante depositado, é facultado ao autor a complementação do montante no prazo de 10 dias; não havendo a complementação o título valerá como título executivo, podendo-se ajuizar a execução nos próprios autos.

Não ocorrendo a contestação, o juiz poderá decidir quanto à revelia, julgando o feito procedente, extinguindo o processo sem mais delongas.

a) Via extrajudicial

O devedor querendo quitar o débito pode, nos termos do disposto no parágrafo primeiro, depositar o montante em um banco oficial, que cientificará o credor, que deverá manifestar sua recusa expressa no prazo de 10 dias.

A não-manifestação significará que o débito foi quitado, nada mais podendo o credor requerer.

b) Legitimidade

No tocante aos legitimados para a presente ação, o estarão ativamente, o devedor ou terceiro interessado na quitação da dívida ou entrega da coisa.

"Terceiro interessado é o que também está obrigado à dívida, como o fiador, o avalista, o que deu bens em garantia" (*Fidelis*: 2000. p. 6).

Admitir-se-á ainda a consignação por terceiro não interessado, que não estaria obrigado pela dívida.

A distinção é que o "terceiro interessado se sub-roga nos direitos do credor, isto é, assume posição como se fosse titular primitivo do crédito, inclusive com as garantias que houver, enquanto o terceiro não interessado pode apenas se fazer pagar." (*Fidelis*: 2000, p. 6)

Quanto ao legitimado passivo, é aquele a quem se incumbe o recebimento da dívida.

c) Competência

> "Sobre o tema, dispõe o art. 891 do CPC no sentido de que a consignação em pagamento será pleiteada no lugar onde deve ser cumprida a obrigação. Trata-se, pois, de regra excepcional, que afasta a incidência da norma geral a respeito de competência territorial, prevista no art. 94 do CPC, que determina a competência do foro do domicílio do demandado." (*Câmara*: 2000, p. 279)

Na ação consignatória, entretanto, o foro competente para o ajuizamento da ação, bem como o pertinente para o oferecimento do depósito extrajudicial, será o do lugar onde se deverá operar o pagamento, nos exatos termos do disposto no art. 890, § 1º do CPC.

Poderá ser competente o foro da residência do credor se a dívida for de natureza portável (também denominada de portable, explicada como aquela em que se especificou que o pagamento do débito se daria no domicílio do credor, ficando pois o devedor obrigado a solver a dívida junto ao credor), do devedor se a natureza for quesível (ou querables, que significa que ao credor incumbirá buscar o crédito junto ao devedor).

Haverá ainda a possibilidade de se estabelecer especificamente um foro competente, hipótese em que a competência será a atribuída através do foro de eleição.

4. *Organograma*

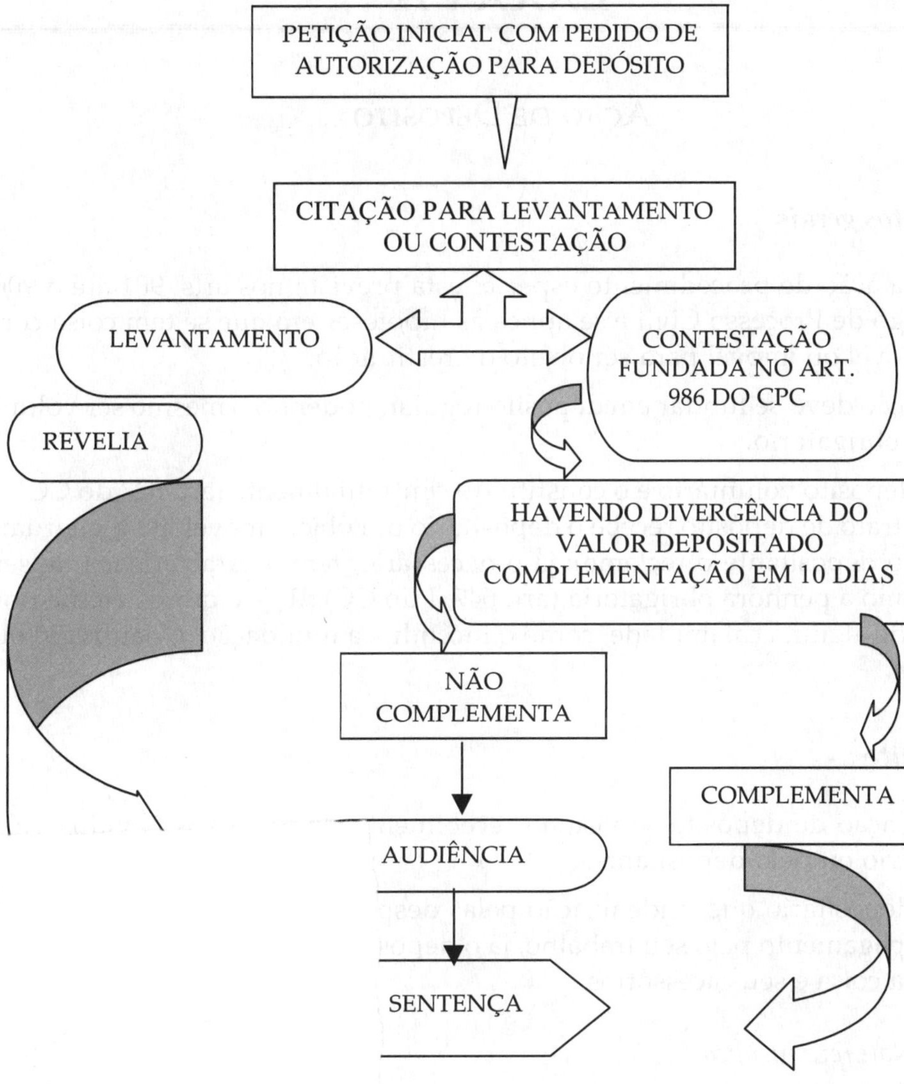

LXXXVII

Ação de Depósito

1. *Aspectos gerais*

Essa ação de procedimento especial está prevista nos arts. 901 até o 906 do Código de Processo Civil e se aplica às hipóteses em que se tem coisa corpórea móvel ou imóvel para ser objeto de restituição.

A ação deve-se fundar em depósito regular, podendo o mesmo ser voluntário ou obrigatório.

O depósito voluntário é o constituído contratualmente (art. 627 do CC — Pelo contrato de depósito recebe o depositário um objeto móvel, para guardar, até que o depositante o reclame); já o necessário, tem a característica de ser legal, como a penhora obrigatória (art. 647, I do CC); II — o que se efetua por ocasião de alguma calamidade, como o incêndio, a inundação, o naufrágio ou o saque).

2. *Conceito*

Na ação de depósito se visa ao recebimento de prejuízos havidos pelo depositário ou pelo depositante.

O depositário quer indenização pelas despesas que teve com a coisa ou ainda o pagamento pelo seu trabalho, já o depositante quer nessa ação a restituição da coisa e seus acessórios.

a) Natureza jurídica

O depósito se dá através de contrato unilateral, já que em regra gerará responsabilidade apenas ao depositário. Todavia se este tiver gasto com o depósito poderá requerer o ressarcimento dos gastos, aí efetuados pelo depositante.

Constitui-se ainda em um contrato gratuito, que entretanto gera responsabilidades ao depositante, que caso não devolva a coisa será considerado depositário infiel.

"O procedimento especial de que ora se trata, como se verá adiante, divide-se em duas fases: uma cognitiva e outra executiva." Sendo a cognitiva preponderante. (*Câmara*: 2000, p. 299)

3. *Procedimento*

Nessa ação ao ajuizá-la o autor deverá instruí-la com a prova do depósito, bem como a estimativa do valor, se essa não estiver prevista contratualmente.

A citação do réu é para que este se manifeste no prazo de 5 dias (nota-se que o prazo para contestação é menor que o estabelecido na regra geral dos procedimentos), entregando a coisa, ou depositando-a em juízo, ou consignando o valor; poderá ainda contestar a ação.

O autor poderá, na inicial, requerer a pena de prisão por até um ano. Nota-se que nessa situação a prisão "não é pena, mas meio de coerção". (*Teixeira*: 2003, p. 638)

Na contestação, o réu, porém, poderá alegar nulidade ou falsidade do título e extinção da obrigação.

Havendo a contestação por parte do réu, o processo seguirá o rito do procedimento ordinário, sendo ao final julgada procedente, determinar-se-á a entrega da coisa ou o equivalente em dinheiro, no prazo de 24 horas.

O descumprimento do determinado na sentença acarretará a decretação da prisão do depositário infiel. Não invalidando, ainda, a possibilidade de se prosseguir o feito com a competente execução.

a) Legitimidade

São legitimados ativamente para a presente ação os depositantes; os herdeiros e sucessores.

Entretanto nas hipóteses de coisa divisível, a legitimidade ativa será do detentor de parte.

No tocante ao legitimado passivo tem-se o depositário infiel.

4. Organograma

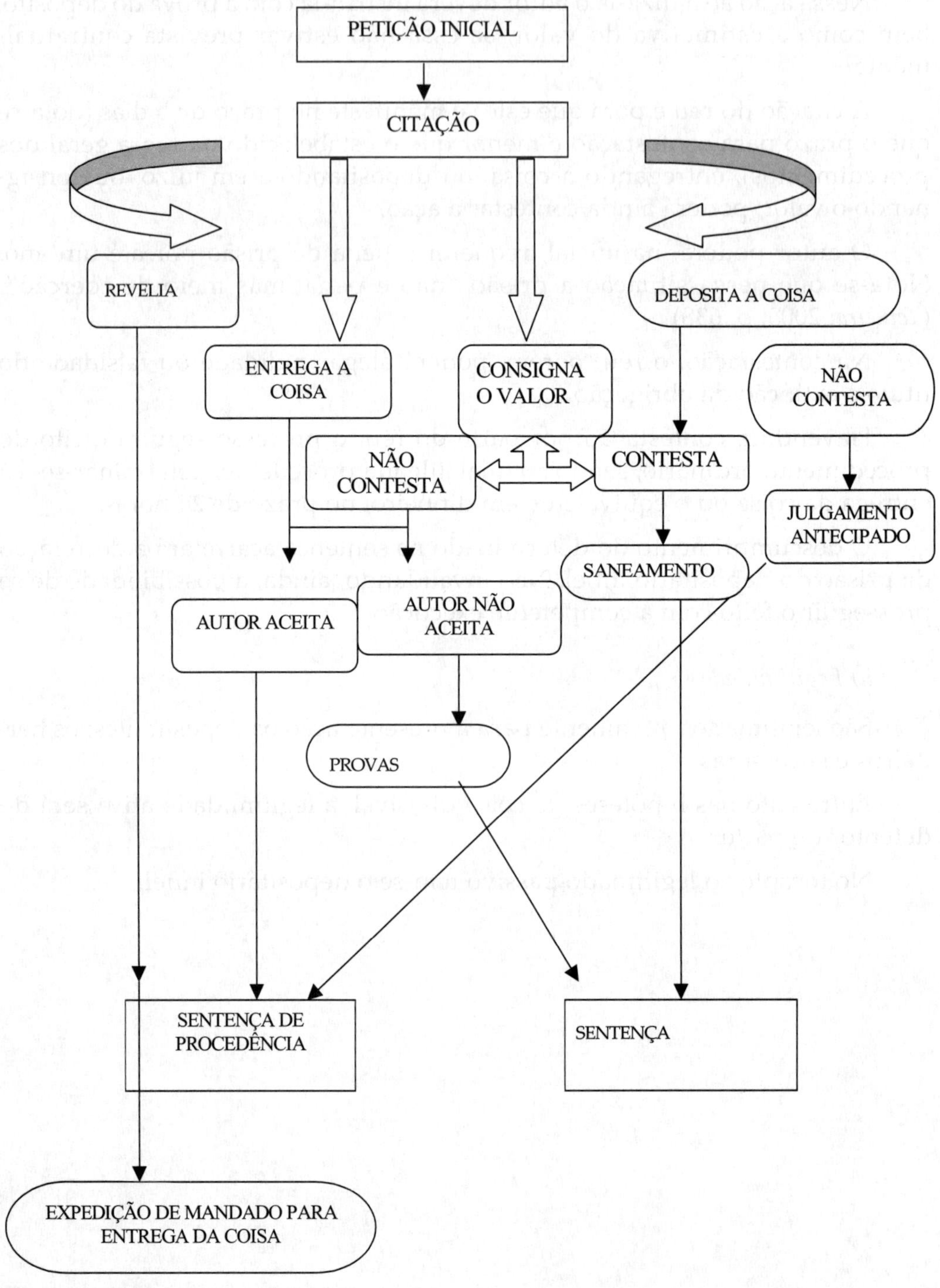

LXXXVIII

Ação de Anulação e Substituição

1. *Aspectos gerais*

Na verdade neste procedimento especial detemos duas hipóteses autônomas de ação, quais sejam: a anulação do título extraviado e a sua substituição por perda ou dano.

Outra situação aqui prevista é a reivindicatória, em que se buscará o título que esteja em posse de outrem.

É certo que essa reivindicação que *Pontes de Miranda* chama de vindicação (*Pontes de Miranda:* 1977, p. 91), ajuizada, seguirá o procedimento ordinário.

Pode o credor requerer ainda apenas a substituição do título, em razão da deterioração.

2. *Natureza jurídica*

A natureza jurídica da ação de substituição do título ao portador "é ação constitutiva, que, se o réu contesta, dizendo que o título está com ele, há transformação em ação condenatória". (*Pontes de Miranda*: 1977, p. 82)

Essa distinção se deve porque se não houver contestação, automaticamente se traz ao bojo da discussão o título, sendo ao final a sentença de cunho desconstitutivo.

3. *Procedimento*

No tocante ao procedimento dessas ações há que se distinguir a ação de anulação, da ação de substituição, da ação de reivindicação.

Na petição inicial, no tocante a ação de anulação ou substituição do título, deverá, o autor, mencionar a quantidade, a espécie, o valor nominal do título, os atributos que o individualizarem, bem como a época e o lugar em que o adquiriram, as circunstâncias em que perdeu, e, por fim quando recebeu os últimos juros e dividendos.

Requererá ainda, nessa hipótese, a citação do detentor e dos terceiros interessados, estes por edital; a intimação para que deposite o principal, mais os juros ou dividendos, vencidos ou vincendos; intimação da Bolsa de Valores, para que não negociem os títulos.

O juiz ordenará a citação, bem como as intimações requeridas.

A contestação, interposta no prazo de 15 dias, deverá ter como pressuposto o título reclamado, hipótese em que a ação prosseguirá pelo rito ordinário.

Na hipótese de procedência, o juiz declarará caduco o título reclamado e determinará ao devedor que lavre outro em substituição, dentro do prazo assinalado.

Se todavia ocorrer destruição parcial, o portador, apresentando o que restou do título, pedirá a citação do devedor para, em 10 dias, substituí-lo ou contestar a ação.

Por fim, é importante consignar que se o título for comprado em Bolsa ou leilão público, o dono obterá a restituição depois de indenizar o adquirente pelo preço que pagou, ressalvando-se o direito de reavê-lo do vendedor.

3.1. Procedimento substituição

Nas hipóteses em que haja a destruição do título, o autor ao ajuizar a ação apresentará o que restou do título.

Pedirá a citação do devedor para substituí-lo ou contestar. Ambos os atos deverão ser praticados em 10 (dez) dias.

Na hipótese de revelia, o juiz sentencia imediatamente, todavia havendo contestação, o processo seguirá no rito ordinário.

3.2. Procedimento da ação reivindicatória

A ação reivindicatória do título está prevista no inciso I do art. 908 do CPC.

De forma que não havendo especificações especiais adotará as regras contidas no procedimento ordinário, isto é, interposição da ação, requerendo a entrega do título ou contestação.

Contestando segue o procedimento ordinário, com saneamento, audiência, se necessário, proferindo sentença a seguir.

Havendo a entrega, processa-se a sentença com extinção do feito.

3.3. Competência

No tocante a competência nesse tópico deve-se estabelecer dois critérios distintos, assim na ação de pretende-se a coisa, nos termos do disposto no art.

94 do Código de Processo Civil, o foro competente para o ajuizamento dessa ação é o do domicílio do réu.

Porém, quanto à hipótese de se requerer a anulação e substituição, o foro competente será o do domicílio do devedor, nos termos do disposto no inciso III, do art. 100 do CPC.

3.4. Legitimidade

A legitimidade ativa é atribuída àquele que, possuidor da cártula, a tiver perdido ou sido furtado.

Já no tocante ao legitimado passivo, dependerá da ação: se for reivindicatória é o atual detentor; se for de anulação e substituição, serão os detentores, ou ainda terceiro interessado.

4. *Organograma — Ação de anulação*

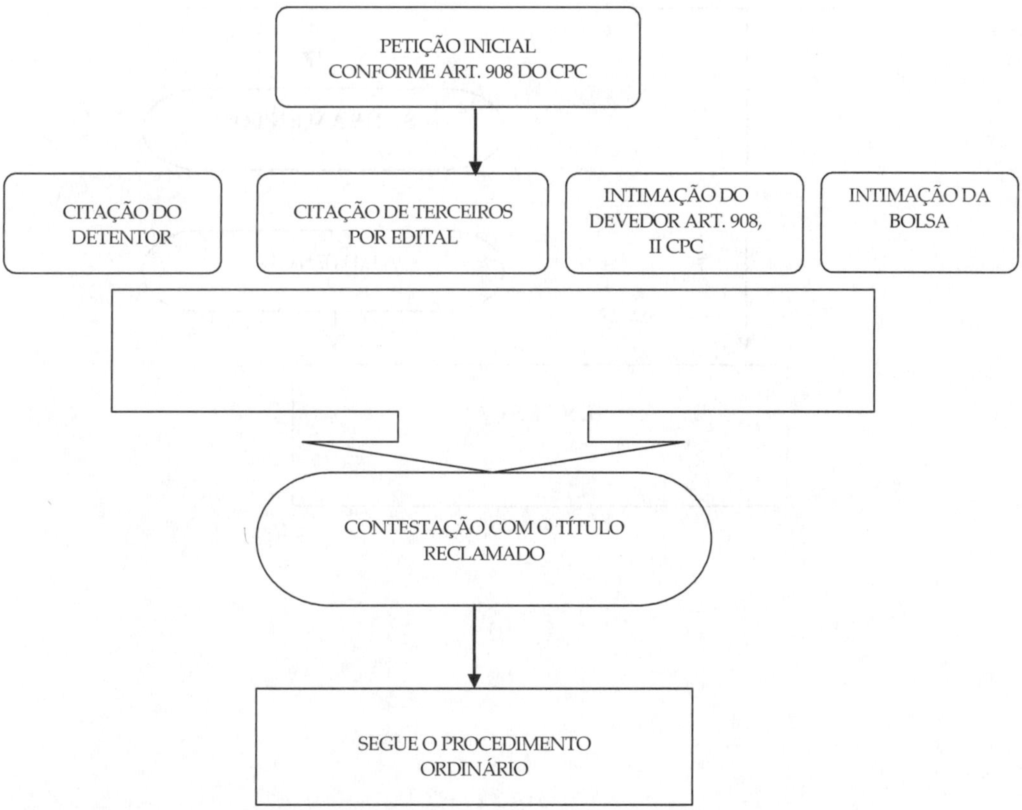

4.1. Organograma — Ação substituição

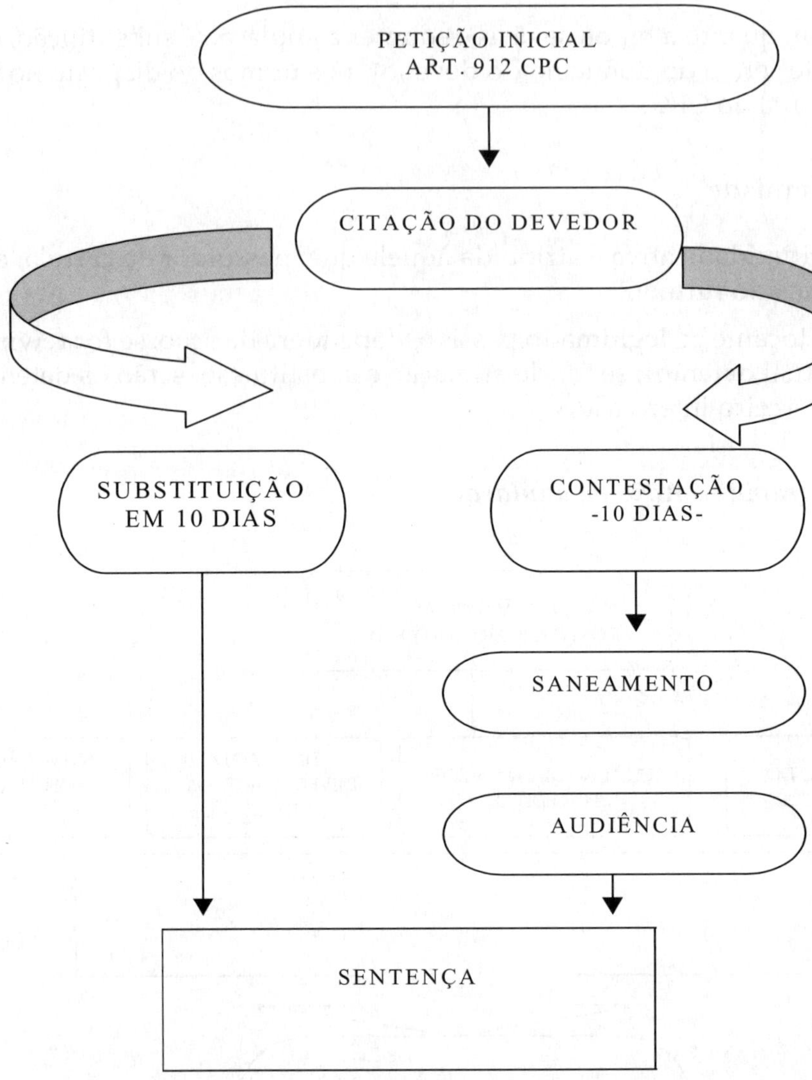

LXXXIX

Ação de Prestação de Contas

1. Aspectos gerais

Como sabemos haverá situações em que alguém administrará bens cuja propriedade é de terceiro. Desta feita, nessas condições pode o proprietário exigir que o administrador apresente o resultado dessa administração.

De forma inversa pode o obrigado querer apresentar as contas com o objetivo precípuo de evitar questionamentos futuros.

Essa responsabilidade de prestar contas pode advir de lei ou de contrato.

"Seu objetivo é liquidar dito relacionamento jurídico existente entre as partes no seu aspecto econômico de tal modo que, afinal, se determine, com exatidão, a existência ou não de um saldo fixando, no caso positivo, o seu montante, com efeito de condenação judicial contra a parte que se qualifica como devedora." (*Theodoro*: 2000, p. 85)

2. Conceito

"A prestação de contas é o procedimento especial por cujo intermédio se busca a realização do direito de exigir ou do direito de prestar contas a alguém." (*Machado*: 2004, p. 1.382)

2.1. Natureza jurídica

Quanto à natureza jurídica é considerada *ação* dúplice, já que ambas as partes assumem a posição simultânea e recíproca, de autor e réu. (*Marcato*: 2004, p. 151).

Do mesmo entendimento coadunam *Nelson* e *Rosa Nery*. (*Nery*: 2002, p. 1.129)

3. Procedimento

Na ação de prestação de contas o administrador ou o proprietário do bem, interpõe a ação com o objetivo de que se apresente o resultado dessa administração.

Nesse procedimento o autor requer a citação do réu para apresentar as contas ou contestar a ação, no prazo de 5 dias.

Na hipótese da prestação, o autor deverá se manifestar sobre ela em outros 5 dias, devendo o juiz, caso entenda necessário à produção de provas, designar audiência, ou ainda dispensadas a dilação probatória, julgar o feito antecipadamente.

Caso permaneça revel o réu, o juiz sentenciará o feito, determinando a prestação em 48 horas, sob pena de não poder impugnar as contas apresentadas pelo autor, que o fará em 10 dias.

Apresentada a conta pelo autor, ao juiz será facultado, caso entenda necessário, determinar a realização de perícia contábil.

Cabe consignar que na hipótese de revelia, ao serem concedidas 48 horas para apresentação das contas, em sendo apresentadas pelo réu o processo segue o procedimento previsto para a apresentação das contas quando da citação (art. 915, § 1º do CPC).

3.1. Procedimento da ação de dar contas

Quando ação for interposta pelo administrador ou gestor, este requererá a citação do réu, para que no prazo de 5 dias aceite as contas apresentadas, ou conteste a ação.

Havendo a contestação ou impugnação das contas, o juiz, se entender necessária designará audiência, para a instrução e julgamento.

Se o réu não contestar ou aceitar as contas, o juiz sentenciará o feito em 10 dias.

3.2. Legitimidade

No tocante aos legitimados cabe esclarecer que podem sê-lo, ativa e passivamente, o proprietário do bem e seu administrador.

Essa legitimidade é a asseguradora do caráter dúplice desta ação.

3.3. Cumulação

Na ação de prestação de contas pode-se fazer pedido cumulado, de forma que conjuntamente com o pedido de prestação de contas "pode-se cumular a de condenação à entrega do saldo devedor, ou dos objetos inventariados". (*Pontes de Miranda*: 1974, p. 134)

4. Considerações finais

O procedimento apresentado será cabível nas hipóteses de tutela, curatela, sucessão.

Em tais circunstâncias o processo de prestação de contas será apenso à ação em que foi nomeado o profissional, seja inventariante, tutor, curador ou depositário.

Ademais as contas apresentadas serão de forma mercantil, especificando-se as contas, assim do autor como do réu, serão apresentadas em forma mercantil, especificando-se as receitas e a aplicação das despesas, bem como o respectivo saldo; e serão instruídas com os documentos justificativos, nos termos do art. 917 do CPC.

5. Organograma

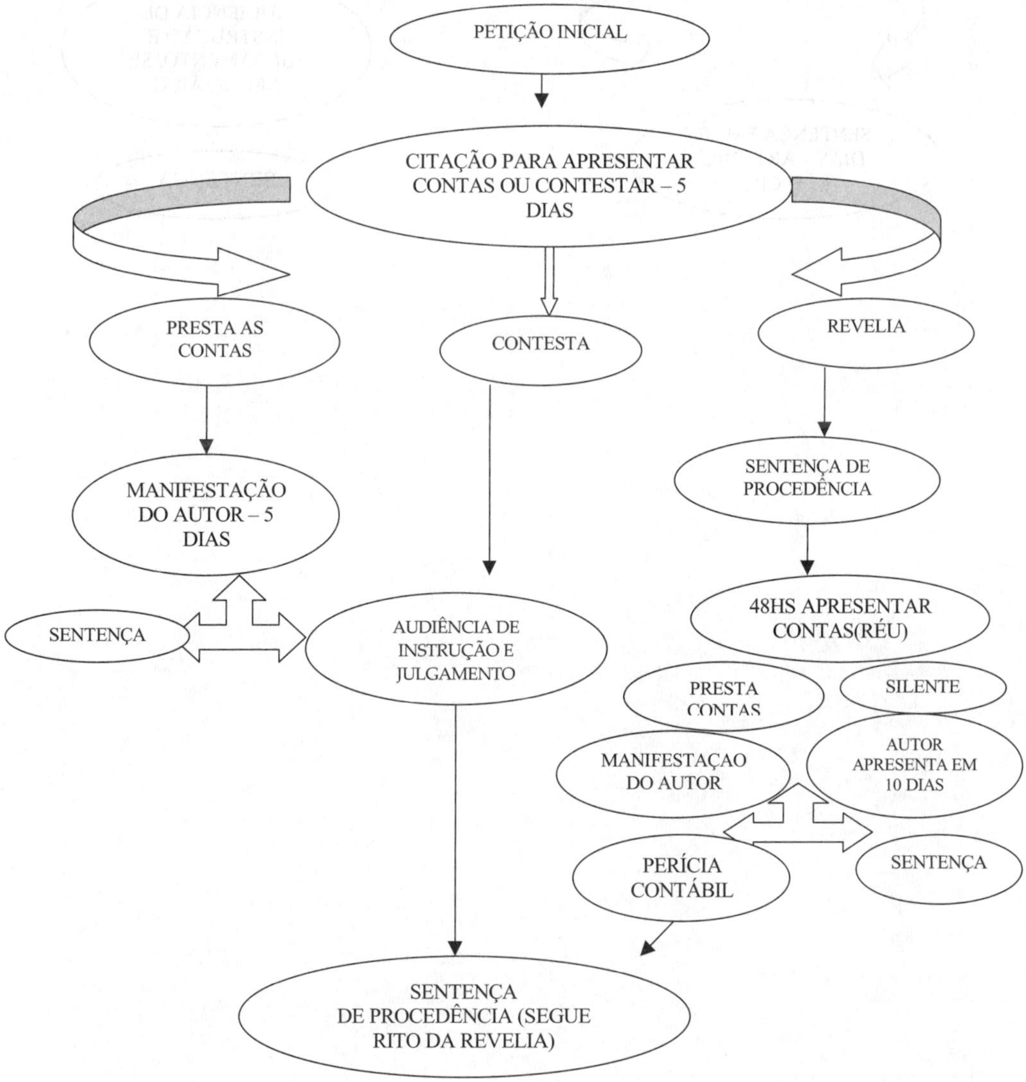

5.1. Organograma ação de dar contas

XC

Ações Possessórias

1. *Considerações iniciais*

O legislador decidiu abrir um capítulo no Código de Processo Civil para tratar das ações possessórias, abordando as ações de reintegração e manutenção da posse; interdito proibitório.

> "As ações de nunciação de obra nova e de depósito não são possessórias, e são, corretamente qualificadas pelo CPC como ações de procedimento especial de jurisdição contenciosa, fora do capítulo das possessórias. A imissão na posse não foi contemplada com procedimento especial, devendo ser intentada pelo procedimento comum." (*Nery*: 2002, p. 1.133)

É importante distinguirmos o conceito de propriedade que é "o direito, excludente de outrem, que dentro dos limites do interesse público e social, submete juridicamente a coisa corpórea, em todas as suas relações (substância, acidentes e acessórios), ao poder da vontade do sujeito, mesmo quando, injustamente, esteja sob a detenção física de outrem." (*Limongi França*: 1999, p. 404), do conceito atribuído à posse, que é "o conteúdo ou o objeto de um direito" (*Ihering*: 2002, p. 17).

Assim aquele que detém a propriedade poderá ou não ser o detentor da posse, porém o fato de não deter a posse significa que "tirar a posse é paralisar a propriedade..." (*Ihering*: 2002, p. 14).

Assim as ações possessórias visam garantir a efetiva propriedade e portanto garantem o uso econômico da propriedade.

1.1. Natureza jurídica

Segundo *Ihering* posse terá como natureza jurídica de direito, mas direito especial, pode-se concluir que a posse é um direito real.

Já a natureza jurídica das ações possessórias apresenta um caráter dúplice, por força do art. 922 do CPC, em que é lícito ao réu, na contestação, alegar que foi ofendido.

Portanto se admite nas possessórias o pedido contraposto.

2. *Conceito de posse*

"A idéia mais geral da posse é a de um estado de facto, pelo qual uma pessoa tem em seu poder uma cousa, isto é: detém-a na sua guarda ou para seu uso, com ou sem ânimo de a ter como própria." (*Ruggiero*: 1934, p. 509)

A posse poderá ser imediata, também conhecida como posse direta e é a posse exercida por aquele que não detém a propriedade.

Assim são possuidores diretos, o locatário ou o usufrutuário.

Já aquele "a posse mediata é a que, pelo menos ao se formar, continha pretensão à entrega, sem ser por ato ilícito do obrigado" (*Pontes de Miranda*: 1977. p. 155).

3. *Esbulho, turbação e ameaça*

Para melhor se compreender o ajuizamento das ações possessórias, faz-se necessário entender a distinção do esbulho e da turbação, já que fenômenos diferentes.

"A turbação envolve naturalmente a idéia de simples embaraço ou inquietação ao exercício da posse, sem que, em todo o caso, o possuidor seja privado da retenção ou fruição da cousa ou do direito; o esbulho implica a perda da retenção ou fruição da cousa ou do direito." (*Netto*: 1993, p. 217)

Já "a ameaça se caracteriza quando há receio sério (fundado) de que a posse venha a sofrer alguma ameaça, seja turbação, seja esbulho" (*Wambier*: 2000, p. 191).

Portanto na ameaça se tem apenas um justo receio que se possa vir a sofrer a turbação ou o esbulho.

4. *Fungibilidade*

A fungibilidade que como sabemos consiste na correção de um erro processual, é assecuratório do recebimento de uma ação por outra.

Assim o art. 920 do CPC prevê textualmente a fungibilidade da ação possessória, quando estabelece que em havendo a interposição de uma ação possessória em vez de outra, não obstará a que o juiz conheça do pedido e outorgue a proteção legal correspondente àquela, cujos requisitos estejam provados.

5. *Cumulação*

A cumulação de pedidos como ensinado pela doutrina e jurisprudência, ou conforme expresso pela lei processual visa valorizar o princípio processual da economia, isso porque permite que em um único processo se discuta dois ou mais questionamentos.

Previsto no art. 292 do Código de Processo Civil é permitida a cumulação, num único processo, contra o mesmo réu, de vários pedidos, ainda que entre eles não haja conexão.

Assim o art. 921 do CPC, ao admitir a cumulação de pedidos na ação possessória, pensou em valorar a economia processual, bem como assegurar a própria efetividade do procedimento possessório.

Portanto, admite-se ao se interpor ação possessória que, conjuntamente com essa questão, se requeira, também, a condenação em perdas e danos, ou a cominação de pena para caso de nova turbação ou esbulho; ou ainda o desfazimento de construção ou plantação feita em detrimento de sua posse.

6. Concessão de liminar

Nas ações possessórias por sua natureza especial, é facultada, de imediato, a concessão de liminar sempre que o pedido se tratar de posse de ano e dia (chamada de posse nova).

A concessão não será possível se o esbulho ou turbação à posse, tenha sido praticado há mais de ano e dia (posse velha). Nessa circunstância o procedimento adotado será o ordinário.

7. *Organograma*

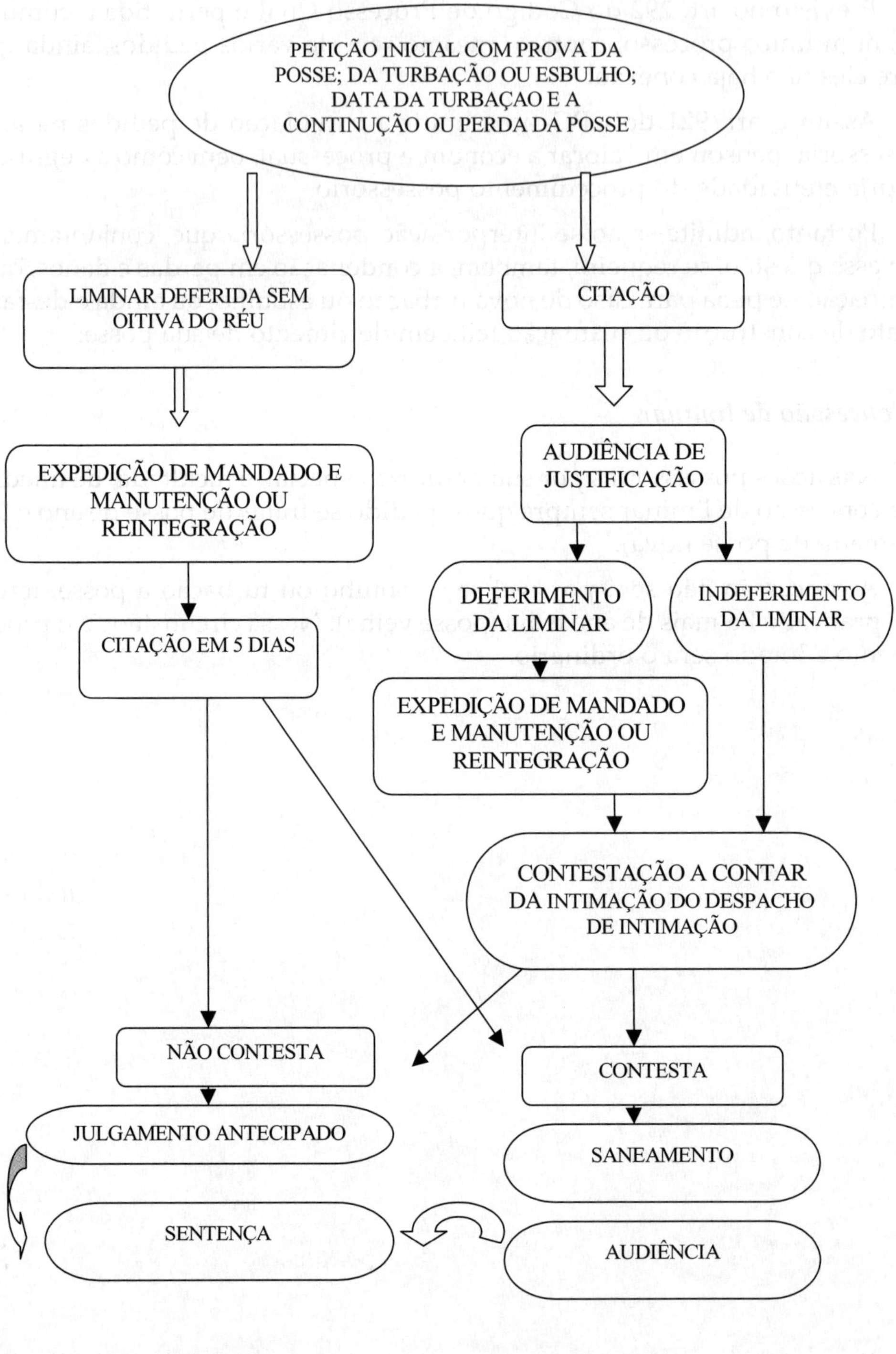

XCI

Ação de Manutenção e de Reintegração de Posse

1. *Aspectos gerais*

A ação de manutenção e reintegração de posse vem elencada nos arts. 926 até 931 do CPC, a ação de manutenção visando inibir a turbação e a reintegração quando efetivado o esbulho.

É importante salientar que as ações de manutenção e de reintegração seguem as normas do procedimento especial sempre que a posse for nova (com menos de ano e dia); isso porque se for velha (mais de ano e dia) o processo seguirá o rito ordinário (art. 924 do CPC).

2. *Conceito*

"A ação de manutenção de posse (que corresponde aos *interdicta retinendae possessionis* do direito romano) destina-se a proteger o possuidor contra atos de turbação de sua posse. Seu objetivo é fazer cessar o ato do turbador, que molesta o exercício da posse, sem contudo eliminar a própria posse." (*Theodoro*: 2000, p. 120)

Já a "ação de reintegração de posse (antigo *recuperandae possessionis* dos romanos) tem como fito restituir o possuidor na posse, em caso de esbulho". (*Theodoro*: 2000, p. 120).

Assim nas ações se visa à proteção e o retorno à posse, respectivamente defendidos através da ação manutenção e reintegração.

2.1. Natureza jurídica

A ação de manutenção e reintegração, como possessória que é, possui caráter dúplice, tanto que não lhe é deferida o ajuizamento de reconvenção.

Todavia apesar dessa posição, segundo *Ovídio Baptista*, é uma ação executiva, posto que "sua condição de ação executiva radica, como em todas as demais classes, na pretensão que a ordem jurídica reconhece ao possuidor de recuperar a posse que haja sido perdida em virtude do esbulho contra ele cometido" (*Ovídio*: 2002, p. 268).

3. *Procedimento*

Na interposição da ação cuja petição inicial obedecerá aos requisitos do art. 282 do CPC, deverá o autor comprovar a sua posse; a turbação ou o esbulho praticado pelo réu, e ainda a data da turbação ou do esbulho (esse para precisar o rito e a concessão ou não de liminar).

Essa comprovação faz-se necessária para que o juiz conceda *inaudita altera pars* a liminar para manutenção ou reintegração da posse.

Não sendo deferida a liminar, haverá a justificativa, citando-se o réu para comparecer a audiência de justificação. Será ela exigível sempre que o réu for pessoa jurídica de direito público.

Na audiência de justificação, sendo a mesma procedente se expedirá de imediato o mandado de manutenção ou de reintegração.

Dispensada a audiência de justificação, e tendo ou não sido concedida a liminar, o autor, em 5 dias, providenciará a citação do réu para contestar a ação. Esse prazo de contestação, que será de 15 dias, contará da intimação do despacho que deferir ou não a liminar de manutenção ou reintegração (art. 930 do CPC), sempre que houver sido determinada a audiência de justificação.

Ao réu será defeso reconvir, requerendo o reconhecimento de seu domínio, como expressamente previsto no art. 913 do CPC.

3.1. Competência

A competência em relação a essa ação será o da situação da coisa, nos termos do art. 95 do CPC; ou ainda, em se tratando de coisa móvel(1), o foro competente é o domicílio do réu, nos termos do disposto no art. 94 do CPC.

3.2. Legitimidade

O legitimado ativo é o possuidor, seja direto ou indireto; já o legitimado passivo é aquele que praticou a turbação ou o esbulho à posse.

Será também legitimado passivo o proprietário, se esse praticar esbulho contra o detentor da posse. Cabe aqui, exemplificando, que se o proprietário/locador obtiver a posse do imóvel de forma violenta, estará praticando esbulho em face da posse do locatário, podendo esse intentar a ação em face daquele.

(1) Súmula n. 262 — Não cabe medida possessória liminar para liberação alfandegária de automóvel.

XCII

Interdito Proibitório

1. *Aspectos gerais*

Como visto pode-se verificar uma ameaça (quando se têm por exemplo notícias que diversos ocupantes do movimento sem terra estão se dirigindo para uma determinada fazenda), pode-se intentar a ação, para que se evite o esbulho possessório.

2. *Conceito*

> "Denomina-se interdito proibitório a ação possessória que objetiva evitar que a posse seja afrontada, quando houver fundado receio de moléstia" (*Wambier*: 2000, p. 196)

Assim essa ação visa defender o possuidor da ameaça a sua posse. Tal ameaça que deverá ser fundada em justo receio.

3. *Procedimento*

No ajuizamento do interdito proibitório, o possuidor ao ajuizar a ação requer a expedição de mandado proibitório, cominando o mesmo, na hipótese de descumprimento, pena pecuniária.

Esta ação, no mais, segue o rito das demais ações possessórias, nos termos do disposto no art. 933 do CPC.

XCIII

Ação de Nunciação em Obra Nova

1. *Aspectos gerais*

Esta ação visa exclusivamente garantir os direitos de vizinhança, de forma que é a mesmo ajuizada para evitar construção que venha a prejudicar prédio vizinho.

Cumpre-nos apenas entender como obra nova, toda alteração realizada no imóvel, como construção, reforma, demolição, terraplanagem, podendo-se até considerar a pintura como uma "obra nova".

2. *Conceito*

"A ação de nunciação de obra nova, por meio de sua forma mais vulgarizada, dá proteção ao direito de vizinhança, contra toda 'obra nova' capaz de prejudicar o prédio vizinho, suas servidões ou fins a que o mesmo é destinado."(*Ovídio*: 2002, p. 281)

3. *Procedimento*

A nunciação pode iniciar-se, quando urgente, através de embargos extrajudiciais, notificando o proprietário ou construtor, perante duas testemunhas, para não continuar a obra. (art. 935 CPC).

Nessa hipótese a ação deverá ser ajuizada, pelo nunciante, dentro de 3 dias, através de petição inicial que obedece aos requisitos do art. 282 do CPC, no qual requererá o embargo da obra, bem como a reconstituição, modificação ou a demolição, acrescido de cominação de pena e perdas e danos.

Concedido o embargo liminarmente, expedido será o mandado, devendo o oficial de justiça lavrar auto detalhado do estado da obra, intimando o construtor e operários do embargo da obra, sob pena de desobediência, em seguida citando o proprietário a contestar a ação, no prazo de 5 dias.

Entretanto se operar a revelia, deverá a sentença ser proferida em 5 dias, nos termos do art. 939 c/c 803 do CPC, ou havendo a contestação, se houver necessidade, será designada audiência de instrução e julgamento.

Ao nunciado é facultado requerer o prosseguimento da obra, desde que caucione o juízo.

3.1. Competência

Trata-se de ação imobiliária, razão pela qual a ação deva ser ajuizada no foro da situação do imóvel, nos termos do disposto no art. 95 do CPC.

3.2. Legitimidade

Nesta ação o rol dos legitimados ativos está elencado no art. 934 do CPC, de forma que a ação poderá ser interposta pelo possuidor ou proprietário; o condômino e o Município.

Quanto à legitimidade passiva o será "sempre o dono da obra, não o possuidor ou construtor" (*Marcato*: 2004, p. 183)

> "Estando a ação de nunciação de obra nova incluída, por expressa previsão legal, entre as ações reais imobiliárias (art. 95), torna-se necessária a intervenção de ambos os cônjuges, sempre que a demanda for ajuizada por pessoa casada ou contra pessoa casada (art. 10, § 1º)." (*Theodoro*: 2000, p. 153)

3.3. Cumulação

A ação de obra nova tem como pedido principal a paralisação da edificação, que poderá ser cumulado com a cominação de penas caso haja o descumprimento da ordem judicial.

Ademais, pode-se também cumular ao pedido a solicitação de demolição, e até com as perdas e danos advinda da construção da obra.

Outra possibilidade de cumulação seria a de apreensão e depósito de materiais e produtos.

4. *Organograma*

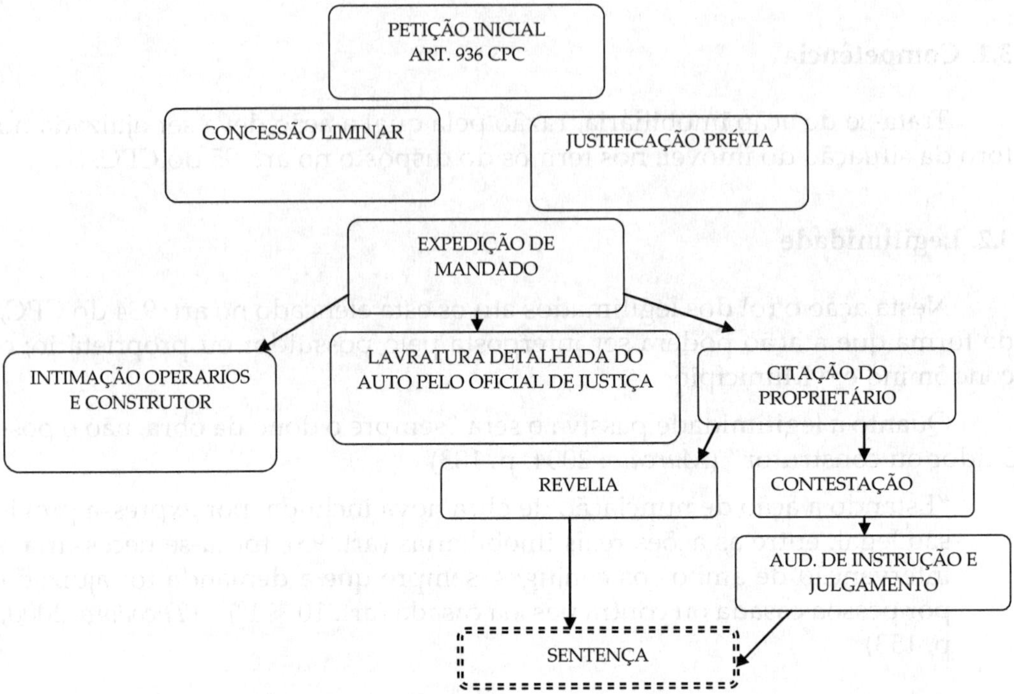

XCIV

Ação de Usucapião de Terras Particulares

1. *Aspectos gerais*

A ação de usucapião apresenta-se dividida em ordinário e extraordinário, sendo que o usucapião ordinário refere-se ao direito do possuidor, com justo título, de requerer a ação após deter o bem por 10 anos, ou por 5 se a aquisição onerosa tiver sido cancelada (art. 1.242 do CC); já o usucapião extraordinário difere do anterior por não ter o detentor do bem o justo título, mas apenas a posse mansa e pacífica por 15 anos ou 10 anos se o possuidor houver estabelecido no imóvel sua moradia habitual, ou nele realizado obras e serviços de caráter produtivo (art. 1.238 do CC).

Nesta ação deve-se possuir a posse denominada de *animus domini*, ou seja, a posse com o animo de dono, ou como se proprietário fosse.

Assim aquele que detém o bem como se seu fosse, tem o direito de requerer a presente ação desde que cumprido os demais requisitos processuais.

No ordenamento atual existe ainda o usucapião constitucional de bens urbano ou rural.

O art. 183 da Constituição Federal admite o usucapião de bem imóvel com até 250m^2, pelo prazo ininterrupto de 5 anos.

O art. 191, da Constituição Federal, prevê o usucapião rural ou urbano, para imóvel de até 50 hectares, para aquele que detiver o bem por 5 anos ininterruptos.

Em ambas as hipóteses não se admite o usucapião de bens públicos[(1)], como previsto expressamente no art. 183, § 3º e parágrafo único do art. 191, CF.

2. *Conceito*

"Usucapião é a *prescripção adquisitiva*, que se distingue da *prescripção extinctiva.*" (*Freitas*: 1883, p. 365)

Na ação de usucapião o que se busca é a sentença que concederá a propriedade do bem imóvel do qual já se detém a posse.

(1) Súmula n. 340 do STF — Desde a vigência do Código Civil, os bens dominiais, como os demais bens públicos, não podem ser adquiridos por usucapião.

2.1. Natureza jurídica

A apresentação da natureza jurídica da ação de usucapião é discutível, tendo *Pontes de Miranda* rechaçado aqueles que a vêem como constitutiva.

Pontes de Miranda pontifica que "é ação declarativa, com o elemento eventual (necessário, em se tratando de usucapir imóvel) do registro da sentença, efeito mandamental que erradamente se tem querido exagerar ... O registro da sentença é efeito mandamental, que não basta para a classificação da sentença". (*Miranda*: 1977, p. 351).

Em questão inserta no exame 124 da OAB/SP, considerou-se a mesma meramente declaratória.

3. Procedimento

Ao se interpor a ação de usucapião o autor deverá, na petição inicial, expor os fatos e fundamentos do pedido, juntando a planta do imóvel, requererá a citação dos confrontantes que constarem do registro de imóveis, bem como daquele em cujo nome estiver a propriedade no registro de imóveis.

A princípio, devem referidas citações serem obtidas pessoalmente conforme previsto em súmulas do STF[(2)]; todavia se não se tiver acesso a todos pessoalmente é facultado ao autor requerer a citação por edital dos réus.

Além dos réus constantes da inicial, também são chamados a se manifestarem nessa ação os representantes da Fazenda Pública da União, dos Estados, do Distrito Federal, dos territórios e dos Municípios.

Haverá a intervenção do Ministério Público como *custos legis*, por expressa determinação do art. 944 do Código de Processo Civil.

Feita a citação, poderão as partes contestar, devendo, caso não se manifestem, verificar se é hipótese de revelia.

Não esqueçamos que se a citação se der por edital, deverá ser nomeado um curador especial para que processe a contestação.

Apresentada a contestação, o juiz saneará o processo ou proferirá o julgamento antecipado da lide.

A sentença prolatada declarará o direito e produzirá os efeitos *ex nunc*, de forma que o direito do usucapiente retroage ao termo inicial do processo.

---

(2) Súmula n. 263 STF — O possuidor deve ser citado, pessoalmente, para a ação de usucapião. Súmula n. 391 STF — O confinante certo deve ser citado pessoalmente para a ação de usucapião.

3.1. Pressupostos processuais

Para que se possa ajuizar referida ação é necessário, como já visto, que o autor tenha a posse do imóvel pelo prazo previsto em lei, ou seja, 10 ou 15 anos. Essa posse deve ser mansa e pacífica, e como ânimo de dono.

O prazo menor exige ainda, para a validade da ação, que o autor tenha o titulo justo, porém não registrado.

Necessário será também a comprovação dessa posse, através dos documentos que demonstram a posse.

3.2. Competência

A ação de usucapião deverá ser interposta no foro da situação do imóvel, nos termos do disposto no art. 95 do Código de Processo Civil. Em São Paulo a ação será ajuizada nas Varas dos Registros Públicos.

Essa competência sempre será a da situação do imóvel, sendo que quando se houver a competência funcional, nos termos da Súmula n. 11(3), deve-se-á ajuizar a ação na vara federal do local do imóvel.

3.3. Legitimidade

Quanto às partes legitimadas para a interposição da ação tem-se aquele que é o detentor da posse, seja pessoa física ou jurídica, sendo que nas hipóteses de pessoas casadas, haverá o litisconsórcio necessário passivo ou ativo.

(3) Súmula n. 11 — Na presença da União ou de qualquer de seus entes, na ação de usucapião especial, não afasta a competência do foro da situação do imóvel.

4. *Organograma*

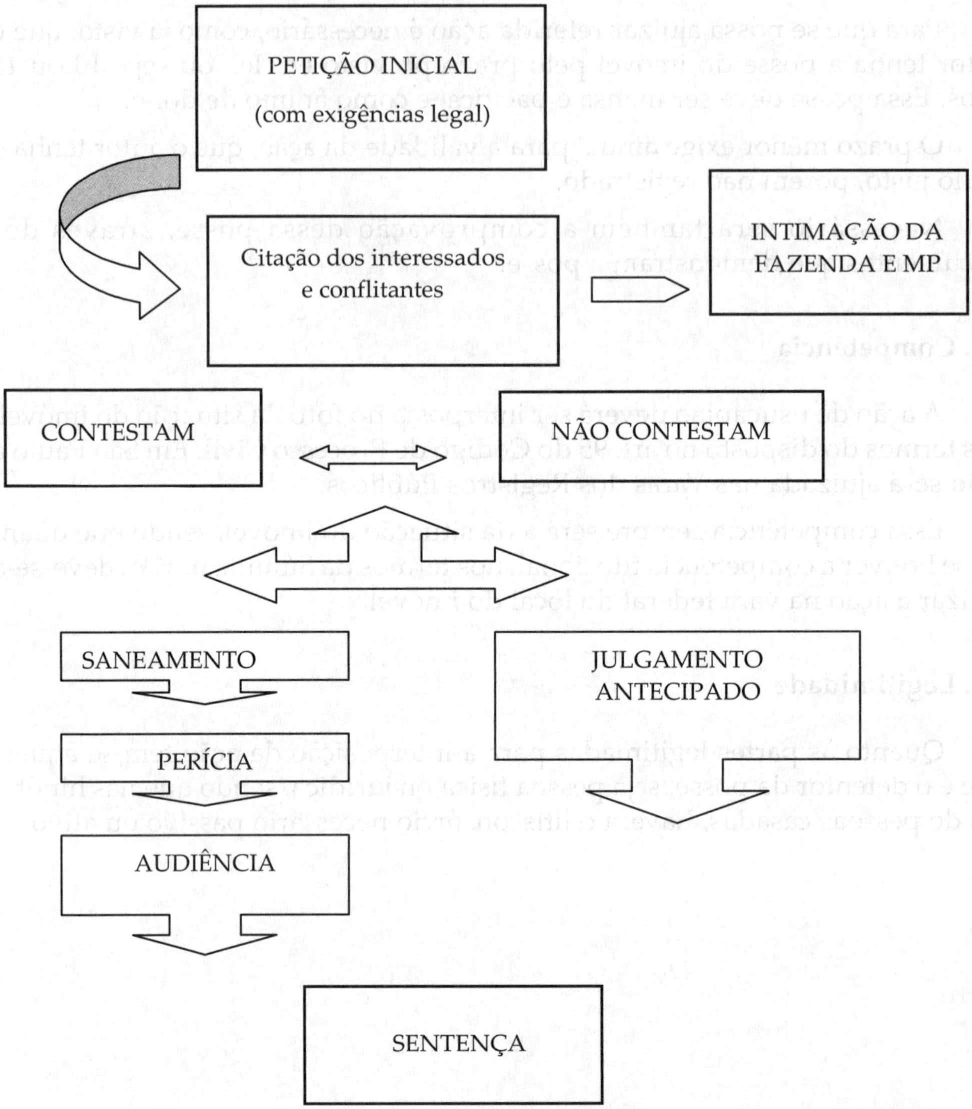

XCV

Ação de Divisão e de Demarcação de Terras Particulares

1. Aspectos gerais

Novamente estamos diante de duas espécies de ação de cunho imobiliário, em que se discute questões de direito de vizinhança.

Esse procedimento especial acaba se partindo, exigindo-se, às vezes, se processe primeiro a divisão e depois a demarcação.

2. Conceito

É a ação onde o dono de um prédio determinado requer a especificação dos limites com seus confrontantes que se acham indeterminados.

2.1. Natureza jurídica

A ação de demarcação possui elementos executivo e constitutivo, razão pela qual alguns autores pensam se tratar de ação constitutiva. (*Pontes de Miranda:* 1947, p. 395)

Todavia outro entendimento atrela a natureza jurídica de duas espécies, declaratória e constitutiva. Assim a sentença num primeiro momento declara a divisão (divisória), mas em seguida determina as novas dimensões (constitutiva) (demarcatória).

3. Procedimento

A ação de demarcação é cabível sempre que o proprietário pretender obrigar seu confinante a fixar os limites.

Assim o autor, ao ajuizar a ação através de petição que deverá conter o título que comprove a propriedade, descreverá os limites listando todos os confinantes.

Caso tenha ocorrido esbulho, o autor na inicial requererá a restituição da área invadida.

Em seguida se processará a citação dos confrontante e condôminos, sendo essas citações por edital caso os mesmos não residam na comarca do imóvel.

Devidamente citados os réus terão o prazo de 20 dias para contestar, sendo que mesmo que haja revelia, o juiz determinará a produção de prova nomeando dois arbitradores e um agrimensor para levantamento do traçado da área demarcada.

Concluídos os estudos, apresentarão os arbitradores minucioso laudo sobre o traçado da linha demarcada, tendo em conta os títulos, marcos, rumos, a fama da vizinhança, as informações de antigos moradores do lugar e outros elementos que coligirem (art. 957 CPC).

Após a especificação, a sentença que julgar procedente a ação determinará o traçado.

Transitada em julgado a sentença, se iniciará uma nova fase processual com a colocação dos marcos e elaboração da planta e memorial.

Apresentado o laudo que atenderá ao disposto nos arts. 960 até o 964, o juiz determinará a manifestação das partes em 10 dias, e apontando eventuais correções, lavrar-se-á o auto com memorial e planta descrita.

3.1. Procedimento da ação de divisão

A ação de divisão: um condômino busca obrigar os demais a partilhar a coisa comum.

Na ação de divisão, a prova do domínio constará da petição inicial, da qual constará também a indicação da comunhão, situação, limite e características do imóvel, além do nome, qualificação de todos os condôminos.

Requerendo-se a citação de todos os condôminos para contestarem no prazo de 20 dias, aplicando-se a revelia caso algum deixe de contestar.

Indicados os arbitradores e agrimensores, todos os condôminos serão intimados a apresentarem seus títulos, a formularem pedidos quanto aos quinhões.

Não havendo impugnação, o juiz, em 10 dias, proferirá decisão.

Em seguida se farão as análises de campo, nos termos do disposto nos arts. 960 até o 963, com o agrimensor fazendo as demarcações, respeitando as linhas de perímetros que venham a atingir benfeitorias feitas há mais de um ano, serão respeitadas.

Concluído o trabalho, o agrimensor avaliará o imóvel no seu todo, apresentando ao final um laudo sobre o qual deverão as partes ser ouvidas em 10 dias.

Terminados os trabalhos, será o auto lavrado e assinado pelo juiz, que conterá a confinação e a extensão superficial do imóvel; a classificação das terras com o cálculo das áreas de cada consorte e a respectiva avaliação, ou a avaliação do imóvel na sua integridade, quando a homogeneidade das terras não determinar diversidade de valores; o valor e a quantidade geométrica que couber a cada condômino, declarando-se as reduções e compensações resultantes da diversidade de valores das glebas componentes de cada quinhão.

Devidamente dividido, se processará a fase do procedimento demarcatório constante nos arts. 952 à 955 do CPC.

3.2. Legitimidade

No tocante à legitimidade ativa, da ação demarcatória é do proprietário, enquanto que o confinante é o legitimado passivo.

Todavia em havendo condôminos quaisquer deles é legitimado para promover a ação. (art. 952 CPC)

Na ação de divisão, o condômino será legitimado ativo e seu consortes são legitimados passivos.

3.3. Cumulação

Nas ações de demarcação, no geral, precede a ação de divisão, pois somente após se estabelecer os limites é que se poderá proceder a divisão, portanto as ações podem ser cumulativas

3.4. Competência

A competência para essas ações é a da situação do imóvel, nos termos do disposto no art. 95 do CPC.

Todavia a competência será outra se se tiver que obedecer a competência em razão da pessoa que tenha interesse na lide. Assim, se houver interesse da União a competência será outorgada a Justiça Federal.

4. *Organograma — Ação demarcatória*

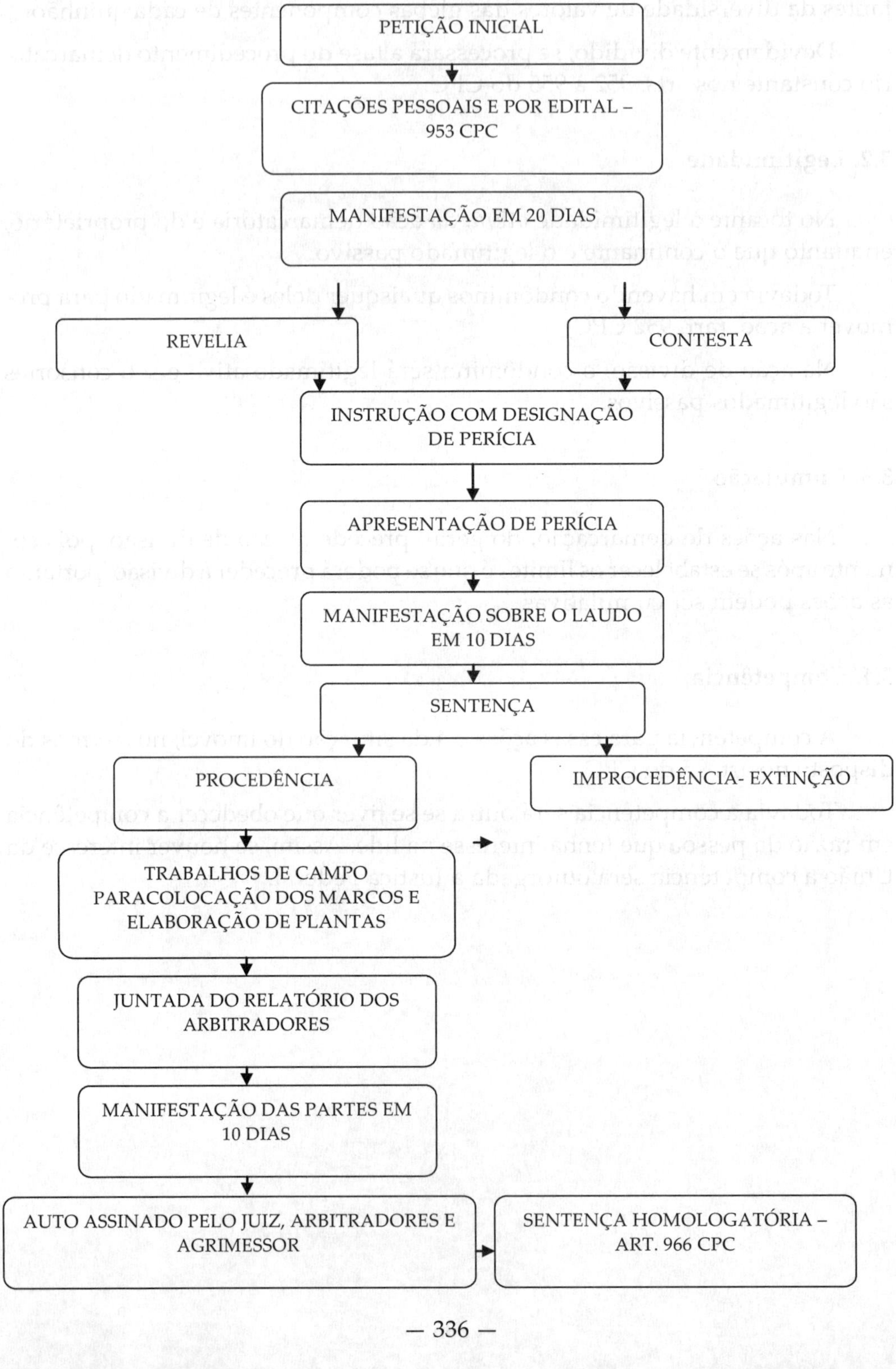

4.1. Organograma — Ação divisória

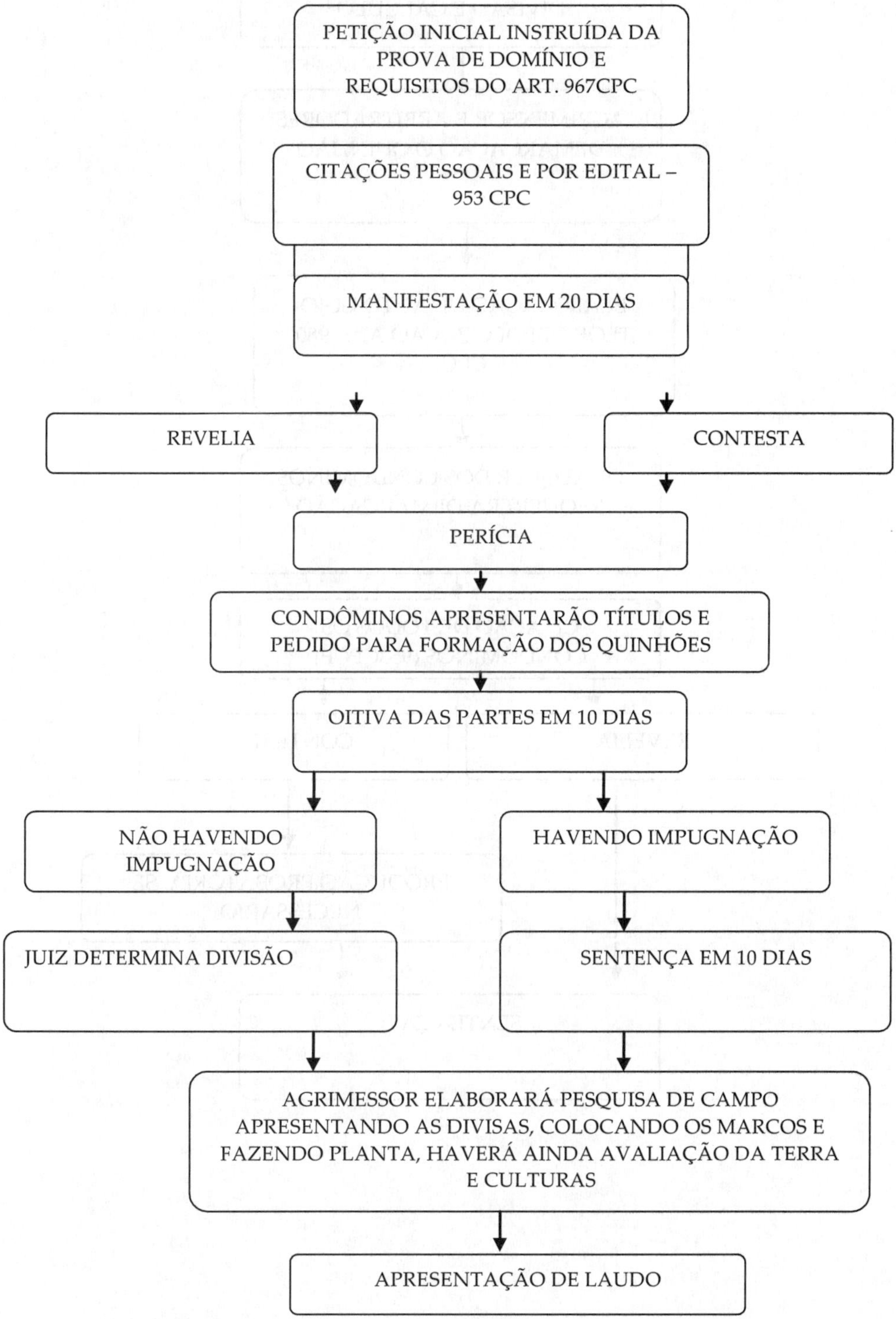

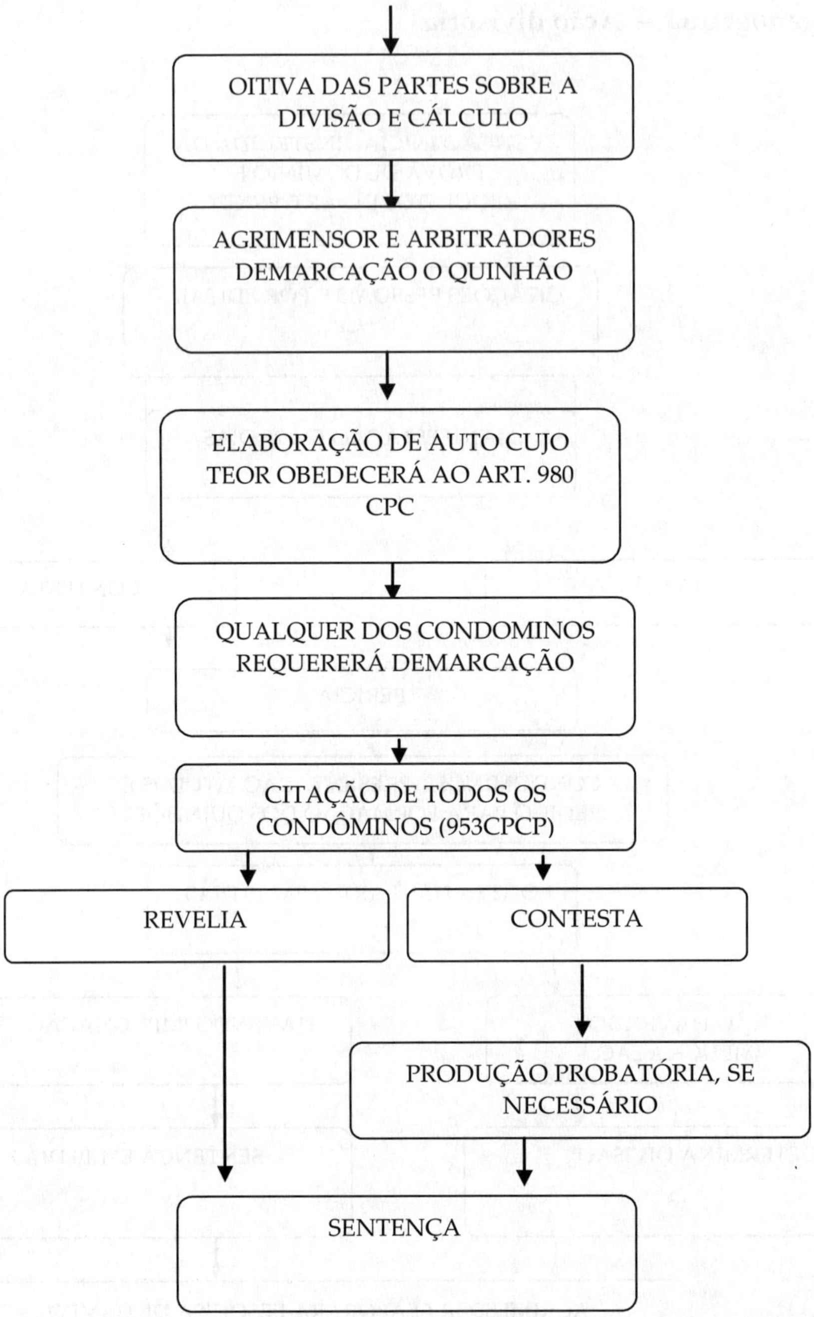
OITIVA DAS PARTES SOBRE A DIVISÃO E CÁLCULO
AGRIMENSOR E ARBITRADORES DEMARCAÇÃO O QUINHÃO
ELABORAÇÃO DE AUTO CUJO TEOR OBEDECERÁ AO ART. 980 CPC
QUALQUER DOS CONDOMINOS REQUERERÁ DEMARCAÇÃO
CITAÇÃO DE TODOS OS CONDÔMINOS (953CPCP)
REVELIA
CONTESTA
PRODUÇÃO PROBATÓRIA, SE NECESSÁRIO
SENTENÇA

XCVI

Do Inventário e da Partilha

1. *Aspectos gerais*

O procedimento de inventário e da partilha figura dentre os procedimentos especiais que visam estabelecer a sucessão devida em virtude da morte do detentor dos bens.

Assim ocorrido o falecimento, se estabelece a sucessão do *de cujus*, que finaliza com a partilha dos bens por ele deixado.

Nestes termos o art. 1.784 do CC prevê que a herança se transmite aos herdeiros legítimos e testamentários.

Sobre a matéria surge divergência no que diz respeito a ser esse procedimento contencioso ou voluntário.

Isso se dá porque no Código de Processo de 1939 o procedimento aparecia dentre os de jurisdição voluntária, porém esse posicionamento foi refutado por Pontes de Miranda que o vê como procedimento especial de jurisdição contenciosa.

O legislador do Código de Processo cedeu a esse entendimento colocando-o dentre os procedimentos de jurisdição contenciosa, razão pela qual se deve finalizar com esse entendimento.

2. *Conceito*

> "Inventário é o procedimento especial de jurisdição contenciosa que tem por finalidade declarar a transmissão da herança e a atribuição de quinhões dos sucessores" (*Grecco*: 2003, p. 242)

Nota-se que o processo de inventário objetiva a apuração dos bens do falecido e sua transmissão aos seus herdeiros.

2.1. Natureza jurídica

No tocante à natureza jurídica da sentença proferida no processo de inventário, é declaratória quanto ao falecimento, e constitutiva quanto à partilha, posto que estabelece um quinhão a cada um dos herdeiros do falecido.

2.2. Conceito de espólio

Espólio é a "entidade sem personalidade jurídica e representada, judicial e extrajudicialmente, pelo inventariante, ou, antes dele, pelo administrador provisório". (*Marcato*: 2004, p. 220)

Desta forma enquanto não efetuada a partilha e outorgado o quinhão de cada herdeiro, à universalidade dos bens do falecido dá-se o nome de espólio, cuja responsabilidade é do inventariante ou administrador.

3. *Procedimento*

Ocorrido o falecimento dá-se início à obrigação dos sucessores de iniciarem o processo de inventário, através de petição inicial instruída com a cópia da certidão de óbito do inventariado, requerendo-se a abertura da sucessão e a nomeação do inventariante.

Essa ação, segundo disposto no art. 983, do CPC, deverá ser ajuizada no prazo de 60 dias do falecimento(1) e finalizado em um ano.

Iniciado o processo estabelece-se a quem caberá a responsabilidade do espólio, ou seja, quem será o inventariante

O art. 990 elenca o rol daqueles que devem ser inventariantes, quais sejam:

I — o cônjuge sobrevivente casado sob o regime de comunhão, desde que estivesse convivendo com o outro ao tempo da morte deste;

II — o herdeiro que se achar na posse e administração do espólio, se não houver cônjuge supérstite ou este não puder ser nomeado;

III — qualquer herdeiro, nenhum estando na posse e administração do espólio;

IV — o testamenteiro, se lhe foi confiada a administração do espólio ou toda a herança estiver distribuída em legados;

V — o inventariante judicial, se houver;

VI — pessoa estranha idônea, onde não houver inventariante judicial.

Nomeado o inventariante esse será o responsável pela administração do espólio, bem como pelo impulso processual que se dará ao processo.

O compromisso é firmado em 5 dias, devendo-se apresentar as primeiras declarações (ato inicial do processo de inventário que delimita os bens que compõe o Espólio, e que serão administrados pelo inventariante até a efetivação do processo, em que se fará a partilha dos mesmos) nos 20 dias subseqüentes à assinatura do termo de compromisso.

Apresentadas as primeiras declarações, passa-se à citação do cônjuge sobrevivente; dos herdeiros; do Ministério Público; da Fazenda Pública e do testamenteiro.

---

(1) Súmula n. 542 STF: "Não é inconstitucional a multa instituída pelo Estado-membro, como sanção pelo retardamento do início ou ultimação do inventário".

Dá-se a eles o prazo de 10 dias para discordarem dos bens que foram arrolados ou ainda da própria condição de herdeiro daquele assim apontado.

Nesse prazo poderá eventual interessado, que tenha sido preterido, requerer a inclusão como herdeiro, sendo certo que caso não consiga a inclusão no inventário, poderá recorrer às vias ordinárias, sem todavia suspensão do processo de inventário.

Os herdeiros citados poderão solicitar seu quinhão no monte-mor.

Havendo impugnação o juiz, em 10 dias, decide, ou remete às vias ordinárias, passando à avaliação caso entenda-se necessário. Em regra, ao se atribuir aos bens imóveis o valor constante do IPTU, e aos móveis comprovando-se com avaliações, fica dispensada a avaliação.

Encerra-se então a primeira fase e dá-se início à segunda que consiste na partilha dos bens do falecido.

Assim apresenta-se, então, o esboço da partilha e as últimas declarações (ato que ratifica ou retifica as primeira declarações podendo-se incluir determinada especificação sobre os bens já arrolados).

Resolvidas eventuais alterações, antes da homologação deve-se recolher o imposto *causa mortis*, para então o juiz homologar a partilha e extinguir o processo, determinado-se a expedição do competente formal de partilha.

3.1. Legitimidade

O art. 988 do CPC estabelece quem são os legitimados para requerer o processo de inventário. São legitimados concorrentes, a saber:

I — o cônjuge supérstite;

II — o herdeiro;

III — o legatário;

IV — o testamenteiro;

V — o cessionário do herdeiro ou do legatário;

Vl — o credor do herdeiro, do legatário ou do autor da herança;

Vll — o síndico da falência do herdeiro, do legatário, do autor da herança ou do cônjuge supérstite;

Vlll — o Ministério Público, havendo herdeiros incapazes;

IX — a Fazenda Pública, quando tiver interesse.

3.2. Competência

O art. 96 do Código de processo Civil estabelece regras específicas para a competência da ação de inventário e partilha.

Assim o *caput* especifica que será competente o foro do domicílio do autor da herança, no Brasil, ainda que o óbito tenha ocorrido no estrangeiro.

Prossegue porém especificando que será competente o foro da situação dos bens, se o autor da herança não possuía domicílio certo; ou ainda do lugar em que ocorreu o óbito, se o autor da herança não tinha domicílio certo e possuía bens em lugares diferentes.

3.3. Partilha

A partilha é a fase final do procedimento do inventário, em que se divide os bens do espólio.

Antes da partilha, retira-se a meação do cônjuge sobrevivente e divide-se os bens entre os herdeiros.

Havendo pedido de quinhões, o juiz decidirá em 10 dias, devendo-se, após, apresentar o esboço, do qual se manifestará as partes no prazo de 5 dias.

O juiz então decidirá se houve alguma impugnação, ou caso contrário, a partilha é lançada nos autos com as duas partes que a compõe: a primeira denominada de orçamento (cujo conteúdo apresenta a individualização do falecido, o nome do cônjuge supé-erstite; os herdeiros; legatários, credores; e os bens com seus valores especificados).

A segunda parte é o pagamento com a descrição minuciosa do quinhão de cada uma das partes.

3.4. Inventário negativo

Esse procedimento é aceito pela doutrina, porém sem especificação expressa na legislação vigente.

Nele, o que o legitimado ativo busca é a declaração da inexistência de bens do falecido.

A justificativa, para esse provimento legal, se dá quando o cônjuge sobrevivente, com filhos do falecido, decide contrair núpcias e não quer estar adstrito ao disposto no inciso I do art. 1.523 do CC, que impede o casamento do viúvo ou viúva que tiver filhos, enquanto não fizer o inventário.

3.5. Arrolamento

O arrolamento é um procedimento especial que deveria constar dentre os procedimentos especiais de jurisdição voluntária, posto que, nele, tem-se rito sumário para a partilha dos bens do falecido.

Assim o procedimento do arrolamento, a petição inicial é ratificada por todos os herdeiros que requerem a nomeação do inventariante, independente de compromisso, arrolam os bens, constando os valores dos mesmos e o esboço da partilha.

O juiz homologa a partilha independentemente da comprovação do recolhimento dos tributos, que serão, porém, necessários para a retirada do formal de partilha (instrumento extraído dos autos, com força executiva e garantia da própria propriedade).

Atualmente com o advento da Lei n. 11.441/06, passou-se a admitir o arrolamento extrajudicialmente, sendo o mesmo feito em Cartório de Notas, de escolha das partes, assistidos por advogado e mediante apresentação de certidões de imóveis, casamento, filiação, atualizadas; certidão negativa de testamento, número do registro geral e cadastro do contribuinte; comprovante de pagamento do imposto da transmissão; certidões negativas de tributos.

Faz-se a partilha sem necessidade de homologação judicial.

4. *Organograma*

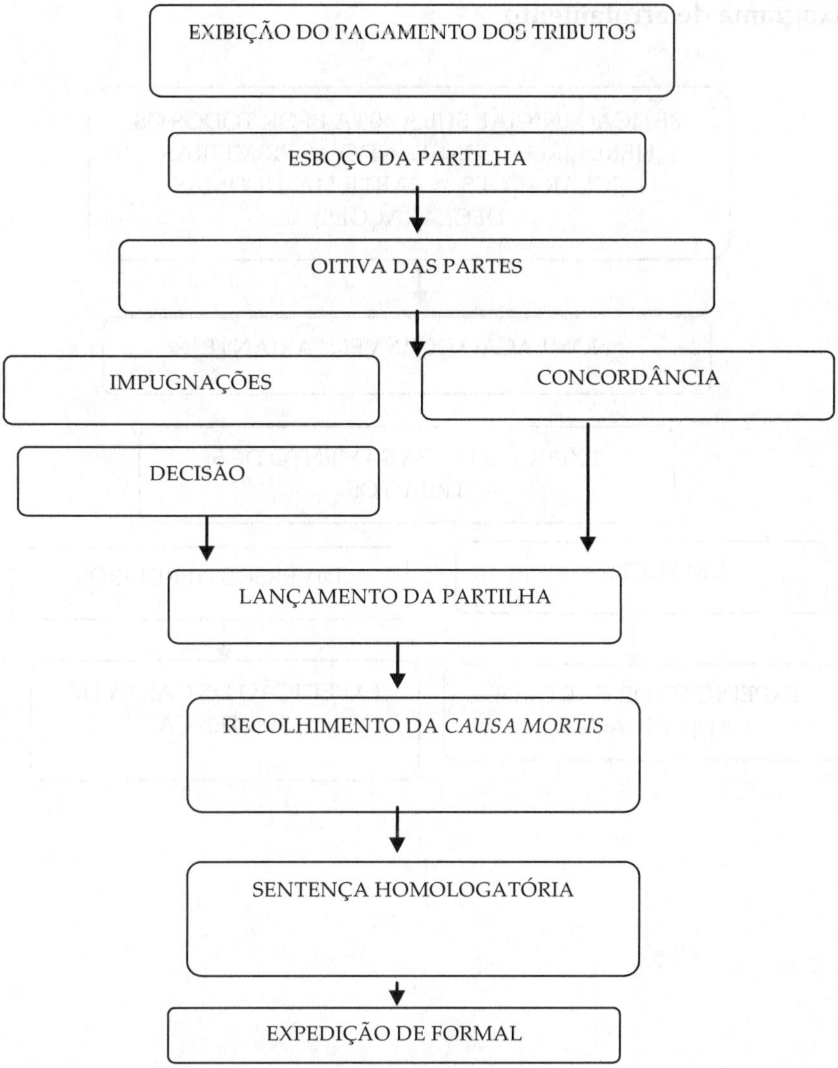
EXIBIÇÃO DO PAGAMENTO DOS TRIBUTOS
ESBOÇO DA PARTILHA
OITIVA DAS PARTES
IMPUGNAÇÕES
CONCORDÂNCIA
DECISÃO
LANÇAMENTO DA PARTILHA
RECOLHIMENTO DA *CAUSA MORTIS*
SENTENÇA HOMOLOGATÓRIA
EXPEDIÇÃO DE FORMAL

4.1. Fluxograma de arrolamento

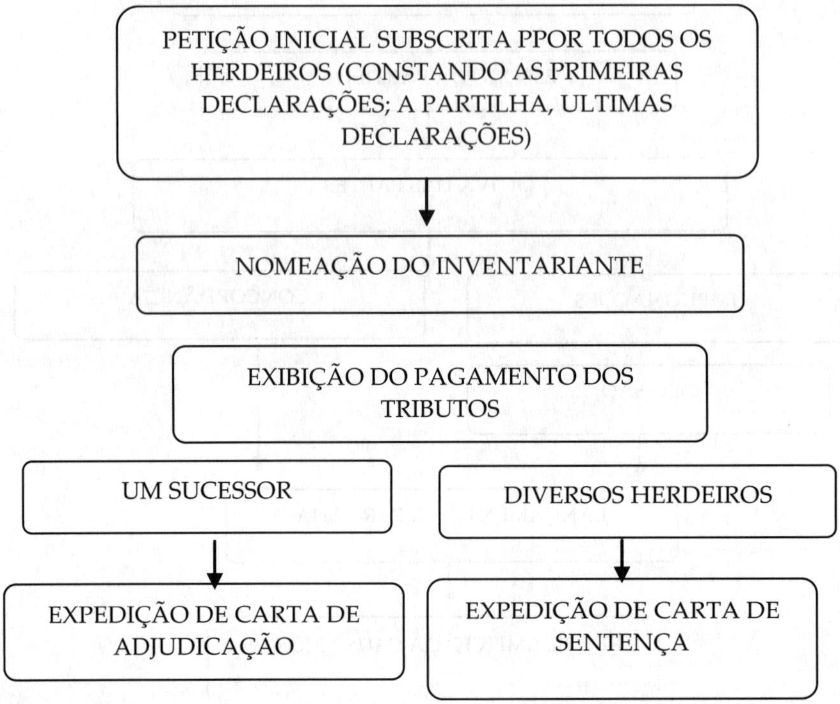

XCVII

Dos Embargos de Terceiro

1. *Aspectos gerais*

Procedimento especial que possui relação direita com os processos executivos, sendo pois uma das formas de intervenção de terceiros naquela espécie de processo.

Nos embargos de terceiro é ação autônoma, porém incidental a processo de execução em que se penhorou bem que se achava na propriedade de terceiro, alheio ao processo principal.

2. *Conceito*

"Os embargos de terceiro são uma ação que tem por objeto a desconstituição dos efeitos de decisões judiciais e cujo processo tem rito especial que admite a concessão de medida liminar" (*Machado*: 2004, p. 1.621).

2.1. Natureza jurídica

"Trata-se de ação de conhecimento, constitutiva negativa, de procedimento especial sumário, cuja finalidade é livrar o bem ou direito de posse ou propriedade de terceiro da constrição judicial que lhe foi injustamente imposta em processo de que não faz parte." (*Nery*: 2002, p. 1.188)

3. *Procedimento*

Os embargos de terceiro são interpostos a qualquer tempo no processo de conhecimento desde que não transitada em julgado a sentença; no processo executivo em até 5 dias depois da arrematação, adjudicação ou remissão, mas antes da assinatura da carta.

Na inicial que cumpre os requisitos do art. 282 do CPC, se faz prova inicial da propriedade e a qualidade de terceiro, oferecendo documentos e rol de testemunhas.

Aqui também se admite a audiência de justificação, sendo certo que deferido os embargos, o juiz defere de imediato a liminar de manutenção ou restituição em favor do embargante, que caucionará para obter o bem.

Determina-se, então, a citação do embargado, esse contestará no prazo de 10 dias. Se não contestar, opera-se a revelia, e o juiz decidira em 5 dias; havendo contestação o juiz ordenará a instrução, se necessária, e decidirá, conforme disposto no art. 1.053 c/c 803 do CPC.

Haverá todavia limitação ao conteúdo da impugnação do credor que poderá alegar:

I — o devedor comum é insolvente;

II — o título é nulo ou não obriga a terceiro;

III — outra é a coisa dada em garantia (art. 1.054 CPC).

3.1. Legitimados

Nos embargos de terceiro o legitimado ativo é o terceiro estranho ao processo, mas que teve o seu bem expropriado nos autos da ação.

Na legitimidade passiva, será o credor sempre quem tiver indicado o bem, ou o credor e devedor quando este tiver indicado o bem como se fosse de seu patrimônio.

4. *Organograma*

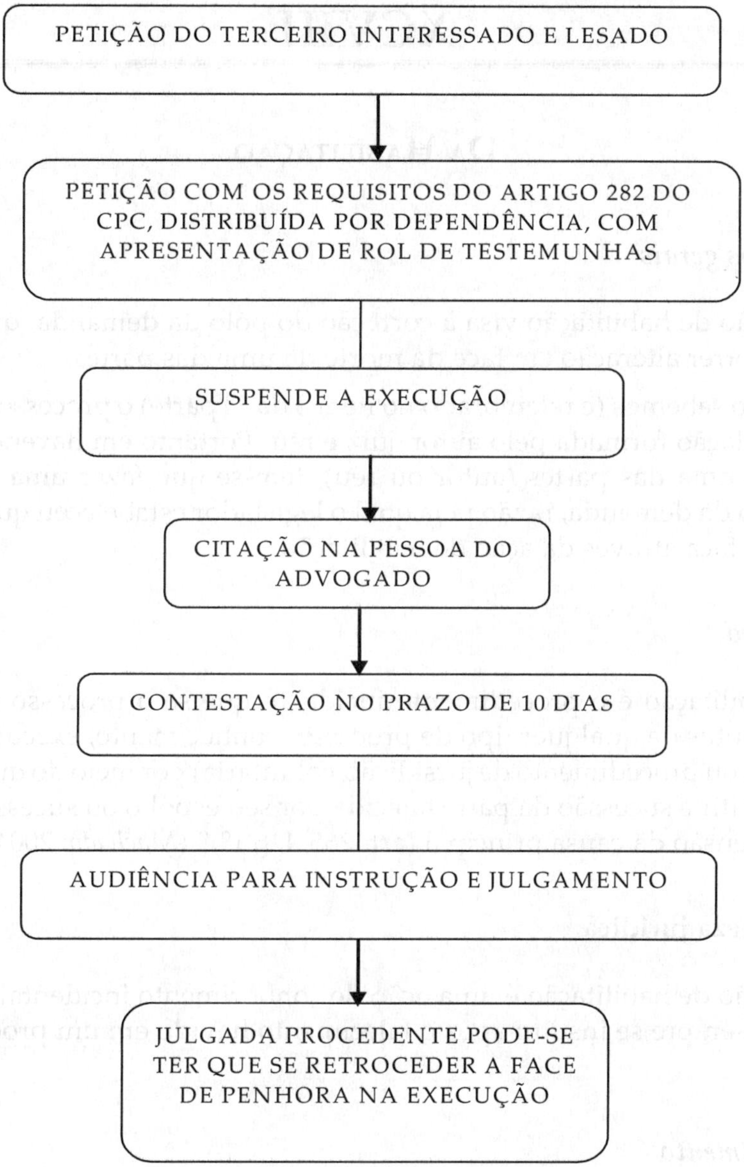

XCVIII

Da Habilitação

1. Aspectos gerais

A ação de habilitação visa à correção do pólo da demanda, quando esse venha a sofrer alteração em face da morte de uma das partes.

Como sabemos (e relembrado no item 3 da 1ª parte) o processo é formado pela angulação formada pelo autor, juiz e réu. Portanto em havendo o falecimento de uma das partes (autor ou réu), tem-se que fazer uma adequação nesse pólo da demanda, razão pela qual o legislador estabeleceu que essa adequação se faça através da ação de habilitação.

2. Conceito

"Habilitação é o procedimento incidente que se o processo em apenso aos autos de qualquer tipo de processo (conhecimento, execução ou cautelar, ou procedimento de jursidição voluntária) por meio do qual se busca permitir a sucessão da parte falecida por seu espólio ou sucessores com a suspensão da causa principal (art. 265, I, § 1º)" (*Machado*: 2004. p. 1635)

2.1. Natureza jurídica

A ação de habilitação é uma ação de conhecimento incidental, posto que a mesma sempre se institui após o falecimento havido em um processo já em trâmite.

3. Procedimento

O legislador previu duas espécies de habilitação: uma contenciosa ou incidental, prevista nos arts. 1.056 a 1.058 do CPC; e a outra direta nos autos, independentemente da sentença (art. 1.060 do CPC).

No contencioso, a petição inicial interposta é recebida pelo juiz que determina a citação do réu para contestação em 5 dias.

Apresentada a contestação o juiz determinará a dilação probatória, caso ache necessário, ou sentencia o feito de plano.

Se, entretanto, a parte não contestar, opera-se os efeitos da revelia.

A habilitação direta como independe de ação (art. 1.060 do CPC) se instaura simplesmente com a petição nos autos do processo principal, tendo como condição a comprovação do falecimento e a qualidade de sucessor

3.1. Legitimidade

Estão legitimados ativamente para requerer a ação à parte, em relação aos sucessores do falecido; pelos sucessores do falecido, em relação à parte. (art. 1.056 CPC).

"Qualquer parte, primitiva ou interveniente, pode ser substituída pelo sucessor *mortis causa*..." (*Theodoro*: 2000, p. 296)

Nota-se que não se defere ao juiz, *ex officio*, a instauração do processo de habilitação. A legitimidade passiva será dos sucessores, na hipótese da habilitação ter sido requerida pela parte; e a parte contrária quando requerida pelos sucessores.

4. Organograma

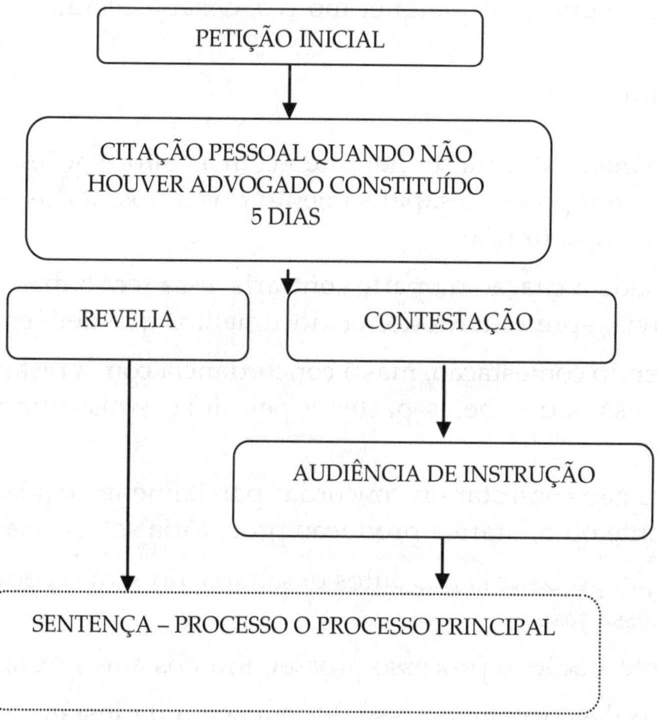

XCIX

Restauração de Autos

1. *Aspectos gerais*

A ação de restauração dos autos é cabível sempre que os autos do processo ("conjunto das peças documentais do processo configurada") (*Theodoro*: 2000, p. 303) houverem extraviado.

Assim a restauração é condição para o prosseguimento da ação principal.

2. *Conceito*

"A restauração dos autos é o procedimento especial cuja finalidade é o restabelecimento físico de todos os documentos que integram os autos de um processo que, por qualquer motivo, desapareceram".

3. *Procedimento*

A petição inicial deverá ser instruída com as informações sobre as partes da demanda, o tempo de desaparecimento dos autos, todos os documentos que facilitem na restauração.

Determinada a citação da parte contrária, essa terá 5 dias para contestar, devendo todavia, apresentar todos os documentos que detiverem.

Não havendo contestação, mas a concordância com a restauração, lavrar-se-á os autos assinados pelas partes e pelo juiz, substituindo-se os autos desaparecidos.

Se a parte não contestar ou concordar parcialmente, o juiz julgará o feito antecipadamente ou dilatará a produção probatória se necessário.

A instrução probatória dos autos desaparecido será repetida se o processo já estiver nessa fase.

Procedente a ação, o processo prosseguirá nos autos restaurado.

Quando o desaparecimento se der em segunda instância, a restauração se dará na vara de origem dos atos lá praticados e, posteriormente, se complementará no tribunal.

3.1. Legitimidade

As partes reciprocamente são legitimadas para interpor a presente ação, sendo que a inversa estará no pólo passivo (art. 1.065, *caput* do CPC).

É importante salientar que a parte que houver dado causa o desaparecimento responderá pelas custas e honorários da restauração. (art. 1.069 do CPC)

4. *Organograma*

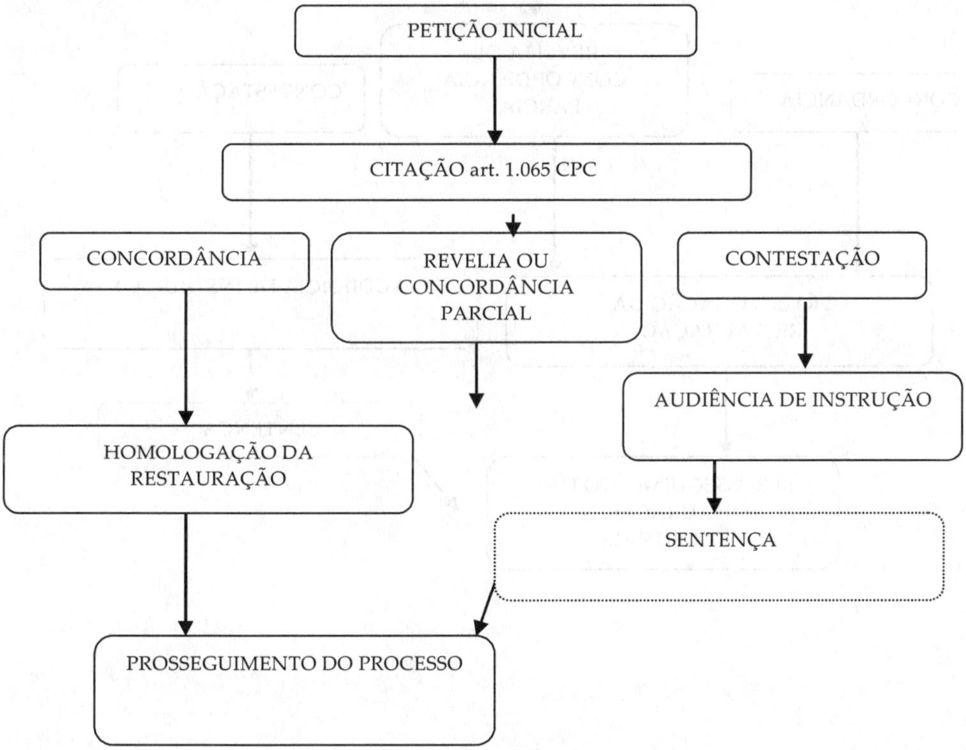

4.1. Organograma — Restauração dos autos no tribunal

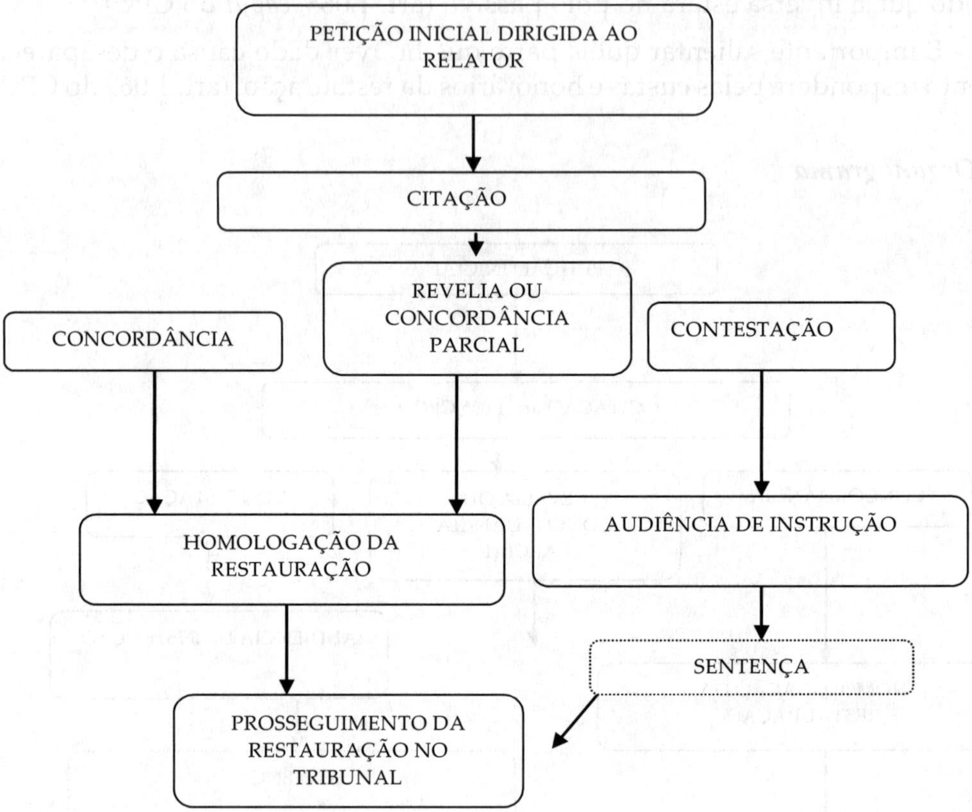

C

Vendas a Crédito com Reserva de Domínio

1. Aspectos gerais

Este procedimento especial busca a retomada do bem que se acha na posse de outrem, mas que a propriedade ainda é daquele que detém a reserva.

2. Conceito

> "A reserva de domínio é pacto adjeto ao contrato de compra e venda de bem móvel, segundo o qual o vendedor se reserva a propriedade da coisa alienada até o instante em que se verifique o integral pagamento do preço, ficando, no entanto, o comprador investido, desde o momento da celebração do contrato, na posse do bem." (*Machado*: 2004. p. 1657)

2.1. Natureza jurídica

O procedimento especial de venda com reserva de domínio terá ao final uma sentença, cuja natureza será condenatória.

3. Procedimento

O débito da dívida, incidente sobre a coisa que foi vendida com reserva de domínio, poderá seguir dois ritos diversos: o primeiro deles no qual o inadimplemento gerará ação de execução por quantia certa contra devedor solvente; ou então ajuizar ação de procedimento especial em que se busca a coisa, facultando ao devedor a quitação do preço.

Ocorrendo a mora por parte do comprador, ao credor será facultado ajuizar ação para que se proceda a apreensão e o depósito da coisa vendida.

De imediato o juiz determinará que um perito proceda a vistoria e o arbitramento do valor da coisa. Feito isso, descreve seu estado de forma a individualizá-la.

Após o depósito, se concede ao réu o prazo de 5 dias para contestar, e se já houver pago mais de 40% do preço poderá requerer o prazo de 30 dias para reaver a coisa.

Não havendo contestação ou concordância expressa possibilita-se ao autor, mediante a apresentação dos títulos vencidos e vincendos, requerer a reintegração imediata na posse, hipótese em que o autor depositará o saldo, abatida a dívida do valor da coisa.

Na hipótese de haver contestação do réu, o processo seguirá pelo rito ordinário, podendo, ainda, o autor requerer a reintegração.

3.1. Legitimidade

Pouco se tem a acrescentar quanto à legitimidade ativa ou passiva deste procedimento especial.

Assim a legitimidade ativa será do vendedor do bem móvel, e a a legitimidade passiva de seu comprador.

4. Organograma

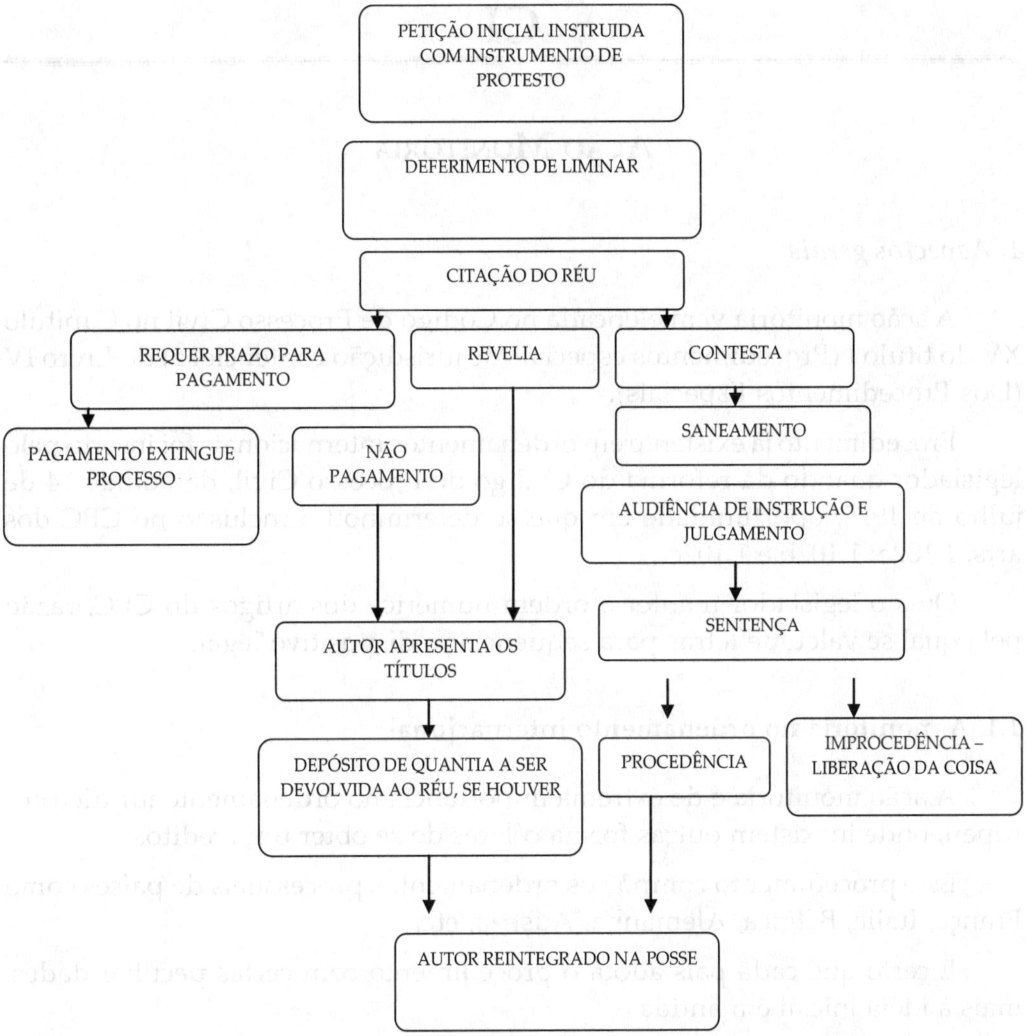

CI

Ação Monitória

1. Aspectos gerais

A ação monitória vem elencada no Código de Processo Civil no Capítulo XV do título I (Procedimentos especiais de jurisdição contenciosa) do Livro IV (Dos Procedimentos Especiais).

Procedimento já existente em ordenamentos internacionais foi inserto pelo legislador quando da reforma do Código de Processo Civil, datada de 14 de julho de 1975, oportunidade em que se determinou a inclusão no CPC dos arts. 1.102a; 1.102b e 1.102c.

Quis o legislador manter a ordem numérica dos artigos do CPC, razão pela qual se valeu de letras para seqüenciar o dispositivo legal.

1.1. A monitória no ordenamento internacional

A ação monitória é de extrema importância no ordenamento jurídico europeu, onde inexistem outras forma céleres de se obter um crédito.

Este procedimento compõe os ordenamentos processuais de países como França, Itália, Bélgica, Alemanha, Áustria, etc.

É certo que cada país adota o procedimento com certas peculiaridades, mais a idéia inicial é mantida.

No próprio Uruguai os processualistas têm adotado o procedimento monitório, distinguindo-o em "presuncional" (baseado na presunção legal da impossibilidade de contradição) e "pleno" (exige prova do direito do autor)

2. Conceito

"Procedimento monitório como o procedimento especial destinado a permitir uma rápida formação de título executivo judicial" (*Câmara*: 2000, p. 461).

Portanto o procedimento monitório é o procedimento que permite a cobrança de valor desde que fundado em documento escrito.

2.1. Natureza jurídica

Para melhor entendermos a natureza jurídica deste procedimento faz-se necessário tomarmos conhecimento das três teorias existentes a respeito da matéria, a saber:

- ação de conhecimento com predominante função executiva — tal classificação dada por *Chiovenda* baseando-se na doutrina de *Carnelutti* .
- pura ação de conhecimento — *Sérgio Bermudes, Clito Fornaciari, Alexandre Câmara* e *Gabargnati,* para quem a peculiaridade da monitória é a celeridade do processo;
- executiva — *Vicente Greco Filho.*

3. *Procedimento*

A prova escrita, pressuposto processual para a propositura desta ação, não precisa ser necessariamente um instrumento do negócio jurídico, mas tem que ser um documento escrito que assegure a existência do débito. Assim, por exemplo, o título judicial, já prescrito, ou a confissão de dívida, sem testemunha; ou ainda a carta contrato com honorários preestabelecidos, ou até uma nota assinada.

Enfim, qualquer documento que comprove a existência da dívida, mais que não seja um título executivo.

Havendo o documento, propõe-se a ação com o fulcro de receber o débito ou reaver a coisa, inicialmente ao juiz cumpre verificar se o documento está em termos (se comprova, se não é título extrajudicial); se não estiver dentro dos preceitos da lei o juiz indeferirá a inicial. Tal decisão é sentença, razão pela qual caberá a propositura do recurso de apelação nos termos do art. 296 do CPC.

Na hipótese de estar em ordem a exordial, o juiz mandará expedir mandado para que o réu pague a dívida. Vê-se que não se trata de mandado citatório para que o réu conteste a ação, mas sim para que pague ou entregue a coisa no prazo de 15 dias.

A lei ainda confere ao réu a isenção de condenação em verba de sucumbência, caso o mesmo cumpra imediatamente o mandado.

Na hipótese do réu simplesmente não se manifestar, se converterá a ação em execução forçada expedindo-se mandado de penhora ou apreensão conforme o caso.

Caso queira, poderá o réu instaurar o contraditório opondo-se ao pedido (sobre a denominação do **documento de oposição,** a doutrina é divergente; alguns vendo-a como contestação; já para outros doutrinadores como *Cândido*

Rangel Dinamarco, Vicente Greco Filho, Humberto Theodoro Júnior será embargos) independente da penhora ou depósito.

Decidirá então o juiz que se entender ser a oposição embargos proferirá a sentença nestes autos, cabendo apelação com efeito devolutivo, conforme preceitua o art. 520, V do CPC; todavia se se entender que a oposição é resposta a sentença será proferida na ação monitória, e da sua decisão caberá apelação com duplo efeito, por não se encontrar dentre as exceções do art. 520. Em tal circunstância a celeridade, que seria característica da ação, desapareceria.

Acatando-se a possibilidade da procedência nos autos dos embargos, o processo prosseguirá em execução provisória.

Derradeiramente, é importante salientar que não existe posição pacífica quanto à hipótese de ser pertinente se intentar ação monitória contra a Fazenda Pública, de maneira que os mestres *Vicente Greco Filho, Humberto Theodoro, José Rogério Cruz e Tucci* entendem ser inviável, já os professores *Cândido Rangel Dinamarco, Carreira Alvim,* admitem plenamente a propositura de monitória em face da Fazenda, já que a oposição possibilita a cognição plena.

3.1. Legitimidade

Está legitimado ativamente para interpor ação monitória aquele que detiver documento que comprove ser credor de quantia ou de coisa, seja como credor originário ou cessionário.

Na legitimidade passiva tem-se aquele que contar como devedor da relação obrigacional.

1. Organograma

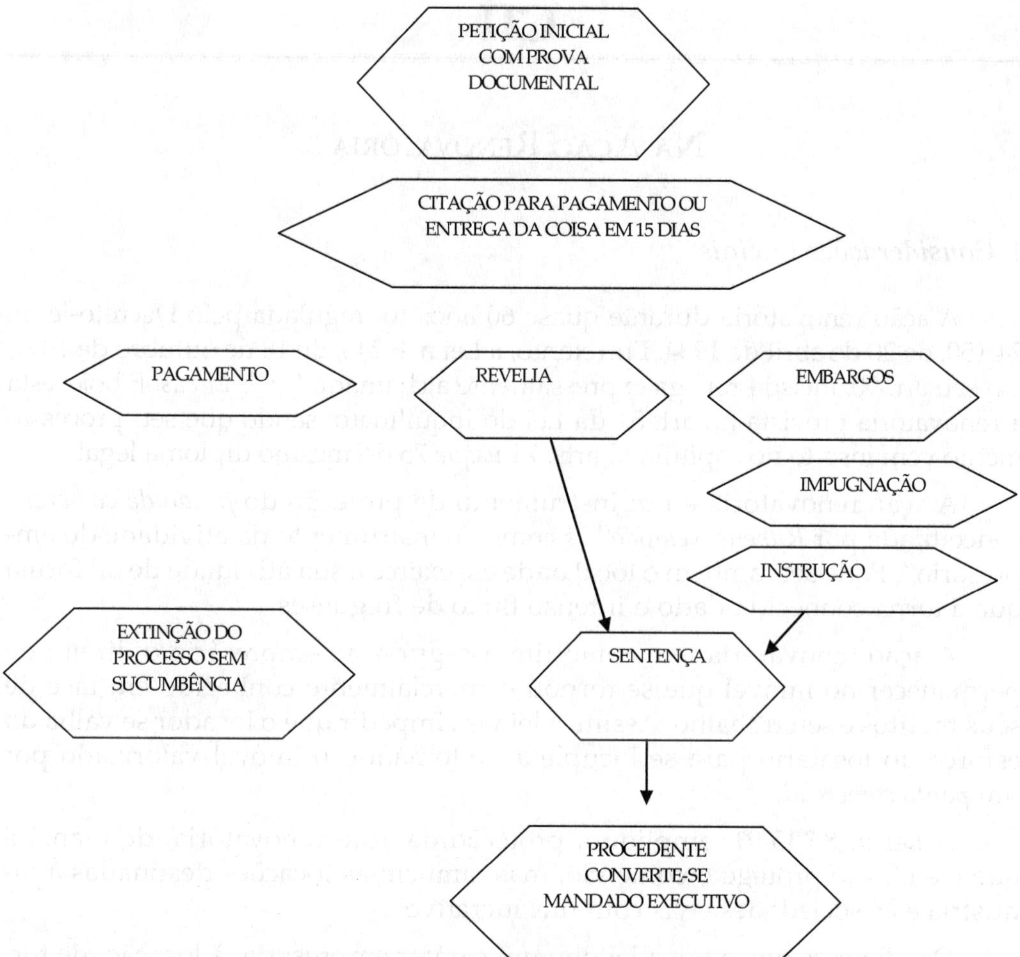

CII

Na Ação Renovatória

1. *Considerações iniciais*

A ação renovatória durante quase 60 anos foi regulada pelo Decreto-lei n. 24.150, de 20 de abril de 1934. Entretanto, a Lei n. 8.245, de 18 de outubro de 1991, em seu art. 90, inciso I revoga expressamente a chamada *Lei de Luvas*. E hoje, está a renovatória prevista no art. 51 da Lei do Inquilinato, sendo que seu processamento vem inserto no capítulo V, arts. 71 *usque* 75 do mesmo diploma legal.

A ação renovatória é um instrumento de proteção do *fundo de comércio*, conceituada por *Rubens Requião*(1) é como "o instrumento da atividade do empresário". Pode ser também o local onde ele exerce a sua atividade de tal forma que a torna conhecida dado o intenso fluxo de fregueses.

A ação renovatória tem como fim assegurar ao empresário o direito de permanecer no imóvel que se tornou comercialmente conhecido em face de seus méritos e seu trabalho. Assim, a lei visa impedir que o locador se valha do esforço do locatário para se locupletar, retomando o imóvel valorizado por um *ponto comercial*.

A Lei n. 8.245/91, ampliou a proteção da ação renovatória, de maneira que ela não só protege o comércio, mas também as locações destinadas à indústria e às sociedades civis com fins lucrativos.

Daí dizer-se que a nova lei deu um caráter empresarial à locação, de forma que, segundo *José da Silva Pacheco*(2), a expressão *locação comercial* somente continua a ser usada por puro saudosismo, já que se tornou imprópria para definir as hipóteses em que a ação renovatória é possível.

2. *Natureza jurídica*

A ação renovatória, que por sua natureza jurídica é constitutiva, segundo *Pontes de Miranda*(3), uma vez que estabelece o contrato de locação, todavia tem à sua frente o elemento mandamental. *Sylvio Capanema de Souza*(4) salienta que

---

(1) REQUIÃO, Rubens. *Curso de direito comercial,* 1982. v. 1, p. 191.
(2) PACHECO, José da Silva. *Op. cit.*, p. 672-673.
(3) MIRANDA, Pontes de *apud* BATALHA, Wilson e Silvia. *Op. cit.*, p. 194-195.
(4) SOUZA, Sylvio Capanema de. *Da locação do imóvel urbano — direito e processo*. Rio de Janeiro: Forense, 1999. p. 595.

a ação renovatória possui um caráter dúplice, já que a contestação poderá possuir uma pretensão contrária à do autor, de forma que será quase uma reconvenção, embora inserta na peça contestatória.

3. *Procedimento*

O art. 51 da Lei de Locação, ao prever a renovatória, o faz condicionando-a ao contrato escrito por período determinado: o prazo mínimo do contrato ou sua soma deve corresponder a 5 (cinco) anos, devendo o locatário, nos últimos 3 (três) anos, estar exercendo a mesma atividade comercial.

Também aqui a lei inovou. Anteriormente a *acessio temporis* era construção jurisprudencial, uma vez que a lei previa um contrato de cinco anos, mas calava-se no tocante a diversos contratos de menor prazo, o que acabou sendo sanado por construção jurisprudencial.

É claro que, mesmo assim, é necessário uma intervenção jurisprudencial pois se admite a somatória dos contratos **sem interrupção**.

Ora, o que se deverá entender exatamente por "sem interrupção"?

A 1ª Câmara do 2º Tribunal de Alçada Civil de São Paulo, nos autos da apelação com revisão n. 388.126, cujo relator foi o Juiz Renato Santorelli, julgada em 31 de janeiro de 1994, assim decidiu:

> "Temporis. Admissibilidade. Exegese do art. 51, II, da Lei n. 8.245/91. O pequeno lapso temporal entre as duas últimas contratações (dois meses) não tem o condão de inibir o exercício da pretensão, pois, se interpretada a norma do art. 51, II, da Lei n. 8.245/91 com excessivo rigor formal, fatalmente estaria implantada uma forma para arrecadar,nas ações renovatórias, a regra legal da *acessio temporis*".

Após esse breve relato da ação renovatória, necessário se faz verificar a questão referente à legitimidade.

Inicialmente, a legitimidade ativa se apresenta consignada no art. 51 *caput*, §§ 1º e 2º. Assim, poderá intentar ação renovatória o locatário; os cessionários ou sucessores da locação; o sublocatário; a sociedade da qual o locatário faça parte (desde que haja previsão de sua constituição no contrato de locação); o sócio remanescente, se esse mantiver o mesmo ramo de negócio; os estabelecimentos industriais e as sociedades civis com fins lucrativos. Pode-se acrescentar a esse elenco a massa falida; o franqueado e outros que se sub-roguem nos direitos do locatário.

No que diz respeito ao aspecto da legitimidade do sublocatário, há de se esclarecer que, na hipótese da sublocação total, ele terá direito de forma exclusiva. É certo que a lei somente assim concebe na hipótese de sublocação autorizada pelo locador. De forma que, não havendo tal autorização, ter-se-á uma infração contratual, passível de ação de despejo.

Podemos perceber aqui uma situação bastante inusitada. O locador poderá se ver compelido a renovar o contrato de locação com quem ele jamais viu e de quem ele não locou.

A respeito *Francisco Carlos Rocha de Barros*(5) esclarece

"... renovar contrato de locação significa substituir por novo um contrato que existiu. Renovar é restaurar. Pois bem, a lei manda substituir por um novo um contrato que jamais existiu entre autor e réu."

Em que pese a estranheza de renovar-se um contrato de locação inexistente, a 7ª Câmara do 2º Tribunal de Alçada Civil de São Paulo, nos autos da apelação com revisão n. 511.460-00/4, relator Juiz S. Oscar Feltrin, julgada em 31 de março de 1998, assim decidiu:

"A ninguém é dado questionar que em tema de locação comercial o objetivo da lei é proteger aquele que efetivamente exerce o comércio. E nenhum fundo de comércio tem a proteger aquele que subloca totalmente o imóvel, conferindo ao sublocatário a sua plena utilização".

E concluiu:

"De tudo se conclui, em suma, que não tinha mesmo a apelante legitimidade para exercer a renovação da locação..." (RT 754/321)

A hipótese mais comum de sub-rogação total ocorre com as distribuidoras de derivados de petróleo, tanto que o Segundo Tribunal de Alçada Civil de São Paulo sumulou a respeito.

"Súmula n. 9 — As distribuidoras de derivados de petróleo, quando sublocam totalmente os imóveis a terceiros, não têm legitimidade para propor ação renovatória, embora dotem os estabelecimentos revendedores dos implementos necessários à comercialização dos seus produtos, ou os orientem e fiscalizem, ainda que lhes propiciando e cuidando totalmente dos investimentos publicitários."

Outro aspecto importante quanto à legitimidade nas ações renovatórias se dá na previsão legal do art. 51, § 4º, que legitima as sociedades civis com fins lucrativos a promoverem ação renovatória.

Entretanto, a extensão legislativa promovida pela Lei n. 8.245/91 é interrompida quando se trata de locação para advogados, médicos (RT 521/188)(6), engenheiros, pessoas físicas, sociedades civis de natureza recreativa, religiosa ou cultural, os bancos de sangue, sociedades que exploram vagas, tabelionatos (RT 527/169)(7). A tais pessoas não se concede a legitimi-

---

(5) BARROS, Francisco Carlos R. de. *Comentários à lei do inquilinato*, 1997. p. 287.

(6) LOCAÇÃO — Renovatória — consultório médico — Processo extinto pelo juiz — Apelação provida. Pode caber a renovatória de imóvel atendendo-se à existência de atividades que podem ser equiparadas ao comércio, como pronto socorro.
N. 79.488 — Capital — apelante: Paulo Arcelino Cordeiro Oliveira — Apelado: Augusto Lobo Ribeiro.

(7) LOCAÇÃO — Renovatória — Ação ajuizada por titular de cartório extrajudicial — Carência — Recurso não provido.
O serventuário é inquilino sem legitimidade ativa para a ação renovatória.
N. 88.394 — Santo André — Apelante: 3º Ofício de Notas e anexos — Apelados: Odila Belletato e outros.

dade para pleitear ação renovatória, posto que se entende tratar de atividades não comerciais.

Quanto à legitimidade passiva na ação renovatória será precipuamente do locador. É certo que o locador não é necessariamente o proprietário do imóvel. Pode ser seu espólio, ou a massa falida, ou o usufrutuário, ou o adquirente, ou o compromissário comprador.

Havendo pluralidade de locadores, como já se disse, e sendo eles solidários, tendo em vista a natureza constitutiva de que se reveste a ação renovatória de contrato de locação, deve ser endereçada a todos os co-locadores, em litisconsórcio necessário e unitário[(8)].

Terá legitimidade passiva o sublocador nas sublocações parciais em que o prazo do contrato principal suporte o pleiteado pelo sublocatário. Entretanto, se o contrato firmado entre o locador e locatário não suportar o solicitado pelo sublocatário, haverá um litisconsorte passivo necessário (locador e sublocador/locatário).

Como já verificado, quando do estudo sobre a legitimidade passiva do sublocatário, nos casos em que a sublocação é total a ação será intentada contra o locador, exclusivamente.

---

(8) SOUZA, Sylvio Capanema de. *A nova lei do inquilinato*, 1979. p. 599.

CIII

Mandado de Segurança

1. *Conceito*

O mandado de segurança é remédio processual quando se tem um direito líquido certo e exigível.

Quando o direito não for líquido, certo ou exigível ter-se-á essa ação sendo julgada improcedente, pois o meio processual estava equivocado, razão por que tal decisão não faz coisa julgada.

Todavia se o juiz decidir sobre o mérito, aí então se processará a coisa julgada, não podendo mais ajuizar qualquer outra ação.

Assim a liquidez e a certeza são requisitos de ordem processual não material, devendo a sentença poder se valer daquela discussão.

Ele é o sucessor do *habeas corpus* e visa proteger o direito individual ou coletivo, não amparado pelo *habeas data* e pelo próprio *habeas corpus*.

2. *Espécies*

Temos duas espécies de mandado de segurança, quais sejam:

- repressivo — quando a ilegalidade já foi cometida
- preventivo — para evitar que a ilegalidade ocorra

Podemos verificar que a diferença consiste no momento da ilegalidade, portanto se essa já ocorreu ou não.

3. *Questões processuais*

A respeito traçamos as seguintes considerações:

- Veda-se o litisconsórcio ulterior por ofender o princípio do juiz natural.
- Competência originária o MS impetrado contra ato de Promotor de Justiça.
- Caberá à Justiça estadual julgar MS impetrado contra ato de universidade privada.

- Permitir-se-á a impetração via fax, devendo posteriormente apresentar o original.
- O MS não deve ser interposto para dar efeito suspensivo a recurso.
- Da decisão que denega liminar no MS caberá agravo.
- Prazo 120 dias.

CIV

Mandado de Segurança Coletivo

1. Noções introdutórias

O MS coletivo foi criação da Constituição Federal de 1988, que determinou a possibilidade do ajuizamento de tal ação pelos partidos políticos com representação no Congresso, ou as entidades de classe foram os legitimados para promover tal ação.

2. Pertinência

O MS Coletivo prevê a defesa de um direito de uma classe, razão pela qual se admite a substituição processual, conforme disposto no art. 5º, LXX da CF.

3. Questões processuais

A respeito traçamos as seguintes considerações:

• A substituição é absoluta sendo que o substituído não pode desistir da ação, fazendo contra o mesmo coisa julgada.

• O problema está no fato do dispositivo constitucional não ter elencado as hipóteses em que o MSC poderia ser ajuizado.

• *Legitimidade* — Partido político sindicado, desde que para defender interesse próprios e peculiares da atividade de seus associados.

CV

AÇÃO POPULAR

1. *Considerações iniciais*

A ação popular foi a pioneira dentre as ações coletivas, sendo responsável por discusões de direito coletivo.

Todavia com a promulgação da Lei n. 7.347, de 24 de julho de 1985, ela tornou-se quase que letra morta tendo sido jungida pela ação civil pública.

2. *Distinção de ação popular e ação civil pública*

A analisando a distinção entre ação popular e ação civil pública, podemos citar *Hugo Nigro Mazzilli*(1) que assevera:

> "Como denominaremos, pois, uma ação que verse a defesa de interesses difusos, coletivos ou individuais homogêneos? Se ela estiver sendo movida pelo Ministério Público, o mais correto, sob o enfoque puramente doutrinário, será chamá-la de ação civil pública. Mas se tiver proposta por qualquer outro co-legitimado, mais correto é denominá-la de ação coletiva."

Para *Rodolfo de Camargo Mancuso*(2) necessário se faz distinguir as duas ações, de forma que elas apresentem distinção do objeto que teria um perfil diferenciado para uma e outra, a saber:

> "...ação popular — interesse difuso à preservação: da probidade, eficiência e moralidade na gestão da coisa pública e bem assim à tutela do meio ambiente e do patrimônio público em sentido amplo... Finalidade — desconstituição do ato lesivo e condenação dos responsáveis à reposição do *status quo ante*, permitida a tutela cautelar."

Enquanto que:

> "... ação civil pública — interesse difuso ou coletivo à proteção do patrimônio público (cultural e natural), meio ambiente e consumidores... Finalidade — desconstituição do ato lesivo e condenação dos responsáveis

(1) MAZZILLI, Hugo Nigro. *A defesa dos interesses difusos em juízo*. 12. ed. São Paulo: Saraiva, 2000. p. 59.
(2) MANCUSO, Rodolfo de Camargo. *Ação popular*. 3. ed. São Paulo: Revista dos Tribunais, 1998. p. 35.

à reparação do interesse lesado, preferencialmente com o cumprimento específico da condenação."

Ora, vê-se que a princípio ainda que distintas as ações pode-se dizer que a ação civil pública encampa a ação popular tanto que algumas regras desta são subsidiárias daquela.

Ada Pellegrini Grinover[(3)] também assevera que a diferença entre a ação popular constitucional e a ação civil pública resta exclusivamente quanto à legitimidade, já que nesta é a mesma deferida ao Ministério Público, enquanto aquela é deferida aos cidadãos.

Ora, sob a ótica desses processualistas, a diferença básica da ação civil pública e a ação popular está na legitimidade ativa de referidas ações.

3. Legitimidade

Como vimos é a legitimidade a única diferença apontada pelos doutrinadores da ação civil pública e da ação popular.

Assim entendemos importante salientar que na ação popular qualquer do povo pode ajuizar a ação, com o objetivo de requerer a anulação ou a declaração de nulidade de atos lesivos ao patrimônio da União, do Distrito Federal, dos Estados, dos Municípios ... (art. 1º da Lei n. 4.717, de 29 de junho de 1965).

(3) GRINOVER, Ada Pellegrini. Uma nova modalidade de legitimação à ação popular. Possibilidade de conexão, continência e litispendência. In: MILARÉ, Edis. *Ação civil pública*. São Paulo: Revista dos Tribunais, 1995. p. 21.

CVI

Ação Civil Pública

1. Noções introdutórias

Sua origem vem do modelo americano das chamadas *class actions*, de forma que ela excepciona a origem do direito brasileiro, todo fundamentado nas origens romano-germânicas.

A ação veio para dirimir ou disciplinar as questões advindas de danos ao meio ambiente, ao consumidor, ao bens e direitos de valores artísticos, estéticos, históricos turísticos, paisagísticos.

2. Conceito

A ação civil pública é o remédio pertinente na defesa de direitos coletivos, difusos e individuais homogêneos.

Interessante é, aqui, que se distingua tais direitos que, em comum, têm o fato de que, nessas hipóteses, se tem uma lesão a interesses comunitários.

2.1. Distinção de direitos difusos, coletivos e individuais homogêneos

A distinção de tais direitos não está inserta na lei da ação civil pública, mas sim, no Código do Consumidor, Lei n. 8.078, de 11 de setembro de 1990, que em seu art. 81, *in verbis* determina:

"Art. 81 —...

Parágrafo único —...

I — interesses ou direitos difusos, assim entendidos, para efeitos deste Código, os transindividuais, de natureza indivisível, de que sejam titulares pessoas indeterminadas e ligadas por circunstancias de fato;

II — para interesses coletivos, assim entendidos, para efeitos deste código, os transindividuais de natureza indivisível de que seja titular grupo, categoria ou classe de pessoas ligadas entre si ou com a parte contrária por uma relação jurídica base;

III — interesses ou direitos individuais homogêneos assim entendidos os decorrentes de origem comum.

Vemos que a própria lei se preocupou em conceituar tais direitos para evitar discussões, o que absolutamente não deu certo, já que os doutrinadores vêm discutindo os conceitos retro mencionados, de tal forma que a estratégia não logrou êxito.

Rodolfo Mancuso(1) começa asseverando que coletivo e difuso sugerem a mesma idéia, e continua apontando a inexistência de diferenciação, tanto que

"No Brasil, autores de valiosa obra declaram utilizar indiferentemente, como sinônimos, as expressões interesse difuso, coletivo de grupo, meta ou supra-individual, embora reconheçam haver, na doutrina, tentativa respeitável de distinguir esses conceitos."

Ada Pelegrini Grinover distingue os termos, baseando-se em elemento subjetivo, isto é a titularidade, de forma que assevera:

"... são titulares dos interesses difusos pessoas indeterminadas e ligadas por circunstâncias de fato (inc. I, segunda parte);

c) ampliando o conceito doutrinário, que assinalava como elemento característico dos interesses coletivos a relação jurídica base que unisse os integrantes do grupo, conceitua como titular dos interesses coletivos o grupo, categoria ou classe de pessoas ligadas entre si ou com a parte contrária por uma relação jurídica base (inc. II, segunda parte)."(2)

Ou, em outras palavras da mesma autora:

"já por interesses coletivos entendem-se os interesses comuns a uma coletividade de pessoas e apenas a elas, mas ainda repousando sobre o vínculo jurídico definido que as congrega."(3)

Já os interesses difusos uniria as pessoa por fatores conjunturais, não haveria entre elas vínculos contratuais, assim seriam exemplo dos direitos difusos as questões que versem sobre a natureza.

Assim *Ada Pellegrini* afirma:

"5. Salta à vista o aspecto político da tutela dos interesses difusos, na medida em que é evidente que os procedimentos normais de mediação do sistema político mostraram sua insuficiência, daí resultando o conflito de massa."(4)

Ainda tentando uma melhor compreensão do que é o direito difuso temos os ensinamento de *Mauro Capeletti*(5) para quem:

"O interesse difuso, na medida em que a lei substantiva o transforma em direito, não é privado, nem público. Nem completamente privado, nem completamente público."

---

(1) MANCUSO, Rodolfo de Camargo. *Interesses difusos — conceito e legitimação para agir.* 5. ed. São Paulo: Revista dos Tribunais, 2000. p. 75-76.

(2) GRINOVER, Ada Pellegrini. *O processo em evolução.* Rio de Janeiro: Forense, 1996. p. 448.

(3) GRINOVER, Ada Pellegrini. Novas tendências na tutela jurisdicional dos interesses difuso. In: *Ajuris* / 80, p. 82.

(4) GRINOVER, Ada Pellegrini. *Op. cit.*, p. 83.

(5) CAPPELLETI, Mauro. Tutela dos interesses difusos. In: *Ajuris* 33/169, p. 174, 1984.

E exemplifica:

"O ar que respiramos não é meu, nem seu, é de todos e de ninguém, ao mesmo tempo. Não é de um indivíduo, nem do Estado. É algo distinto, *sui generis*, coletivo."(6)

Quanto aos interesses individuais homogêneos *Mazzilli* (7) ensina que:

"Os interesses individuais homogêneos, para o CDC, são aqueles de grupo, categoria ou classe de pessoas determinadas ou determináveis, que compartilhem prejuízos divisíveis, de origem comum, ou seja, oriundos das mesmas circunstâncias de fato. Mas, em sentido lato, os interesses individuais homogêneos não deixam de ser também interesse coletivos.

Tanto os interesses individuais homogêneos como os difusos originam-se de circunstâncias de fatos comuns; entretanto, são indetermináveis os titulares de interesses difusos, e o objeto de seu interesse é indivisível; já nos interesses individuais homogêneos, os titulares são determinados ou determináveis, e o dano ou a responsabilidade se caracterizam por sua extensão divisível ou individualmente variável."

Está clara a dificuldade que se tem em distinguir tais direitos que somente são melhores compreendidos quando exemplificados. Assim valendo-se das diferenças apresentadas em quadro sinóptico, apresentado por *José Marcelo Menezes Vigliar*(8), com a inclusão de exemplos que certamente facilitam o entendimento, a saber:

- Difuso — exige uma demanda coletiva — indivisível — união fática — Ex.: devastação amazônica.
- Coletivo — exige uma demanda coletiva — indivisível — unidos por relação jurídica idêntica — Ex.: aumentos ilegais de consórcio.
- Individual homogêneo — admite a demanda coletiva — divisível — união fática — Ex.: ação pertinente diante de um lote de veículos produzidos com defeito.

3. *Questões procedimentais*

A ação civil pública, como já mencionado anteriormente, apresenta algumas inovações procedimentais, que de certa forma alteram princípios importantes de todo o ordenamento processual individual.

Dizemos isso, porque entendemos que a distinção é principalmente porque o código de processo civil foi criado para instrumentalizar a lide individual, de maneira que algumas vezes se choca com os dispositivos da ação coletiva.

---

(6) *Op. cit.*, p. 174.

(7) MAZZILLI, Hugo Nigro. *A defesa dos interesses difusos em juízo.* 12. ed. São Paulo: Saraiva, 2000. p. 47-48.

(8) MENEZES, José Marcelo. Vigliar. *Ação civil pública.* 4. ed. São Paulo: Atlas: São Paulo, 1999. p. 56.

Assim é ela inovadora quanto ao princípio da inércia, pois fornece a tutela jurisdicional a quem não a requereu.

Permite uma composição extrajudicial, atraves do ajustamento de conduta.

CVII

Habeas data

O *habeas data*, em português significa "tenha o dado" é um remédio constitucional previsto no art. 5º, LXXII da Constituição Federal.

Instituído pela Constituição Federal de 1988, teve seu procedimento determinado pela Lei n. 9.507 datada de 12 de novembro de 1997.

Nos primeiros artigos a Lei trata do *hábeas data* na esfera administrativa.

1. Conceito

Segundo *Hely Lopes Meirelles*, é o meio constitucional posto à disposição de pessoa física ou jurídica para lhe assegurar o conhecimento de registros concernentes ao postulante e que estejam em repartições públicas ou particulares, para retificação do mesmo. (*Meirellles*: 1989, p. 147)(1)

2. Procedimento

Nos termos do disposto no art. 8º da Lei n. 9.507/97 a petição inicial, que cumprirá o disposto nos arts. 282 e 283 do CPC, será apresentada em duas vias com os documentos em ambas, e comprova da recusa do fornecimento da informação.

A inicial poderá ser indeferida ou emendada conforme o caso, não sendo o caso será a autoridade coatora notificada, devendo prestar informações no prazo de 10 dias. Juntada a cópia e decorrido os 10 dias com ou sem manifestação, será o MP ouvido (5 dias), e depois o juiz decidirá em igual prazo.

Sendo a sentença de procedência, o juiz fixará dia e hora para que o coator apresente as informações, sendo essa decisão comunicada pelo correio.

3. Competência

A competência do *habeas data* é atribuída nos termos do art. 20 da Lei n. 9.507/97, a saber:

(1) MEIRELLES, Hely Lopes. *Mandado de segurança. Ação popular. Ação civil pública. Mandado de injunção.* Habeas data. 13. ed. São Paulo: Revista dos Tribunais, 1989.

Art. 20. O julgamento do *habeas data* compete:

I — originariamente:

a) ao Supremo Tribunal Federal, contra atos do Presidente da República, das Mesas da Câmara dos Deputados e do Senado Federal, do Tribunal de Contas da União, do Procurador-Geral da República e do próprio Supremo Tribunal Federal;

b) ao Superior Tribunal de Justiça, contra atos de Ministro de Estado ou do próprio Tribunal;

c) aos Tribunais Regionais Federais contra atos do próprio Tribunal ou de juiz federal;

d) a juiz federal, contra ato de autoridade federal, excetuados os casos de competência dos tribunais federais;

e) a tribunais estaduais, segundo o disposto na Constituição do Estado;

f) a juiz estadual, nos demais casos;

II — em grau de recurso:

a) ao Supremo Tribunal Federal, quando a decisão denegatória for proferida em única instância pelos Tribunais Superiores;

b) ao Superior Tribunal de Justiça, quando a decisão for proferida em única instância pelos Tribunais Regionais Federais;

c) aos Tribunais Regionais Federais, quando a decisão for proferida por juiz federal;

d) aos Tribunais Estaduais e ao do Distrito Federal e Territórios, conforme dispuserem a respectiva Constituição e a lei que organizar a Justiça do Distrito Federal;

III — mediante recurso extraordinário ao Supremo Tribunal Federal, nos casos previstos na Constituição.

CVIII

Mandado de Injunção

O mandado de injunção surge na legislação pátria na Constituição e 1988, que passa a estabelecer no inciso LXXI, do art. 5º.

O legislador constitucional não regulamentou esse remédio processual, razão pela qual a jurisprudência do Supremo Tribunal Federal lhe concedeu o mesmo rito processual do mandado de segurança.

Historicamente o mandado de injunção encontra sua origem no "*writ of injunction* do direito norte-americano" (*Tavares*: 2002, p. 712).

1. *Conceito*

"O mandado de injunção é uma ação judicial, de berço constitucional, de natureza civil, com caráter especial, que objetiva combater a morosidade do Poder Público em sua função legislativa-regulamentadora, entendida em sentido amplo, para que se viabilize, assim, o exercício concreto de direitos, liberdades ou prerrogativas constitucionalmente previstos." (*Tavares*: 2002. p. 713)

Ora, vê-se que essa ação constitucional existe para que se possa requerer a regulamentação de um determinado direito ou a norma que regulamente

2. *Competência*

A competência do mandado de injunção dependerá de quem seria responsável pela elaboração da norma faltante.

Assim o Supremo Tribunal Federal e o Superior Tribunal de Justiça arrogam para si a competência desde que observada a autoridade responsável.

Assim o art. 102, I, "q" da Constituição Federal, assevera:

Compete ao Supremo Tribunal Federal, precipuamente, a guarda da Constituição, cabendo-lhe:

I — processar e julgar, originariamente:

...

q) o mandado de injunção, quando a elaboração da norma regulamentadora for atribuição do Presidente da República, do Congresso Nacional, da Câmara dos

Deputados, do Senado Federal, da Mesa de uma dessas Casas Legislativas, do Tribunal de Contas da União, de um dos Tribunais Superiores, ou do próprio Supremo Tribunal Federal.

Estabelece-se assim a competência originária do STF ou ainda recursal, na hipótese em que o mandado de injunção tenha sido decidido em única instância pelos Tribunais Superiores, isso quando a decisão for denegatória (art. 102, II, "a"[(1)] da CF).

O Superior Tribunal de Justiça arroga para si à competência originária quando ocorra a situação prevista na alínea "h" do inciso I do art. 105 da Constituição que estabelece:

h) o mandado de injunção, quando a elaboração da norma regulamentadora for atribuição de órgão, entidade ou autoridade federal, da administração direta ou indireta, excetuados os casos de competência do Supremo Tribunal Federal e dos órgãos da Justiça Militar, da Justiça Eleitoral, da Justiça do Trabalho e da Justiça Federal;

3. *Condições da ação*

Já os legitimados para ingressar com a ação de mandado de injunção podem ser quaisquer pessoas que possuam interesse jurídico em sanar a omissão legislativa, quer dizer, qualquer pessoa que esteja sofrendo lesão em virtude da não regulamentação. Já os legitimados passivos o poder legislativo, executivo, judiciário, tribunal de contas e o ministério público, desde que sejam órgãos estaduais ou federais, bem como o poder legislativo, o executivo e o tribunal de contas do município.

4. *Peculiaridades*

Por ser uma ação que se aplica ao caso concreto a sentença atinge unicamente ao requerente.

---

(1) II — julgar, em recurso ordinário:
a) o *habeas corpus*, o mandado de segurança, o *habeas data* e o mandado de injunção decididos em única instância pelos Tribunais Superiores, se denegatória a decisão.

BIBLIOGRAFIA

ALMEIDA, José Maurício Pinto de; COLUCCI, Maria da Glória e. *Lições de teoria geral do processo*. 4. ed. Curitiba: Juruá, 2000.

ALMEIDA JUNIOR, João Mendes de. *Direito judiciário brasileiro*. 3. ed. São Paulo: Freitas Bastos, 1940.

ALVIM, J. E. Carreira. *Teoria geral do processo*. 8. ed. Rio de Janeiro: Forense, 2000.

ALVIM NETO, José Manoel de Arruda. *Tratado de direito processual civil*. 2. ed. São Paulo: Revista dos Tribunais, 1990.

______. *Manual de direito processual civil*. 7. ed. São Paulo: Revista dos Tribunais, 2000, v. 1 e v. 2: Parte geral.

______. PINTO, Teresa Arruda Alvim. *Nulidades processuais*. São Paulo: Revista dos Tribunais, 1986.

ARMELIN, Donaldo. *Legitimidade no direito processual*. São Paulo: Revista dos Tribunais, 1979.

ASSIS, Araken. *Cumulação de ações*. 4. ed. São Paulo: Revista dos Tribunais, 2002.

ASSIS, Jacy. *Procedimento ordinário*. São Paulo: Lael, 1975.

BADRE, Aldo. *Teoría general del proceso*. Tomo I. Buenos Aires: Abeledo-Perrot.

BARROS, Francisco Carlos R. de. *Comentários à lei do inquilinato*. São Paulo: Saraiva, 1997.

BASTOS, Celso Ribeiro. *Curso de direito constitucional*. 19. ed. São Paulo: Saraiva, 1998.

BATALHA, Silvia Marina Labete; BATALHA. Wilson de Souza Campos. *Lei das locações prediais urbanas*. São Paulo: LTr, 1992.

BAUTISTA, José Becerra. *Introduccion al estudio del derecho processual civil*. México: Cardenas, 1985.

BEDAQUE, José Roberto dos Santos. *Tutela cautelar e tutela antecipada*: tutelas sumárias e de urgência (tentativa de sistematização). 2. ed. São Paulo: Malheiros, 2001.

______. *Direito e processo*. 2. ed. São Paulo: Malheiros, 1997.

______. *Poderes instrutórios do juiz*. 3. ed. São Paulo: Revista dos Tribunais, 2001.

BERMUDES, Sergio. *Introdução ao processo civil*. 3. ed. Rio de Janeiro: Forense, 2002.

CALAMANDREI, Piero. *Introdução ao estudo sistemático dos procedimentos cautelares*. Traduzido da edição italiana de 1936 por Carla Roberta Andreasi Bassi. Campinas: Servanda, 2000.

______. *Instituicionas de derecho procesual civil*. Buenos Aires: Delpalma, 1943.

CÂMARA, Alexandre Freitas. *Lições de direito processual civil*. 3. ed. Rio de Janeiro: Lumen Juris, 2000. v. I, II e III.

CAPELLETTI, Mauro. Tutela dos interesses difusos. In: *Ajuris* 33/169, 1984.

CARNEIRO, Athos Gusmão. *Jurisdição e competência*. 10. ed. São Paulo: Saraiva, 2000.

______. *Intervenção de terceiros*. 2. ed. São Paulo: Saraiva, 1983.

CARNELUTTI, Francesco. *Instituições de processo civil.* São Paulo: Classic Book, 2000.

CASTILLO, Niceto Alcalá-Zamora y. *Estudios diversos de derecho procesal.* Barcelona: Bosch, 1985.

CASTRO, Francisco Augusto das Neves e. *Theoria das provas e sua applicação aos actos civis.* 2. ed. Rio de Janeiro: Jacintho Ribeiro dos Santos, 1917.

CHIOVENDA, Giuseppe. *Instituições de direito processual civil.* São Paulo: Saraiva, 1942. v. I.

CINTRA, Antônio Carlos de Araújo; GRINOVER, Ada Pellegrini; DINAMARCO, Cândido Rangel. *Teoria geral do processo.* 12. ed. São Paulo: Malheiros, 1996.

CINTRA, Geraldo de Ulhoa. *Da jurisdição.* Rio de Janeiro: Lux, 1958.

COELHO, Fábio Ulhoa. *Curso de direito civil.* São Paulo: Saraiva, 2004. v. 2.

COLUCCI, Maria da Glória; ALMEIDA. José Maurício Pinto de. *Lições de teoria geral do processo.* 4. ed. Curitiba: Juruá, 2000.

CONDE, F. Oliveira. *Dos embargos de terceiro.* Rio de Janeiro: Jacintho Ribeiro dos Santos, 1925.

COSTA, Alfredo de Araújo Lopes da. *Dos processos especiais.* Belo Horizonte: Bernardo Alvares.

COSTA, Moacyr Lobo da. *A intervenção* iussu iudicis *no processo civil brasileiro.* São Paulo: Saraiva, 1961.

COUTURE, Eduardo J. *Interpretação das leis processuais.* 4. ed. Rio de Janeiro: Forense, 1997.

______. *Fundamentos do direito processual civil.* Campinas: Red Livros, 1999.

______. *Introdução ao estudo do processo civil.* 3. ed. Rio de Janeiro: Forense, 1997.

CRESCI SOBRINHO, Elício. *Litisconsórcio.* Porto Alegre: Sérgio Antônio Fabris, 1990.

CRUZ, José Raimundo Gomes da. *Pluralidade de partes e intervenção de terceiros.* São Paulo: Revista dos Tribunais, 1991.

DINAMARCO, Cândido Rangel. *A reforma do código de processo civil.* 4. ed. São Paulo: Malheiros, 1997.

______. *Intervenção de terceiros.* São Paulo: Malheiros, 1997.

______. *Litisconsórcio.* 5. ed. São Paulo: Malheiros, 1997.

______. *Execução civil,* 5. ed. São Paulo: Malheiros, 1997.

______. CINTRA, Antônio Carlos de Araújo; GRINOVER, Ada Pellegrini. *Teoria geral do processo.* 12. ed. São Paulo: Malheiros, 1997.

ECHANDÍA, Hernando Devis. *Teoría general del proceso.* Buenos Aires: Universidad, 1997.

FERRAZ, Sergio. *Assistência litisconsorcial no direito processual civil — breves notas.* São Paulo: Revista dos Tribunais, 1979.

FRANÇA, Rubens Limongi. *Manual de direito civil.* São Paulo: Revista dos Tribunais, 1971. v. 3.

______ . *Instituições de direito civil.* 5. ed. São Paulo: Saraiva, 1999.

FREITAS, Augusto Teixeira. *Vocabulário jurídico.* Rio de Janeiro: B. L. Guarnier, 1883.

GOZAÍNI. *Teoría general del derecho procesal — jurisdicción, acción y proceso*. Buenos Aires: Ediar, 1999.

GONZÁLEZ, Atilio Carlos. *La pluralidad en el proceso civil y comercial — sujetos, objetos y procesos*. Buenos Aires: Astrea, 1984.

GRINOVER, Ada Pellegrini; CINTRA, Antônio Carlos de Araújo; DINAMARCO, Cândido Rangel. *Teoria geral do processo*. 12. ed. São Paulo: Malheiros, 1997.

GRINOVER, Ada Pellegrini. *O processo em evolução*. Rio de Janeiro: Forense, 1996.

______. Novas tendências na tutela jurisdicional dos interesses difuso. In: *Ajuris* /80.

______. Uma nova modalidade de legitimação à ação popular. Possibilidade de conexão, continência e litispendência. In: MILARÉ, Edis. *Ação civil pública*. São Paulo: Revista dos Tribunais, 1995.

GRECO FILHO, Vicente. *Direito processual civil brasleiro*. 15. ed. São Paulo: Saraiva, 2000. v. 1.

______. *Direito processual civil brasileiro*. São Paulo: Saraiva, 1997. v. 3.

GOMES, Orlando. *Introdução ao direito civil*. 6. ed. Rio de Janeiro: Forense, 1979.

______. *Sucessões*. 4. ed. Rio de Janeiro: Forense, 1981.

______. *Contratos*. 15. ed. Rio de Janeiro: Forense, 1995. Atualizada por Humberto Theodoro Júnior.

______. *Direitos reais*. 8. ed. Rio de Janeiro: Forense, 1983.

IHERING, Rudolf von. *Teoria simplificada da posse*. 2. ed. Trad. Pinto Aguiar. São Paulo: Edipro, 2002.

IORIO, Alfredo J. Di. *Lineamentos de la teoría general del derecho procesal*. Buenos Aires: Depalma, 2000.

______. *Temas de derecho procesal*. Buenos Aires: Depalma, 1985.

LACERDA, Galeno. *Comentários ao Código de Processo Civil*. 8. ed. Rio de Janeiro: Forense, 1999. v. VIII, tomo I.

______. *Despacho saneador*. Porto Alegre: Sulina, 1953.

LIEBMAN, Enrico Tullio. *Processo de execução*. São Paulo: Saraiva, 1963.

______. *Embargos do executado*. Tradução 2. ed. italiana. São Paulo: Saraiva, 1952.

______. *Estudos sobre o processo civil brasileiro*. São Paulo: Saraiva, 1947.

______. *Eficácia e autoridade da sentença*. Rio de Janeiro: Forense, 1945.

LOPES, João Batista. *Tutela antecipada no processo civil brasileiro*.São Paulo: Saraiva, 2001.

LUCENA, João Paulo. *Comentários ao Código de Processo Civil — Dos procedimentos especiais arts. 1.103 a 1.210*. São Paulo: Revista dos Tribunais, 2000. v 15.

MACHADO, Antônio Cláudio da Costa. *Código de processo civil interpretado*. 4. ed. São Paulo: Manole, 2004.

MACHADO, Antonio e PIMENTA, Paulo. *O novo processo civil*. 3. ed. Coimbra: Almedina, 2001.

MANCUSO, Rodolfo de Camargo. *Interesses difusos — conceito e legitimação para agir*. 5. ed. São Paulo: Revista dos Tribunais, 2000.

______. *Ação popular*. 3. ed. São Paulo: Revista dos Tribunais, 1998.

MARCATO, Antônio Carlos. *Procedimentos especiais*. 7. ed. São Paulo: Malheiros, 1997.

______. (coord.). *Código de processo civil interpretado*. São Paulo: Atlas, 2004.

MARQUES, José Frederico. *Ensaio sobre a jurisdição voluntária*. 1. ed. Campinas: Millennium, 2000.

______. *Instituições de direito processual civil*. 1. ed. Campinas: Millennium, 2000.

______. *Manual de direito processual civil*. Campinas: Millennium, 1998. v. 1.

MAZZILLI, Hugo Nigro. *A defesa dos interesses difusos em juízo*. 12. ed. São Paulo: Saraiva, 2000.

______. *A defesa dos interesses difusos em juízo*. 12. ed. São Paulo: Saraiva, 2000.

MEIRELLES, Hely Lopes, *Mandado de segurança. Aão popular. Ação pública. Mandado de injunção:* habeas data. 13. ed. São Paulo: Revista dos Tribunais, 1989.

MILARÉ, Edis. *Ação civil pública*. São Paulo: Revista dos Tribunais, 1955.

MIRANDA, Pontes de. *Comentários ao código de processo civil*. Tomo IV. Rio de Janeiro: Forense, 1974.

______. *Comentários ao código de processo civil*. Tomo III. Rio de Janeiro: Forense, 1974.

______. *Comentários ao código de processo civil*. Tomo XVI. Rio de Janeiro: Forense, 1971.

______. *Comentários ao código de processo civil*. Tomo XVI. Rio de Janeiro: Forense, 1971.

______. *Comentários ao código de processo civil*. Tomo XIII. Rio de Janeiro: Forense, 1977.

______. *Tratado de direito privado:* parte geral. Campinas: Bookseller, 1999.

MORAES, Alexandre. *Direito constitucional*. São Paulo: Atlas, 2001.

MOREIRA, Alberto Caniña; SHIMURA, Sérgio Seiji. Processo de execução. In: *Nova Reforma processual civil comentada*. São Paulo: Método, 2002.

MOREIRA, José Carlos Barbosa. *Comentários ao código de processo civil*. Rio de Janeiro: Forense, 1998. v. V.

______. *O novo processo civil brasileiro*. 21. ed. Rio de Janeiro: Forense, 2000.

NAHAS, Thereza Christina. *Desconsideração da pessoa jurídica*: reflexos civis e empresariais nas relações de trabalho. São Paulo: Atlas, 2004.

NETO, Manuela. *Dicionário de direito civil*. Portugal: Elcla, 1993.

NERY, Nelson. *Atualidades sobre o processo civil — a reforma do código de processo brasileiro de 1994 e de 1995*. 2. ed. São Paulo: Revista dos Tribunais, 1996.

______ ; NERY, Rosa Maria Andrade. *Código de processo civil comentado — e legislação processual civil extravagante em vigor*. 3. ed. São Paulo: Revista dos Tribunais, 2001.

NEVES, Celso. *Estrutura fundamental do processo civil*. 2. ed. Rio de Janeiro: Forense, 1997.

______. *Coisa julgada civil*. São Paulo: Revista dos Tribunais, 1971.

PACHECO, José da Silva. *Tratado de execução — processo de execução*. 2. ed. São Paulo: Saraiva, 1976.

______. *Direito processual civil*. São Paulo: Saraiva, 1976. v. 2.

______. *Tratado das locações, ações de despejo e outras*. 10. ed. São Paulo: Revista dos Tribunais, 1998.

PASSOS, José Joaquim Calmon de. *Esboço de uma teoria das nulidades*. Rio de Janeiro: Forense, 2005.

PIMENTA, Paulo; MACHADO, Antonio. *O novo processo civil*. 3. ed. Coimbra: Almedina, 2001.

PINTO, José Guy de Carvalho. *Locações & ações locativas*. São Paulo: Saraiva, 1997.

PINTO, Teresa Arruda Alvim; ALVIM NETO, José Manoel de Arruda. *Nulidades processuais*. São Paulo: Revista dos Tribunais, 1986.

REQUIÃO, Rubens. *Curso de direito comercial*. 13. ed. São Paulo: Saraiva, 1982. v. I.

ROCHA, José Moura. *Teoria da legitimação. Revista Brasileira de Direito Processual*. Rio de Janeiro: Forense, 1978. v. 16.

ROSA, Eliézer. *Dicionário de processo civil*. Rio de Janeiro: Editora de Direito, 1957.

ROSA, Marcos Valls Feu. *Exceção de pré-executividade*. 2. ed. Porto Alegre: Sérgio Antônio Fabris, 1999.

RUGGIERO, Roberto de. *Instituições de direito civil*. Tradução Ary dos Santos. São Paulo: Saraiva, 1934.

SÁ, Djanira Maria Radamés. *Teoria geral do direito processual civil — a lide e sua resolução*. 2. ed. São Paulo: Saraiva, 1998.

SANTOS, Ermane Fidélis dos. *Manual de direito processual civil*. 8. ed. São Paulo: Saraiva, 2002. v. 1 e 3.

SANTOS, Moacyr Amaral. *Primeiras linhas de direito processual civil*. 20. ed. São Paulo: Saraiva, 1998.

______. *Primeiras linhas de direito processual civil*. 11. ed. São Paulo: Saraiva, 1984. v. 1.

SATA, Salvatore. *Direito processual civil*. 7. ed. Rio de Janeiro: Borsoi, 1973. v. I e II.

SCHÖNKE, Adolfo. *Derecho processual civil*. Tradução L. Pietro Castro. 5. ed. alemã. Barcelona: Bosch, 1950.

SHIMURA, Sérgio Seiji. *Título executivo*. São Paulo: Saraiva, 1997.

______. *Arresto cautelar*. 2. ed. São Paulo: Revista dos Tribunais, 1997.

______. MOREIRA, Alberto Caniña. Processo de execução. In: *Nova reforma processual civil comentada*. São Paulo: Método, 2002.

SILVA, De Plácido e. *Vocabulário jurídico*. Rio de Janeiro: Forense, 1999.

SILVA, Ovídio A. Baptista da; GOMES, Fábio Luiz. *Teoria geral do processo civil*. São Paulo: Revista dos Tribunais, 1997.

SOUZA, Sylvio Capanema de. *A nova lei do inquilinato*. Rio de Janeiro: Forense, 1979.

______. *Da locação do imóvel urbano — direito e processo*. Rio de Janeiro: Forense, 1999.

TAPIA, Juan Guzman. *La sentencia*. Santiago: Jurídica de Chile, 1996.

TEIXEIRA, Sálvio de Figueiredo. *Código de processo civil anotado*. 7. ed. São Paulo: Saraiva, 2003.

TELLES, José Homem Corrêa. *Doutrina das acções*. Rio de Janeiro: B. L. Guarnier, 1880, atualizado por Augusto Teixeira de Freitas.

THEODORO JÚNIOR, Humberto. *Curso de direito processual*. Rio de Janeiro: Forense, 2006. v. I, II e III

______. *Processo de execução*. São Paulo: Universitária de Direito, 2004.

______. *Código de processo civil anotado*. 3. ed. Rio de Janeiro: Forense, 1997.

TUCCI, José Rogério Cruz e (coord.). *Garantias consitutucionais do processo civil.* 1. ed. 2ª tiragem. São Paulo: Revista dos Tribunais, 1999.

TUCCI, Rogério Lauria. *Do julgamento conforme o estado do processo.* São Paulo: José Bushatsky, 1975.

______. *Curso de direito processual civil — processo de conhecimento.* São Paulo: Saraiva, 1989. v. II.

VIGLIAR, José Marcelo Menezes. *Ação civil pública.* 4. ed. São Paulo: Atlas, 1999.

WAMBIER, Luiz Rodrigues. *Curso de processo civil avançado.* 2. ed. São Paulo: Revista dos Tribunais, 1999. v. I.

ZAINAGHI, Maria Cristina. *Ação de despejo — legitimidade e questões controvertidas.* São Paulo: LTr, 2001.